中等职业教育国家规划教材（电子电器应用与维修）

电子电器产品市场 与营销（第 4 版）

周 伟 主 编
韩永刚 副主编

电子工业出版社
Publishing House of Electronics Industry
北京·BEIJING

内 容 简 介

本教材对电子电器产品的营销环境、消费者市场等方面进行了分析,对电子电器产品市场营销机会的选择做了介绍;对电子电器产品市场营销的产品策略、价格策略、渠道策略、促销策略,分别结合当前的市场实际做了专门讲述;通过对绿色营销、定制营销、数据库营销和网络营销的讲述,介绍了电子电器产品新颖的营销理念和方式。本教材还对电子电器产品的营销战略、市场营销机会分析、市场营销实务做了叙述,教材中安排了实训内容可供学生练习之用。

本教材配有教学指南、电子教案及习题答案(电子版),以方便教师教学使用。

本书可作为职业院校电子电器应用与维修专业的教材,也可以作为市场营销等专业培训班的培训教材或自学参考书。

未经许可,不得以任何方式复制或抄袭本书之部分或全部内容。
版权所有,侵权必究。

图书在版编目(CIP)数据

电子电器产品市场与营销/周伟主编. —4 版. —北京:电子工业出版社,2012.8
中等职业教育国家规划教材. 电子电器应用与维修专业
ISBN 978-7-121-18008-8

Ⅰ. ①电… Ⅱ. ①周… Ⅲ. ①电子产品-市场营销学-中等专业学校-教材②电器-市场营销学-中等专业学校-教材 Ⅳ. ①F764.5

中国版本图书馆 CIP 数据核字(2012)第 196196 号

策划编辑:杨宏利
责任编辑:杨宏利
印　　刷:涿州市京南印刷厂
装　　订:涿州市京南印刷厂
出版发行:电子工业出版社
　　　　　北京市海淀区万寿路 173 信箱　邮编 100036
开　　本:787×1092　1/16　印张:10.75　字数:275.2 千字
版　　次:2002 年 6 月第 1 版
　　　　　2012 年 8 月第 4 版
印　　次:2021 年 12 月第 18 次印刷
定　　价:23.00 元

凡所购买电子工业出版社图书有缺损问题,请向购买书店调换。若书店售缺,请与本社发行部联系,联系及邮购电话:(010)88254888,88258888。
质量投诉请发邮件至 zlts@phei.com.cn,盗版侵权举报请发邮件至 dbqq@phei.com.cn。
本书咨询联系方式:(010)88254592,bain@phei.com.cn。

中等职业教育国家规划教材出版说明

为了贯彻《中共中央国务院关于深化教育改革全面推进素质教育的决定》精神，落实《面向 21 世纪教育振兴行动计划》中提出的职业教育课程改革和教材建设规划，根据《中等职业教育国家规划教材申报、立项及管理意见》（教职成［2001］1 号）的精神，教育部组织力量对实现中等职业教育培养目标和保证基本教学规格起保障作用的德育课程、文化基础课程、专业技术基础课程和 80 个重点建设专业主干课程的教材进行了规划和编写，从 2001 年秋季开学起，国家规划教材将陆续提供给各类中等职业学校选用。

国家规划教材是根据教育部最新颁布的德育课程、文化基础课程、专业技术基础课程和 80 个重点建设专业主干课程的教学大纲编写而成的，并经全国中等职业教育教材审定委员会审定通过。新教材全面贯彻素质教育思想，从社会发展对高素质劳动者和中初级专门人才需要的实际出发，注重对学生的创新精神和实践能力的培养。新教材在理论体系、组织结构和阐述方法等方面均做了一些新的尝试。新教材实行一纲多本，努力为教材选用提供比较和选择，满足不同学制、不同专业和不同办学条件的教学需要。

希望各地、各部门积极推广和选用国家规划教材，并在使用过程中，注意总结经验，及时提出修改意见和建议，使之不断完善和提高。

教育部职业教育与成人教育司

前　言

《电子电器产品市场与营销》（第 4 版）是根据"21 世纪教育振兴行动计划"所提出的实施职业教育课程改革思路和中等职业学校电子应用与维修专业"电子电器产品市场与营销教学大纲"的要求，为适应中等职业学校人才培养和全面素质教育的需求，配合教育部规划中等职业学校教育工作的实施而编写的。

在当前电子电器产品市场须迅速发展、市场竞争日趋激烈的形势下，本书在第 3 版的基础上，根据课程改革的要求，结合多所学校对原教材的使用意见，对教材内容进行了较多的修订，更加符合以知识为基础，以能力为本位，以培养创新精神和创造能力为重点，以满足社会经济发展为核心的学校教学内容改革要求，努力实现中等职业教育的培养目标。在编写过程中力求体现"宽、浅、用、新"的特色，力求将实施素质教育的要求贯穿于本教材。

本教材由周伟、胡波、常金波、李培云、田雅莉、韩永刚编写，并得到很多同志的帮助，在此一并表示感谢。

由于编者水平有限，本教材尚有不足之处，敬请广大读者予以指正。

为了方便教学，本书还配有教学指南、电子教案及习题答案（电子版）。请有此需要的教师登录华信教育资源网（http://www.hxedu.com.cn）免费注册下载。有问题可与电子工业出版社联系（E-mail：ve@phei.com.cn）。

编　者

目 录

模块一 电子电器产品与经营概述 (1)
  项目一 电子电器产品概述 (1)
    一、电子电器产品的概念 (2)
    二、电子电器产品的分类 (2)
  项目二 电子电器产业现状 (3)
    一、电子电器产业的发展概况 (4)
    二、主要电子电器产品的现状 (5)
  项目三 电子电器产品市场供求特点 (6)
    一、电子电器产品的供应特点 (7)
    二、电子电器产品的需求特点 (8)
  项目四 电子电器产品的市场生命周期 (9)
    一、电子电器产品的市场生命的有限性 (10)
    二、电子电器产品的市场生命要经历的阶段 (10)
  项目五 电子电器产品市场经营理念 (11)
    一、电子电器产品市场及经营概念 (12)
    二、现代市场营销观念 (13)
  习题一 (15)
  实训一 (15)

模块二 电子电器产品市场分析 (16)
  项目一 电子电器产品市场营销环境分析 (16)
    一、电子电器产品市场营销环境 (17)
    二、外部环境对电子电器产品市场营销的影响 (18)
  项目二 消费者市场分析 (23)
    一、市场的概念、分类及市场分析的基本点 (23)
    二、消费者市场的分析 (25)
  项目三 电子电器产品市场需求分析 (30)
    一、电子电器产品市场的需求特征 (30)
    二、电子电器产品消费者的购买动机和购买行为 (32)
  习题二 (33)
  实训二 (34)

模块三 电子电器产品市场营销机会选择 (35)
  项目一 电子电器产品市场需求的调研与预测 (35)
    一、电子电器产品市场需求的调研 (35)
    二、电子电器产品市场需求的预测 (36)

项目二　电子电器产品市场细分与目标市场的选定……………………（38）
　　　　一、电子电器产品市场细分……………………………………………（39）
　　　　二、电子电器产品目标市场……………………………………………（41）
　习题三………………………………………………………………………………（42）
　实训三………………………………………………………………………………（42）

模块四　电子电器产品市场营销策略之一：产品策略………………………（43）
　　项目一　电子电器的整体产品………………………………………………（43）
　　　　一、电子电器的整体产品的概念………………………………………（44）
　　　　二、电子电器的产品组合………………………………………………（45）
　　　　三、电子电器的产品细分………………………………………………（46）
　　项目二　电子电器新产品的开发……………………………………………（49）
　　　　一、电子电器新产品的概念……………………………………………（49）
　　　　二、电子电器新产品的类型……………………………………………（50）
　　　　三、电子电器新产品的开发……………………………………………（51）
　　项目三　电子电器产品的生命周期…………………………………………（53）
　　　　一、电子电器产品生命周期的概念……………………………………（53）
　　　　二、电子电器产品生命周期各阶段的特点和营销策略………………（54）
　　　　三、延长电子电器产品生命周期的方法………………………………（56）
　　项目四　电子电器产品的品牌策略…………………………………………（57）
　　　　一、产品的品牌及作用…………………………………………………（58）
　　　　二、品牌策略……………………………………………………………（58）
　　　　三、品牌策略在电子电器产品营销中的应用…………………………（60）
　　项目五　电子电器产品的服务策略…………………………………………（61）
　　　　一、电子电器产品服务的概念…………………………………………（61）
　　　　二、电子电器产品服务的特点…………………………………………（62）
　　　　三、电子电器产品服务的种类…………………………………………（62）
　　　　四、电子电器产品服务策略的内容要求………………………………（64）
　习题四………………………………………………………………………………（65）
　实训四………………………………………………………………………………（66）

模块五　电子电器产品市场营销策略之二：价格策略………………………（67）
　　项目一　影响电子电器产品定价的主要因素………………………………（67）
　　　　一、政策法规和宏观经济环境对定价的影响…………………………（68）
　　　　二、市场供求对定价的影响……………………………………………（68）
　　　　三、市场竞争对定价的影响……………………………………………（68）
　　　　四、消费心理对定价的影响……………………………………………（69）
　　　　五、产品的成本和企业的定价目标对定价的影响……………………（69）
　　项目二　电子电器产品的定价方法…………………………………………（69）
　　　　一、成本定价法…………………………………………………………（70）
　　　　二、需求定价法…………………………………………………………（71）
　　　　三、竞争定价法…………………………………………………………（72）

项目三　电子电器产品的定价策略……………………………………………………（72）
　　　　一、新产品定价策略………………………………………………………………（73）
　　　　二、心理定价策略…………………………………………………………………（74）
　　　　三、差别定价策略…………………………………………………………………（75）
　　　　四、折扣定价策略…………………………………………………………………（75）
　　　　五、地理性定价策略………………………………………………………………（76）
　　习题五…………………………………………………………………………………（77）
　　实训五…………………………………………………………………………………（77）
模块六　电子电器产品市场营销策略之三：渠道策略…………………………………（78）
　　项目一　电子电器产品分销渠道的功能和类型……………………………………（78）
　　　　一、电子电器产品分销渠道的概念和功能………………………………………（78）
　　　　二、电子电器产品分销渠道的类型及要求………………………………………（80）
　　项目二　电子电器产品分销渠道的选择决策………………………………………（81）
　　　　一、电子电器产品分销渠道的选择决策的影响因素……………………………（82）
　　　　二、电子电器产品分销渠道策略…………………………………………………（84）
　　项目三　电子电器产品的分销渠道方式……………………………………………（85）
　　　　一、电子电器产品的主要分销方式………………………………………………（86）
　　　　二、电子电器产品的几种分销方式的利弊………………………………………（87）
　　项目四　电子电器产品的终端销售形式……………………………………………（89）
　　　　一、电子电器产品的终端销售形式概述…………………………………………（89）
　　　　二、电子电器产品的几种主要终端销售形式的利弊……………………………（90）
　　　　三、电子电器产品几种终端销售形式的利弊……………………………………（92）
　　项目五　电子电器产品的实体分配…………………………………………………（92）
　　　　一、电子电器产品的合理运输的组织……………………………………………（93）
　　　　二、电子电器产品的仓储…………………………………………………………（94）
　　　　三、电子电器产品的存货控制……………………………………………………（95）
　　习题六…………………………………………………………………………………（96）
　　实训六…………………………………………………………………………………（96）
模块七　电子电器产品市场营销策略之四：促销策略…………………………………（97）
　　项目一　人员销售……………………………………………………………………（97）
　　　　一、人员销售的特点及管理………………………………………………………（98）
　　　　二、人员销售的培训与常用技巧…………………………………………………（99）
　　项目二　广告促销……………………………………………………………………（100）
　　　　一、广告促销的特点及决策………………………………………………………（101）
　　　　二、广告效果的评价………………………………………………………………（103）
　　项目三　公共关系促销………………………………………………………………（104）
　　　　一、公共关系促销的特点及要求…………………………………………………（104）
　　　　二、公共关系促销的主要形式……………………………………………………（105）
　　项目四　销售推广……………………………………………………………………（107）
　　　　一、销售推广的含义和特点………………………………………………………（108）
　　　　二、销售推广的内容及常用形式…………………………………………………（108）

习题七 (110)
实训七 (110)

模块八　电子电器产品新颖的经营理念与方式 (111)
项目一　绿色营销 (111)
一、绿色营销的理念 (111)
二、电子电器产品的绿色营销手段 (113)
项目二　数据库营销 (114)
一、数据库营销的理念 (115)
二、电子电器产品运用数据库营销的手段 (117)
项目三　网络营销 (120)
一、网络营销的理念 (121)
二、电子电器产品运用网络营销的做法 (124)
项目四　定制营销 (126)
一、定制营销的理念 (127)
二、电子电器产品运用定制营销的做法 (127)
习题八 (129)
实训八 (129)

模块九　电子电器产品的经营战略 (130)
项目一　电子电器产品的发展战略 (130)
一、营销战略 (130)
二、海尔的成功经验 (131)
项目二　电子电器产品的竞争战略 (133)
一、价格竞争 (134)
二、质量竞争 (134)
三、创新竞争 (134)
四、品牌竞争 (136)
项目三　电子电器产品全球营销战略 (137)
一、与狼共舞，挑战国际名牌 (138)
二、创立名牌，占领国际市场 (138)
课后练兵 (140)

模块十　市场营销机会分析及市场需求调研 (141)
项目一　市场营销的调查方案和机会分析 (141)
一、确定市场营销的调查方案 (142)
二、市场营销机会的分析 (143)
项目二　市场专题调查 (144)
一、客流量的调查 (145)
二、消费者购买行为的调查 (145)
项目三　市场需求调查的方法与步骤 (146)
一、市场需求调查的方法 (146)
二、市场需求调查的步骤 (148)

课后练兵 ··· (149)
模块十一　市场经营实务 ··· (150)
　项目一　建立终端零售网点 ··· (150)
　　一、建立生产企业的终端零售网点 ·· (151)
　　二、建立零售企业的终端零售网点 ·· (151)
　项目二　终端零售网点的选址 ··· (152)
　　一、营销渠道的选择 ·· (152)
　　二、终销零售网点的选址 ··· (153)
　　三、分销的种类 ·· (154)
　项目三　商品陈列 ··· (154)
　　一、商品陈列的方法 ·· (155)
　　二、商品陈列的原则 ·· (156)
　项目四　进销存业务流程 ··· (157)
　　一、购进业务流程 ··· (157)
　　二、销售业务流程 ··· (157)
　　三、储存业务流程 ··· (158)
　　课后练兵 ··· (159)

模块一 电子电器产品与经营概述

目前电子电器产品已迅速地进入人们的生活,成为耐用消费品的重要组成部分。它在衣、食、住、行方面,在通信、文化、娱乐、体育、卫生保健方面,给人们带来了极大的方便,正使人们从繁重的、低效的、零散的劳动中逐步解放出来。尤其是伴随着计算机技术的发展与应用,电子电器产品正在向组合式、多功能、全自动的方向发展。电子电器产品不但改善了人们的物质生活,而且丰富了人们的精神生活。

不久的将来,人们可望电子电器产品能为人类创造更为舒适的生活和工作环境。电子电器产品已经是人们生活用品中不可缺少的一部分。

项目一 电子电器产品概述

【学习目标】

1. 了解电子电器产品的概念。
2. 了解电子电器产品的不同分类。

【学时安排】 1学时

【知识模块结构图】

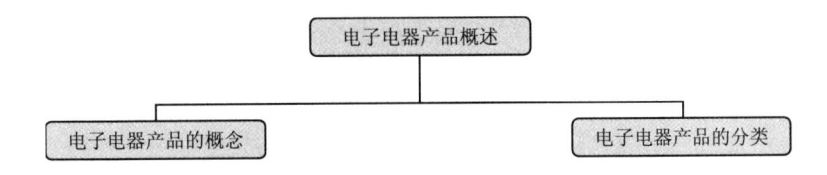

```
            电子电器产品概述
              /        \
   电子电器产品的概念    电子电器产品的分类
```

【导入】

曾经有人对"假如没有电子电器产品的日子"进行模拟体验。发现如果没有电子电器产品的生活那是无法想象的,生活质量下降,生活不便。因为电子电器产品已经遍布到我们生活的每个角落。你可以设想一下,如果生活中没有电子电器产品会是怎样的?

【基础理论知识介绍】

一、电子电器产品的概念

1. 电子电器产品的定义

电子电器产品一般是指应用电子技术,以电为能源的产品。

2. 目前对电子电器产品的要求

1)降低电子电器产品的能量消耗和使用费用

在满足使用要求的前提下,把节能作为提高电子电器产品性能和效益的重要因素,这一点对于长期运行的电子电器产品,如电冰箱、空调器等,意义较大。因此,这类电子电器产品适合广泛采用廉价的新能源。

2)使用新型的材料

按照电子电器产品的不同特点,使用能同金属一样满足产品性能和结构上要求的新型材料,以减轻电子电器产品的质量,降低成本,提高电器绝缘性能和耐腐蚀性等。

3)开发新型电子电器产品和一机多能电子电器产品

随着人们生活水平的提高,适时开发新型电子电器产品和一机多能电子电器产品,可以提高电子电器产品的利用率,减少用具在室内的占用面积,还可以降低成本。如音像产品和视听一体化产品,录像与摄像一体化产品等。

4)提高电子电器产品的自动化程度

有些高档电子电器产品操作较为复杂,若采用微型计算机,则可以使电子电器的操作过程程序化、自动化,更加方便实用。

二、电子电器产品的分类

电子电器产品的分类如表 1.1 所示。

表 1.1 电子电器产品的分类

分类标准	种 类	实 例
按电子电器产品操作的难易程度分类	人工操纵的电子电器产品	机械类的洗衣机
	半自动操纵的电子电器产品	半自动类的洗衣机
	全自动的电子电器产品	全自动类的洗衣机
	智能化电子电器产品	采用模糊理论制造的洗衣机
按电子电器产品的大小分类	超大型电子电器产品	大型中央空调
	大型电子电器产品	大型卫星影院、电视背投
	中型电子电器产品	冰箱、彩电
	小型电子电器产品	笔记本电脑、加湿器
按照电子电器产品的用途分类	制冷产品	电冰箱、冷冻箱
	空调产品	空调器、冷风机
	取暖产品	远红外电取暖器、电热毯
	厨房产品	电饭锅、消毒碗柜
	清洁产品	洗衣机、干衣机

续表

分类标准	种　类	实　例
按照电子电器产品的用途分类	热容产品	电吹风
	熨烫产品	电熨斗
	电声产品	收音机、录音机、MP4
	视频产品	电视机、摄像机
	娱乐产品	电动玩具、电子游戏机
	保健产品	按摩器、脉冲治疗器
	照明产品	吊灯、吸顶灯
	通信类产品	手机
	其他产品	电动缝纫机、电动自行车
按电子电器产品的能量转换方式分类	能够将电能转换成机械能的产品。凡带有电动机的产品都可将电能转换为机械能，可划为此类	这种产品的特点是，电动机直接带动机械装置，如洗衣机、电风扇等
	能够将电能转换为热能的产品	电炉、电饭锅
	能够获得制冷能量的产品	利用电能获得制冷效果，如电冰箱
	能够将电能转换为光能的产品	各种形式的台灯、壁灯、吸顶灯
	能够将电能转换为声音和图像的产品	收音机、电视机、录像机、手机、MP4
按电子电器产品经营目录分类	家用电器产品	电冰箱、电吹风、电剃须刀
	家用电子产品	电视机、摄像机、个人电脑、微波炉

【项目小结】

通过本项目的学习，同学们应该了解了电子电器产品的概念，以及电子电器产品的不同分类。

【课外活动建议】

请同学3~5人结成小组，进行市场调研，了解电子电器产品的种类。

项目二　电子电器产业现状

【学习目标】

1. 了解电子电器产业的发展概况。
2. 了解几种主要电子电器产品的现状及特点。

【学时安排】　1学时

【知识模块结构图】

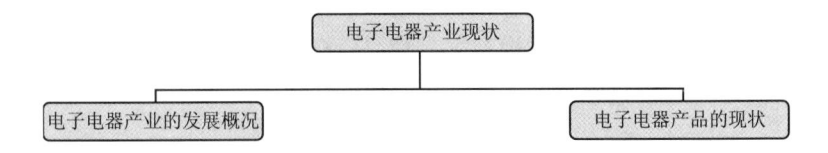

```
          电子电器产业现状
          /            \
电子电器产业的发展概况    电子电器产品的现状
```

【营销案例导入】

松下电器集团是世界有名的电子电器生产厂家,其广告商不是提出价格多么低廉,也不是过多地介绍产品的功能如何,而是随着社会的发展,提出更新的广告语介绍自己的产品。如"绿色创意、精彩未来";"实践'领先一步的环保',与地球环境和谐共存";"努力于提高所有产品的环保性能";"松下集团所有在华企业均实践'绿色行动'"等。从这些广告语中也可对电子电器产业的发展窥见一斑。

【基础理论知识介绍】

一、电子电器产业的发展概况

随着社会经济文化的发展,电子电器产业已由产品观念、销售观念、营销观念逐渐转移到社会营销观念。

> **小贴士**:社会营销观念就是企业必须以满足顾客需要为出发点,达到社会利益与企业利益的最大化。

在企业竞争已进入国际化,信息技术拉开了新时代帷幕的关键时候,电子电器产业围绕电子电器产品质量、电子电器产品品种、电子电器产品价格的第一轮竞争已经不是最主要的竞争手段了,而围绕市场营销、质量管理、顾客服务的第二轮竞争已经来临。面对新的竞争形势,电子电器产业正重新调整经营理念,制定新的营销战略,由市场营销向服务营销发展,逐步提高市场营销层次。

电子电器产业的环境正在发生变化。以技术驱动的大规模生产将被灵活的市场经营、生产所取代。整个产业拥有国内顶尖工程技术人员,企业重视人才的引进与培养,建立了完善的激励制度,确保了企业高速发展过程中的人才需求,使企业具有雄厚的电子电器产品开发实力。

电子电器生产企业坚持生产经营管理以质量为中心,走质量效益型的发展道路,不断提高在职人员的生产技能,通过对产品生产过程的严格管理,使电子电器产品质量不断提高,逐步形成以科研、应用、生产为一体的现代化企业。

> **知识链接**:多层次管理理念有三层含义。一是超越理念:塑造"创新每一天"的企业精神,拓展思维空间;二是价值理念:确立"需要就是价值"的经营哲学,不断追求卓越;三是行动理念:培养"重在行动、贵在创新"的企业作风,把希望变为现实,针对主要市场进行重点培育,加强了对代理商的规范管理,从宣传和售后服务多方面工作入手,保障了销售网络的畅通。

目前,电子电器产业努力扩大经营,以管理求高效,减少管理的冗余环节。由于生产与经营的专业化分工,电子电器产品规模扩大,使得资源得到了充分利用,而且降低了成本,创造了规模效益,给社会提供了质量更高、价格更低的电器。大多数电子电器产业本着以超群的品质、信誉第一、创优质服务的精神，赢得了广大国内外客户的好评。在长期的市场锤炼中，电子电器产业积淀了浓厚的文化底蕴，开创了人文管理与制度化完美结合的管理模式。

> **知识链接：** 在计算机技术日益趋于成熟的情况下，今后 1+A（信息家电）产品的生产、销售量会剧增。信息家电就是将 PC 与家电融合，推出诸如全功能个人电脑、上网电视、可视电话、网络游戏、数字电视等产品。2001 年美国推出的可通过电话线路将电视机接入 Internet 的电视机顶盒（STB），现已成为比较成熟的产品。在家电应用从数字化转向信息化的进程中，PC 一直在靠近家电。家电商海尔提出了"e 家庭"战略。家电商海信也提出"经过长期酝酿和准备"的以 PC 作为家庭数据中心，连接 1+A 和传统家电，将 PC 作为家庭对外沟通和对内沟通的接口，以较低的成本实现家庭的信息化的产品策略。现在，1+A 产品的发展刚刚起步，这是一个大有可为的领域。今后，家电 PC 化的市场格局将形成，也可以说家电化 PC 或 PC 家电化市场格局将形成。在这种市场格局中，PC 以其优势将长期处于市场的核心地位，形成未来的"家庭数码信息中心"，协助人们管理整个家庭消费类家用电子产品体系。

二、主要电子电器产品的现状

随着电子电器市场的竞争，家电市场竞争日趋激烈。各家电生产企业以其新颖的设计和独到的构思及精良的工艺技术推出了规格繁多、品种齐全的电子电器产品，受到市场和消费者的欢迎，典型产品如下。

1. 时尚前卫的家庭影院

与当今传统音响市场普遍低迷、旺季不旺形成鲜明对比的是一些时尚前卫，震撼性强的卫星式家庭小影院销售的异常火爆。卫星式小音箱既是 DVD、VCD、CD 的最佳伴侣，同时又可以配套电脑，组成电脑 Hi-Fi 系统或电脑影院。它造型美观，做工精细，满足了人们功能应用及审美的双重需求。这些小影院紧扣 21 世纪"简便、实用、休闲"的消费主题，融汇了当代最新电声技术和应用材料科技，掀起了一场引领时代潮流的家庭影院音响小革命。

2. DV 摄像机

DV 格式数码摄像机已占据了摄像机市场的大半江山，JVC、索尼、松下、夏普等品牌争奇斗艳。随着技术的飞速发展，数码摄像机的功能越来越全，品质越来越好，体积越来越小，质量越来越轻，价格越来越低，受到工薪阶层的接受。

3. 环保洗衣机

中国消费者协会将 2001 年的消费主题确定为"绿色消费"。有关专家预言："倡导绿色科技、选择健康家电"将成为近期家电市场的一个亮点。洗衣机市场可谓"跟风"最快，伊莱克斯、松下等先后推出了漂洗更干净的洗衣机；三洋宣布研制成功世界首台不需要洗衣液和洗衣粉的环保型洗衣机；北京雪花集团环保节能最新产品离子振荡洗衣机完成样机试验，如此之多的环保电子电器产品使得现代家电市场得到大力的发展。

4. 柜式空调

伴随着大面积住房的销售，宽大的客厅使更多的消费者把目光投向气派非凡、制冷效果好、售价趋于合理的柜式空调。据统计资料显示，柜式空调产销量和自身同期相比有了成倍的增长，与壁挂式空调产销量降低形成鲜明的对照。

5．PDP彩电

目前，飞利浦、索尼、松下、三星的等离子彩电先后在几大国际性家电展上亮相。韩国宣布在中国推出超大型60英寸以及40英寸等离子电视，开创了等离子电视在中国被推向市场，供消费者购买之先河。随后，日本先锋公司在京展示了其他4款等离子电视电子电器产品，着力向中国的经销商们推介自己的"看家"之作。

6．务实的冰箱

春兰公司推出了充分显示保鲜技术的"门上送冷"冰箱，倡导"新鲜"看得见，并提出首先让冰箱满足用户的第一需要，即做到了最大限度地保证食物的新鲜。专家表示，"门上送冷"技术，冰箱前后都有冷气，使保证食物新鲜有更多一层的保护，不仅务实，而且合乎民情。其务实的设计思想，使"门上送冷"成为继环保型无氟、超级节能冰箱之后又一全新的卖点。

7．小家电

随着人民生活水平日益提高，越来越多的小家电诸如电热水器、电微波炉、电烤箱、电饭煲、电消毒柜、电洗碗机、电吸尘器、电熨斗、电剃须刀等进入消费者家庭。小家电的使用不但减轻了消费者的家务劳动，也美化了消费者自身与环境，使家务劳动变得更加方便、快捷、卫生。家庭生活的现代化需求促进了家电的发展，家电的发展也更好地提高了生活的质量。

8．功能齐全的手机

随着科学技术的迅速发展，手机的功能越来越多，不仅具有传统的传递接听语音、接收发送文字信息、游戏、计算等功能，而且具有上网、摄像、摄影、电视等功能。其体积越来越小巧，节电越来越好，随着手机价格的降低，生活水平的提高，手机已经成为人们生活中不可或缺的电子电器产品。

【项目小结】

通过本项目的学习，同学们应该了解电子电器产业的发展概况，了解主要电子电器产品的现状及特点。

【课外活动建议】

请同学通过上网查询，进行调查，了解电子电器产品的发展状况。

项目三　电子电器产品市场供求特点

【学习目标】

1. 掌握电子电器产品的供应特点。
2. 掌握电子电器产品的需求特点。

模块一 电子电器产品与经营概述

【学时安排】 2学时

【知识模块结构图】

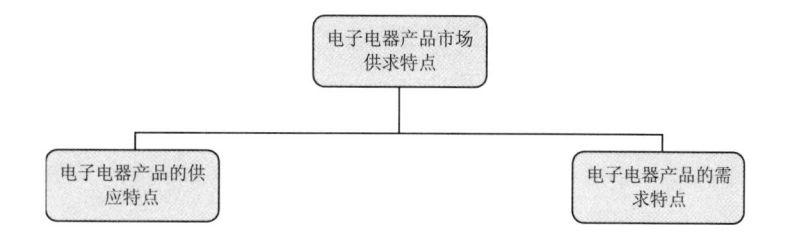

```
            电子电器产品市场
              供求特点
           /              \
  电子电器产品的供        电子电器产品的需
      应特点                求特点
```

【导入】

电子电器产品的营销必须要考虑到消费者对电子电器产品的需求，结合需求特点和供应特点才能做好营销工作。电子电器产品的品种繁多，各种电子电器产品的原理简繁不同，用途和使用方法也各不相同，但还是有共同特点的。了解这些特点，是经营电子电器产品所必要的。

【基础理论知识介绍】

一、电子电器产品的供应特点

1. 电子电器产品的特点

（1）美观性及装饰性。电子电器产品在外形、式样设计及外表处理上都讲究美观，各种电子电器产品都根据其使用的场合特点，有独特的装饰性。

（2）耐用性。一般电子电器产品的使用寿命都较长，大部分品种的正常使用寿命都是以千小时计算的。较高档品种，如电视机、冰箱、空调等的使用寿命则是以万小时计算的。

（3）安全性。电子电器产品在电气和机械运动部分都采取了必要和充分的安全措施，正常使用时不会对人身体造成危害。

（4）可靠性。是指电子电器产品在规定的使用条件下和在规定的使用时间内完成规定功能的概率。由于家电电子电器产品结构比较复杂，使用的条件或环境也较复杂，因此能长期稳定可靠地工作是衡量家电品质的一个重要指标。

（5）使用适宜性。电子电器的使用，不会给人们的正常生活环境带来有害影响，如不可忍受的噪声、有损健康的污染等。

（6）节约性。由于能源和水源的紧张加剧，使用能源和水源的费用逐年提高，所以人们更加倾向于使用节电性能好、节水性能好的电子电器产品，如开发使用靠太阳能提供电力的产品。

2. 电子电器供应特点

（1）地区特点。部分电子电器产品在供应时要考虑到其电子电器产品的地区使用特点。如干旱地区应尽量供应节水型的电子电器产品，雨水季节长的地区应供应有防潮装置的电子电器产品，常年高温地区供应的制冷电子电器产品不仅种类要齐全，还要耐高温，常年低温地区供应的取暖电子产品品种要多等。

（2）季节特点。供应电子电器产品时要注意电子电器产品的季节性。一般规律是冬季供应取暖器具，夏季供应制冷电子电器产品，节假日彩电、音响的销售看好。

（3）换代特点。电子电器产品的科技含量高，换代周期短，因此电子电器产品供应时要注意电子电器产品换代的特点。

二、电子电器产品的需求特点

1．市场需求

在营销管理中，一种电子电器产品的市场需求，是指在一定时期内，一定地理区域和一定营销环境中，实施某一营销方案时，特定消费群体愿意购买的该电子电器产品的总数量。

分析上述定义，应当着重理解下列六个要素。

（1）时期。市场需求数量要考虑某一给定时期。指一个年度，或未来三年、五年，等等。时间间隔越长，预测的需求数量的准确性越差。

（2）地理区域。市场需求要按照明确界定的地理区域来考虑其数量大小。例如，同一年度某种电子电器产品的数量会随着限定的区域范围不同而不同。

（3）营销环境。影响市场需求的环境因素包括政治、文化、经济、技术、人口增长等，它们均属需求分析中应当考虑的一类不可控因素。例如某种电子电器产品的市场需求量，在经济繁荣期和衰退期，就会很有不同。

（4）营销方案。市场需求无疑要受到销售者制定的营销方案影响。这是需求分析中必需的一种极为重要的可控因素。例如，大多数电子电器产品的需求，对于定价手段、促销手段、分销手段等的变动，都具有不同程度的弹性。

（5）消费群体。一种电子电器产品的市场需求数量，对不同的消费群体显然是不同的，在需求量度或需求预测中，应当明确这种度量或预测是针对全体消费群体构成的整个市场，还是仅涉及某一消费群体的细分市场。

（6）购买数量。市场需求中，所谓购买数量，可以指下列不同种类数量中的一种：订单数量、付款数量、收货数量、装运数量、消费数量等。

2．需求特点

随着时代的发展，电子电器产品的需求也越来越趋向现代化。其电子电器产品需求的特点如下：

（1）随心所欲个性化。消费者对电子电器产品的需求越来越趋于个性化，以个人的爱好和个性设计的电子电器产品越来越多。

（2）符合环保绿色化。现在绿色环保意识已深入人心，消费者对于环保型电子电器产品的需求逐渐提高。

（3）利国利民节能化。节省资源、节约能源是消费者选购商品的首选条件之一。

（4）轻松愉悦智能化。智能化电子电器产品已经成为电子电器产品的主要发展方向，它能够让消费者在使用时感到轻松愉悦。

（5）清洁保健卫生化。具有保健功能的电子电器产品逐渐进入市场。

（6）计算机网络信息化。随着计算机网络逐步进入电子电器产业，电子电器产品的技术发展逐步受到计算机网络技术的渗入。

（7）方便适用服务化。电子电器产品在向着方便实用性和适用型发展。

【项目小结】

通过本项目的学习，同学们学习了解电子电器产品的特点，掌握电子电器产品的供应特点和电子电器产品需求的六个要素以及需求的特点。

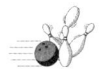

【课外活动建议】

请同学通过上网查询，以及进行市场调查，了解电子电器产品的供应特点和电子电器产品需求的六个要素以及需求的特点。

项目四 电子电器产品的市场生命周期

1. 掌握电子电器产品市场生命周期的四个阶段。
2. 掌握各阶段销售、利润变化趋势。

【学时安排】 2学时

【知识模块结构图】

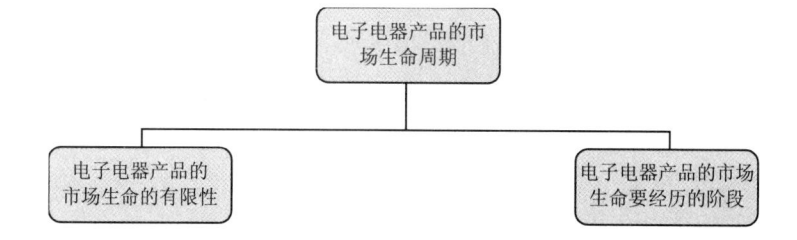

```
            电子电器产品的市
              场生命周期
           /              \
  电子电器产品的        电子电器产品的市场
  市场生命的有限性      生命要经历的阶段
```

【营销案例导入】

目前当市场上洗衣机已经处于一种基本饱和状态，传统洗衣机产品销售不旺时，松下电器研发出一种可将洗衣机杀菌率提升百倍的除菌新技术，并已将其应用于最新推出的斜式滚筒洗衣干衣机阿尔法系列产品中。据有关家电销售巨头在2008年初透露，目前搭载这项技术的松下斜式滚筒洗衣机销售已经占据整个高端滚筒洗衣机市场的半壁江山。

市场上的任何电子电器产品都不可能经久不衰、永远畅销，电子电器产品的销售状况和盈利能力，会随着时间的推移而不断地变化，直至最终退出市场，销声匿迹。电子电器产品的这种演化过程正如人的生命一样，有一个诞生、成长、成熟、最终走向衰亡的过程。研究电子电器产品产销发展趋势，把握产品成长规律，可以更好地了解企业产品的发展趋势，合理制定产品策略，并适时推出新电子电器产品，保证企业的生存和发展。

【基础理论知识介绍】

研究电子电器产品产销发展就要研究电子电器产品市场生命周期，产品的生命周期是指电子电器产品在研制开发成功之后，从投放市场开始，到最后被市场淘汰为止所经历的全部过程。电子电器产品生命周期原理所描述的就是一个电子电器产品在市场上的销售量和利润率随时间的推移所经历的变化。可以从下面几个方面深入理解产品生命周期的概念。

一、电子电器产品的市场生命的有限性

这里所说的生命是指电子电器产品的市场生命,而不是它的使用寿命。

(1)电子电器产品的使用寿命是指某一件产品所经历的从被生产出来,经过销售、使用,最终破损报废的全部过程。电子电器产品的市场生命是针对某一类电子电器产品而言的。

(2)电子电器产品的使用寿命是针对某一单个电子电器产品而言的。例如某一类产品还在市场上生产和销售,而某消费者购买的该类产品已经损坏,不能继续使用。这时,该类电子电器产品的市场生命尚未完结,而该电子电器产品的使用寿命已经结束。

二、电子电器产品的市场生命要经历的阶段

电子电器产品的市场生命周期一般经历四个阶段,即市场引入阶段、市场成长阶段、市场成熟阶段和市场衰退阶段。

1. 市场引入阶段

电子电器产品的市场引入阶段是指在市场上推出该产品,产品销售量缓慢增长的阶段。该阶段消费者对电子电器产品还不了解,该产品销售量很低;该产品由于要负担研制开发费用和促销费用,因此使企业在该阶段几乎无利可图,甚至处于亏损状态。

2. 市场成长阶段

市场成长阶段是指电子电器产品在市场上迅速为消费者所接受,企业的销售量和利润大幅度增加的阶段。该阶段企业由于大批量生产该产品,使生产成本降低,企业利润逐步提高。

3. 市场成熟阶段

市场成熟阶段是指电子电器产品已经为大多数消费者所接受,其销售量增长缓慢的时期。在这一期间,同类电子电器产品的竞争加剧,企业为了维持产品的市场占有率,不得不加大营销费用的投入,从而使企业利润趋于下降。

4. 市场衰退阶段

市场衰退阶段是指电子电器产品销售量下降的趋势继续增大,企业利润不断下降的阶段。电子电器产品各阶段销售量和利润的变化趋势表现为一条曲线,如图1.1所示。

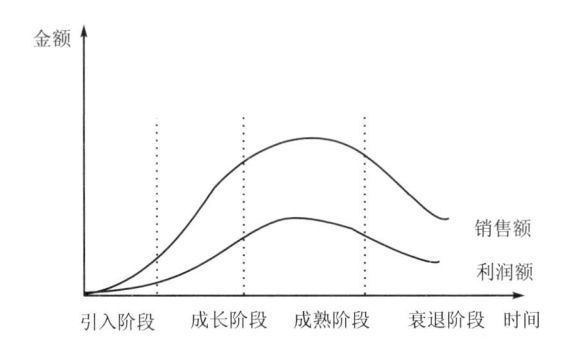

图 1.1　各阶段销售、利润变化趋势线

在电子电器产品生命周期的不同阶段，企业需要制定不同的营销、财务、生产、采购和人力资源的策略。其目的是能够实现理想的电子电器产品生命周期，使电子电器产品的销售量和利润额能够按照企业期望的方向发展，尽量延长电子电器产品生命，增加企业的利润。

在现实中，电子电器产品市场生命周期的四个阶段并非很明晰，产品销售量和利润额在各阶段中也并非呈现单一的增长或减少，而是有增有减，各阶段的持续时间有长有短。并且，不是每种电子电器产品生命周期都必然会经历这四个阶段，有些产品一经上市就迅速成长，跳过了销售量缓慢增加的市场引入阶段；有些产品可能持续缓慢增长，直接由市场引入阶段进入市场成熟阶段；另一些电子电器产品也可能在经过成长阶段之后，没有维持稳定的市场成熟期，而提前进入市场衰退阶段，过早地夭折了。电子电器产品市场生命周期的具体形态和持续时间，受多种因素的影响，例如国民经济状况、科学技术进步速度、市场竞争激烈程度、政治法律环境、市场供求状况、消费者需求偏好以及在各阶段企业采取的具体策略等。电子电器产品的产销发展趋势可以通过对电子电器产品的市场生命周期进行分析，从而预测出该类电子电器产品的产销发展趋势。

【项目小结】

通过本项目的学习，同学们学习掌握电子电器产品市场生命周期的四个阶段；掌握电子电器产品生命周期各阶段销售、利润变化趋势。

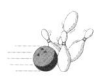

【课外活动建议】

请同学以小组为单位，讨论在市场营销中如何合理利用电子电器产品市场生命周期的四个阶段的理论进行市场营销；掌握各阶段销售销量和利润变化趋势。

项目五　电子电器产品市场经营理念

【学习目标】

1. 了解电子电器产品市场及经营概念。
2. 了解营销观念的特征，掌握现代营销观念的内涵。

【学时安排】　2学时

【知识模块结构图】

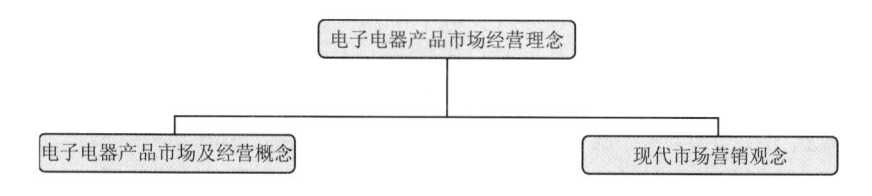

```
电子电器产品市场经营理念
    ├── 电子电器产品市场及经营概念
    └── 现代市场营销观念
```

【导入】

国内空调行业两大权威专业机构人民网和《空调销售》经过三个月的调查，正式发布《2007年度中国空调行业调查报告》。该报告显示：产品实力、品牌影响力、服务能力成为左右中国空调行业格局的主要因素。其中超过65%的消费者选购空调首先关注的是质量因素，该因素占到消费者选购空调考虑的因素之首。在大众消费者和渠道经销商的多项评选中，海尔空调获得了消费者和经销商的一致推崇，获得包括"质量最满意的品牌"、"服务最满意的品牌"在内的13项第一的称号，引领了中国空调行业健康发展的风向标。

企业经营观念不是固定不变的，它是在一定的经济基础上产生和形成的，并且是随着社会经济的发展和市场形势的变化而发展变化的。从历史上看，企业经营观念经历了一个从传统观念到现代观念的转变。市场营销观念是由传统的经营观念转变而来，是一种现代的企业经营观念，是一种新型的企业经营观念。

【基础理论知识介绍】

一、电子电器产品市场及经营概念

1. 概念

电子电器产品的市场比经济学中的市场有更为具体的内容，它是指由一切对电子电器产品具有特定需要和欲望，并且愿意和能够从事交换来使需要和欲望得到满足的潜在顾客所组成的总体。市场规模的大小，决定于有需要又有资源交换且愿意以这些资源换取所消费电子电器产品消费者的数量。

2. 分类

现代经济基于劳动分工来运行，专业性的生产和全面性的需求决定了经济中包含了各类市场。

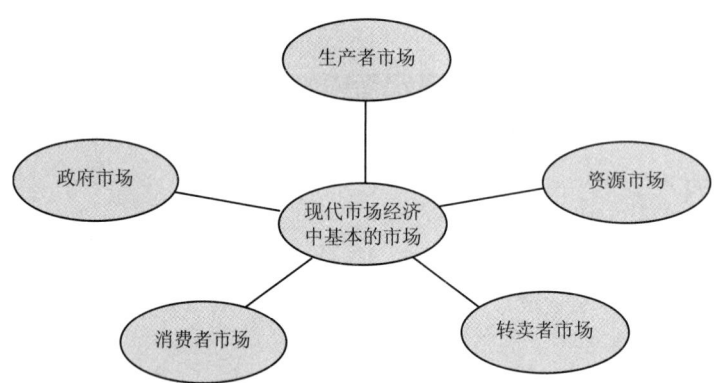

其基本流程大致是：生产者主要到资源市场（原材料市场、劳动力市场、资金市场）购买资源，转换为电子电器产品和服务之后卖给转卖者，由转卖者再出售给消费者。消费者则通过出售劳动力取得货币收入，然后再购买电子电器产品和服务。

政府也是一种市场，其经济作用在于：从资源、生产者和转卖者等市场购买电子电器产品，付款之后，再向这些市场（包括消费者市场）征税，并以此为基础提供公众所需的服务。

所谓经营就是指与市场有关的一切人类活动，即为满足人的需要和欲望，通过市场变潜在交换为现实交换的活动。这个交换的过程包含下列业务：卖者要寻找买者，并认识其需要，设计适当的电子电器产品，进行电子电器产品的促销、储存、运送和交易谈判等。

一般来说，经营是指微观的营销、组织的营销、营利性的营销，但事实上，还有宏观的营销、非组织的营销、非营利性的营销。企业是从事生产、流通和服务的营利性经济组织，因而结合以上对经营这一概念的分析，可以给电子电器产品经营下以下定义：

企业通过市场调研、目标市场选择、电子电器产品开发、电子电器产品定价、渠道选择、电子电器产品促销、电子电器产品运输、电子电器产品销售、提供服务等一系列与市场有关的活动，满足消费者和用户需要，实现企业长期盈利最大化的过程。

二、现代市场营销观念

1. 现代市场营销观念的特征

1）现代市场营销以消费者需求为企业生产经营的出发点

企业只有按照消费者的需求组织生产，生产出来的电子电器产品才能适销对路。因此企业成立专门的市场调研部门，培养专门的市场调研人才，花费大量的人力、财力和物力以了解消费者的需求特点与需求动向。企业这时的产销过程发生变化，变为"需求—生产—销售—消费"。这一变化使得顾客需求由过去处于被动地位转为主动地位，成为企业整个生产经营过程的起点。

2）整合营销是主要的经营手段

营销观念认为，企业的经营活动是一项完整的活动，包括电子电器产品的调查与预测、电子电器产品开发与设计、生产组织与财务分析、电子电器产品分析、分销渠道、仓储运输、销售与公关、包装商标、广告宣传等诸多方面贯穿于生产经营的全过程。强调通过各种手段的合理配合，形成一个完整的体系，使各种手段产生出放大的效果，满足所选择顾客群的需要。

3）现代市场营销开始重视追求企业的长远利润

随着营销观念的建立，企业追求利润的目标没变，但已经开始重视企业的长期利润。人们认识到，企业追求利润的手段应是建立在满足消费者需求的基础上。消费需求被满足的程度越大，企业盈利的可能性越大；反之，需求被满足的程度越低，企业盈利的可能性越小。因此，企业在经营某种电子电器产品时，应首先注重对消费者需求的满足程度，然后再考虑企业盈利的大小。

2. 营销观念的发展

虽然营销观念是一种新型的经营观念，但它本身也不是不变的。随着形势的变化，营销观念在两个方面有了发展：一是生态营销观念，二是社会营销观念。

1）生态营销观念

20世纪70年代以后，营销观念在西方发达国家被广泛采纳。但有些企业片面强调满足消费者的需要，而忽视企业本身的资源和能力的约束，结果所进行的生产往往不是自己所擅长的，其电子电器产品不能比竞争者的电子电器产品更能满足消费者需要，因而销售艰难。

> **知识链接**：有的营销学家提出，企业如同有机体一样，要同它的生存环境相协调。企业不应该单单重视消费者、研究消费者，而应该把消费者和竞争者结合起来，认真重视和研究竞争者。随着科学技术的发展，专业化分工更细，企业与外界环境相互依存、相互制约关系日益密切，企业更要注意利用自己所擅长的电子电器产品。

2)社会营销观念

> 我认为,企业的营销任务就是努力满足消费者的需要,在消费者满意的基础上销售电子电器产品。

> 不对!我在长期的实践中发现,仅仅做好这一点是不够的。企业是社会的一个成员,其生存与发展不仅仅与顾客是否满意有关,而且与是否满足社会整体需求与整体利益有关。

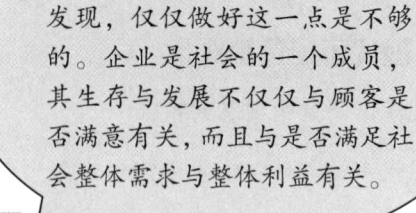

企业提供电子电器产品,不仅要满足消费者的需要与欲望,而且要符合消费者和社会的长远利益,企业要关心与增进社会福利,要将企业利润、消费需要、社会利益三个方面统一起来。社会营销观念有两个重要分支,即绿色营销观念和城市营销观念。

(1)绿色营销观念。

原有的营销观念在全球经营环境日益恶化的形势面前,显得过于狭义了。激烈的市场竞争使得一些企业为了追逐利润,不惜过度开发自然资源生产电子电器产品,向社会排放废气、废液、废渣,生产那些消费后难以很好处理的电子电器产品,这些产品使非再生资源匮乏,并且使生态环境受到破坏,危害人体健康。

相关链接:营销学家们提出绿色营销观念的概念,以维护全社会的整体利益和长远利益。一些国际公约和协定也对绿色营销理论的发展起了巨大的推动作用,特别是1992年联合国的《21世纪议程》指出:要实行全球的持续发展,"清洁生产"是一个关键,即不仅要求对生产过程中或消费过程结束后产生的"三废"造成的环境污染进行防治,而且要对产业结构、能源构成以及消费模式进行调整,以便最大限度地利用资源和减少污染。

根据绿色营销理论,企业在电子电器产品开发、价格制定、分销、促销诸方面,应充分考虑环境保护的要求。如在开发电子电器产品过程中,不仅要考虑电子电器产品生产出来后能否满足消费者的需要,还要考虑其废弃物对环境影响的大小;不仅要考虑电子电器产品是否满足人们现实的需要,还要考虑未来能否满足环境要求;不仅要考虑电子电器产品是否有销路,还要考虑电子电器产品是否有益人体健康等。总之,应尽可能开发"绿色含量"高的电子电器产品,以对社会负责。

(2)城市营销观念。

传统的营销观念包含了这么一种思想,即为了实现销售。

企业除了采用正常的营销手段以外,还可以采取许多商业欺诈策略和方法,只要不违反法律或无法追究法律责任。企业欺诈自古就有,在电子电器产品经济低级阶段极为普遍,它给生产者和经营者的确带来了一定的短期利润,但它毕竟基本上属于一种自我毁灭的行为。因而随着电子电器产品经济向高级形式的发展,商业欺诈行为较以前大大减少,但表现形式比以前隐蔽了,更具有迷惑性了。现在以假充真,以次充好,制作虚假广告、欺骗性标签、欺骗性降价、欺骗性标价和利用消费心理制定超高价等不仅使消费者蒙受损失,同时也给企业带来一定的损害。作为现代营销理论来说，不但要剔除商业欺诈策略这一亵渎科学的营销策略，还必须研究商业欺诈的危害性，商业欺诈的具体防治措施。例如，如何加强对电子电器产品质量的监测、评估、认证，对电子电器产品的明码标价管理，对电子电器产品销售的最高限价管理等。不仅研究如何防治商业欺诈，还要积极倡导人们从社会和大众利益出发，自觉地开展诚实营销。

【项目小结】

通过本项目的学习，同学们学习了解电子电器产品市场及经营概念，了解营销观念的特征以及掌握现代营销观念的内涵。

【课外活动建议】

请同学通过上网查询，进行调查，了解电子电器产品市场及经营概念。

习题一

1. 简述我国目前主要电子电器产品的现状。
2. 简述电子电器产品的供应特点。
3. 简述电子电器产品需求的六个要素及需求的特点。
4. 简述电子电器产品市场生命周期的四个阶段及各阶段销售、利润变化的趋势。
5. 简述现代市场营销观念的内涵。

实训一

1. 随着2008年北京奥运会的召开，绿色奥运、科技奥运、人文奥运越来越深入人心，消费者在挑选电子电器产品时越来越青睐符合奥运理念的产品。以空调为例，自清扫、双向换新风、静音、节能环保等"绿色"功能正成为消费者选购空调的重要指标。在国家信息中心发布的《奥运会与中国空调市场报告》中显示，奥运会不仅推动了空调产品的绿色化、科技化，同时加速了达不到绿色指标企业的淘汰力度，令整个行业更健康、更有序发展。请学生讨论作为电子电器产品生产者和经营者如何确立新的市场营销观念。

2. 目前，在家用移动存储领域，产品线逐渐丰富，许多厂商针对个人用户追潮流，好个性的要求，推出不少外观时尚的产品。其中爱国者家用移动硬盘不仅在技术与品牌优势兼具，使消费者青睐，还在以用户最关注的数据安全为切入点，细分个人用户群体，推出一系列在外观、价位等方面具有更高附加值的产品。如在2008年初就有电子电器产品生产企业推出"先摔再买，超强抗震"的"抢购节"。请学生结合电子电器产品需求的要素及需求的特点对比。

模块二 电子电器产品市场分析

任何企业和产品都生存于一定的环境之中，必须密切注意市场环境的变化，并随之调整自身的组织、战略和策略等一切可以控制的变数，使之与不断变化着的环境因素——不可控变数相适应，达到与周围环境的平衡。实践证明，适者才能生存。许多企业的发展壮大都是经过不断的更新，以适应其生存环境。否则就会导致衰退和灭亡。

项目一 电子电器产品市场营销环境分析

【学习目标】

1. 了解营销环境的特点。
2. 了解宏观市场营销环境对企业的影响。
3. 掌握微观市场环境对市场营销的影响。

【学时安排】 1 学时

【知识模块结构图】

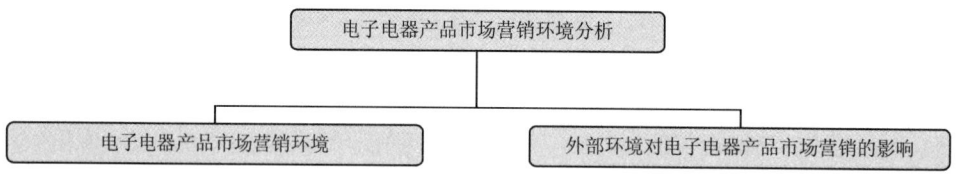

```
            电子电器产品市场营销环境分析
               /                \
   电子电器产品市场营销环境    外部环境对电子电器产品市场营销的影响
```

【营销案例导入】

2007年"十一"期间，北京市的电子电器产品销售巨头之一——苏宁电器，位于北京城区的北三环北太平庄桥东北角城建大厦，经营面积达5000m²，多达30多条公交车停靠点的北太平庄旗舰店试营业，在开业当天单日进账销售就超过3000万元。苏宁电器在试营业期间就取得如此辉煌的业绩，与他们对电子电器市场的正确分析密切相关。

在日益激烈的电子电器产品市场竞争中，要想使得企业得到生存、发展壮大，就必须对电子电器市场营销环境，消费者市场和电子电器产品市场进行分析，以便指导企业开发产品，制定相应的营销策略，从而满足消费者的需要，创造最大的经济效益。

【基础理论知识介绍】

一、电子电器产品市场营销环境

1. 营销环境的概念

营销环境是指影响企业和产品生存、发展的企业营销管理职能外部的各种因素和力量。产品的市场营销环境包括微观环境和宏观环境两方面。

（1）微观环境包括那些直接影响企业或产品，有市场服务能力的行为主体，如企业、供应商、营销中介、消费者和社会公众。

（2）宏观环境包括那些影响企业微观环境中所有行动者的较大社会因素，如人口、经济、政治、法律、社会、技术等因素。

分析营销环境的目的，在于寻求良性营销环境的机会和避免不良营销环境的威胁。

所谓良性的营销环境机会就是企业能取得竞争优势和差别利益的市场机会。所谓不良营销环境的威胁就是营销环境中对企业不利的趋势。对此，如果没有适当的应变措施，则可能导致某个品牌、某种残品甚至整个企业的衰退或被淘汰。在现实中，机会和威胁往往是并存的，而经营者的任务就在于抓住机会，克服威胁，以有力的营销措施迎接市场的挑战。

2. 营销环境的特点

为了寻求良性营销环境机会和避免不良营销环境威胁，就必须了解和研究营销环境的特点。归结起来营销环境有以下特点：

1）营销环境的差异性

营销环境的差异性是指各产品所处的环境存在不同，各产品环境因素的构成和作用程度存在着差异。如在国际上市场上，发达国家需要的电子电器产品与发展中国家相比，存在着明显的差异；在国内市场，东部沿海经济发达地区与西部经济欠发达地区相比，对于电子电器产品的需求也存在着明显的差异。现在东部经济发达地区的消费者正处于电子电器产品更新换代的时期，而西部地区在党和政府的关怀下正在解决西部落后地区的经济发展问题如用电等问题，随着用电的问题解决，人民生活水平的提高，西部地区必然会迎来消费者使用电子电器产品的高潮期，形成一个庞大的电子电器产品的市场。企业所研究和要适应的只是那些对本企业产品营销活动有影响的环境因素。因此，首先应分析并明确影响本产品的因素有哪些，它们是如何作用的，进而采取相应的营销策略来适应这些因素，赢得企业的市场竞争优势。

2）营销环境的多变性

营销环境的多变性是指营销环境的动态的变化，其发展变化是有规律的。营销环境是随着社会经济的发展而不断变化的。这种变化首先表现为"外界变化"。如在19世纪将市场当做销售环境；到20世纪30年代又把政府、工会、投资者等有利害关系者也看做环境因素；进入20世纪60年代后，环境中又必须考虑自然生态、资源、国际形势等因素。这是个不断扩大的过程，国外称为"外界环境化"。其次，这种变化表现为环境因素的主次地位互换，即原来起主要作用的因素将变为辅助性的次要因素，或者原本是次要的因素上升为主导因素。例如，在供不应求的卖方市场条件下，其主要因素是企业内部可控的产品和生产供应能力，只要有能力大量生产出产品，企业的生存发展就不成问题。随着市场转为供求平衡或供过于求的买方市场，产品主导作用下降，让位给企业外部的市场及消费者等非可控因素，此时能否满足市场和消费者的需求，就成为至关重要的问题了。最后，这种变化表现为环境因素的可控性变化，即原来企业不可控的因素变为可控因素，原来可控的因素变为不可控因素。如价格，在计划经济体制下企业没有定价权或定价权很少。随着中国市场经济体制的逐步确立，企业有权对越来越多的产品定价，价格的可控性日益增强。

3）营销环境的相关性

营销环境的相关性是指市场经销环境不是由某个单一的因素决定的，而是要受到一系列与其相关因素的影响。例如，商品的价格不但受到市场供求关系的影响，而且还受科技进步以及财政和税收政策等多种因素的影响。市场营销环境各种因素相互影响的程度是不同的，有的可以进行评估，有的则难以估计或预测。

4）营销环境的复杂性

营销环境的复杂性是指各环境因素之间经常存在着各种矛盾关系。例如，由于生活水平的不断提高，消费者对诸如电磁炉、微波炉、空调机等家用电器提出新的更高需求。而客观上存在着的电力供应紧张等问题使得企业必须在运用稀缺资源前提下去开发新产品，尤其需要开发节能型的家用电器产品。为了可持续性的发展，企业向社会提供的产品和服务必须遵守政府制定的各项法律和规定，既要运用可以利用的资源和物质条件去创造和满足社会需求，又要使企业的行为符合政府和管理部门的要求。在越来越重视环保的今天，企业就需要设计和生产具有环保性的绿色电器产品。

二、外部环境对电子电器产品市场营销的影响

市场营销理论强调企业营销采用从外向内的观念，不断从变化的外部环境中发现机会和威胁，继而运用各种可控手段，利用和把握机会，回避和降低风险。

1. 宏观环境对市场营销的影响

宏观环境引导企业营销活动的大方向。影响产品营销活动的宏观环境因素主要有人口环境、经济环境、物质环境、技术环境、政治法律环境等。

1）人口环境

人口是构成市场的基本因素。哪里有人，哪里就有消费需求。在消费水平一定的条件下，人口的多少直接决定市场潜在消费需求的大小。世界人口的规模、地理分布、密度、流动趋势、年龄构成、出生率、结婚率、死亡率，以及人种、种族和宗教结构等人类特性，都会对市场需求产生深刻影响，从而对企业、产品的市场营销形成影响力。

（1）人口数量及地区发展不均衡决定市场的大小。从世界范围看，人口呈现"爆炸式"增长，总数已经超过60亿，并以每年1.7%的速度增加。预计21世纪前50年全球人口将很快突破80亿。地区发展不均衡，人口增长最快的地方是经济欠发达地区，而发达国家的人口增长近20年来一直保持低水平。

世界人口的急剧增加，对企业有重大意义。人口增长意味着人类消费需求的增加。如果人们有足够的购买力，则人口增长表示市场的扩大。而另一方面，如果人口的增长对各种资源的供应形成过大的压力，生产成本就会上升而利润则下降。企业应根据不同市场的人口规模重视对市场的研究，可以发现各种未满足的需要所形成的市场机会。中国作为世界上人口最多的国家，市场潜力很大，尤其是电子电器产品市场。

（2）人口的年龄结构决定市场需求结构。不同年龄结构的人对产品的需求存在着差异性。具体到电子电器产品，需求的差异性就更加明显。如少年儿童需要电子玩具、游戏机等；中青年需要电子学习用具、计算机及生活用电子电器产品等；老年群体则更需要保健型电子电器产品，对方便、实用、快捷、保健的电子电器产品的需求日益增强。随着人口老龄化的趋势增长，设计、生产和销售轻便快捷、节能型家用电子电器产品的企业将会拥有广阔的市场。

（3）人口的地理分布及流动决定着市场需求量。不同地区的消费者受地理环境、气候特点的影响，他们的购买习惯、购买行为及市场需求量也存在差异。

研究人口分布于地理的特点，对企业找准产品销售市场很有意义。如天气炎热的南方，人们对空调、电冰箱等制冷产品需求量大；而在寒冷的北方，则对电暖器产品需求量相对较大。再如，由于北方气候干燥对空气加湿器等电器产品存在一定的需求，而在南方的一些雨季较长的地区，则对有利于干燥的电子电器产品的需求较大。此外，平原和山区，水资源丰富和水资源匮乏的地区，消费者的消费偏好也存在很大差异。

人口分布的特点随时间的推移会产生一定的变化，形成相应的人口流动。目前人口流动趋势有两种：一是随着城市化的进程，农村剩余劳动力的转移，人口从农村流向城市，使城市人口增长，城市市场成为各企业营销战的必争之地；二是随着城市规模的扩大，卫星城在中心城市周边的建立，人口开始从城市流向郊区，这一变化使得企业销售网络的布局向郊区延伸。现在各大电子电器经销商都是以城市为中心，向城市的郊区，乃至城市周边地区辐射，以蛛网般的销售网点布局来达到其扩大销售的目的。

（4）家庭规模的大小直接影响家庭购物和消费模式。人口较多的家庭在购物时，一般需要容积较大、功效较大的电子电器产品以满足较多的家庭人口的需求，如购买较大容积的冰箱和洗衣机、立式空调、容量较大的电热水器等；而人口少的家庭，则对小巧、袖珍的电子电器产品更感兴趣，如小容量的冰箱、小容量的洗衣机等。现代家庭的规模日趋小型化，小型家电产品的需求将是今后电子电器产品市场的需求发展趋势。

2）经济环境

市场不仅需要人，还需要购买力。购买力则受到消费者收入、通货膨胀的压力、储蓄和信贷等许多经济环境因素的影响。

（1）消费者收入。经济学理论表明：消费支出在很大程度上取决于消费者的收入水平。

> **知识链接**：可以反映一定时期销售者收入总体状况的指标
> 1. 人均国民收入指标：人均国民收入是一定时期内一个国家物质生产部门的劳动者、人均创造的价值，大体上反映了一个国家的经济发展水平。
> 2. 人均个人收入指标：人均个人收入等于全社会个人收入总和除以总人口数。个人收入的主要来源为社会总的消费基金。人均个人收入大体上反映了市场的购买力。实际生活中实际收入与名义收入总是不一致的，由于通货膨胀、失业、税收等影响，虽是货币收入增加而实际收入却下降。在实际收入下降的情况下，消费者选购上平时，变得更加理智和谨慎，精打细算，节约开支。这就要求市场上推出经济耐用且物美价廉的电子电器产品。

（2）通货膨胀的压力。通货膨胀表现为货币贬值、物价上涨、购买力下滑。其一方面会使营销环境趋于恶化，引发恐慌性购买，形成市场虚假繁荣，给企业带来许多虚假的需求信息，增加了企业未来发展的风险；另一方面由于通货膨胀是个生产要素价格上涨，造成产品成本增加。通货膨胀是银行利率提高，对企业的资金筹集和周转、投资的吸收和组合、营销组合等都会造成很大的影响，增加了营销难度。

（3）储蓄和信贷。消费者的消费需求除受收入及支出结构影响外，还受储蓄状况和信贷条件的影响。收入的主要流向是消费和储蓄，而储蓄则是一种推迟的潜在购买力。个人储蓄的形式很多，包括银行存款、购买国债和股票、参加保险、购置不动产和其他资产等。这些储蓄是购买大额商品所需资金的重要来源。它也是一般家庭购买电子电器产品的主要资金来源。消费者还可以通过借款或信用卡透支来增加购买力，这就是消费者信贷。它使消费者超越现有的收入和储蓄限制，购买更多的商品和劳务，为社会提供更多的就业机会，提高社会成员的整体收入，以及增加更多的需求。但信贷条件如果过高，也会影响一定的购买力。

3）物质环境

物质环境对企业的营销活动产生更大的影响，甚至有时这种影响对企业的生存和发展起决定性作用，给营销活动带来威胁和机会。

> **知识链接**：地球上的资源由无限资源、再生的有限资源和不可再生的有限资源组成。可再生的有限资源，如森林、农产品等如果被超负荷地使用，也会使得这些资源面临严重缺乏的境地。不可再生资源，如石油、煤和各种矿产品等已出现严重匮乏的问题，这预示着依靠矿产品为原料的企业将面临着成本大幅度上升的问题。因此必须尽快研制、开发出利用新资源的产品或代产品。如随着石油危机的加剧和油价的上涨，激发人们去大力开发、研制诸如太阳能、原子能和风能等新的能源。太阳能家庭取暖电器、太阳能计算器等电子电器产品将更受到青睐。
>
> 现代工业的发展，对自然环境造成不可避免的破坏。公众对环境保护问题的关心，一方面限制了某些行业的发展，使得他们在社会舆论的压力下不得不采取措施控制污染；另一方面也营造了两种营销机会：一是为治理污染的技术和设备提供了一个大市场；二是为保护生态环境的新生产技术和包装方法也创造了营销市场。如现在的绿色电子电器产品的设计生产，就是为加强环境保护做出努力的结果。

4）技术环境

科学技术是影响人类前途和命运的最大力量，有着强大的生命力。科学的发展和技术的进步对市场营销的影响力更为直接、显著。第二次世界大战后新技术革命的兴起造成了许多新的行业、新的市场营销机会，但同时也给某些行业带来威胁。如晶体管、复印机、计算机等技术的发明，使晶体管淘汰了电子管，复印机排挤了复写纸，电视机、录放机和影碟机吸引了电影观众等。有人称科学技术为"创造性的破坏力量"。科学技术的进步，使得技术含量较高的电子电器产品，更要加快更新的步伐，以增强适应能力，求得生存和发展。

新技术革命给未来的社会生产带来全面电子化，人们不出家门，便可以通过计算机系统进行学习、工作、购物和娱乐等活动。如在家按工作单位的指令查阅公共图书馆的资料，通过电视购物来购买商品等。高度的电子化是人们的消费模式发生重大变化，给营销系统带来实质性的影响。

随着产品的复杂性、多样性，消费者在使用产品时要求保证其安全。有关食品、汽车、服装、电器用品和建筑业领域的安全、健康的规定也日臻完善起来。那么作为新产品的推出必须考虑政府制定的各有关规定。除政府管制外，社会上反对科学技术随意商业化的呼声越来越强烈。人们要求政府在新科技用于商业前应实行评估。因为他们认为，大规模的技术创新，会对大自然、对恬静质朴的生活、对环境保护以至整个人类社会造成威胁。因此这些动向也是营销者需要注意的。

5）政治法律环境

市场营销活动受政治和法律环境的强制影响。政治法律环境是由与企业活动相关的法律，政府管理机构以及社会中对企业起制约作用的压力集团构成的。

> **知识链接**：我国目前与企业活动相关的立法主要有《经济合同法》、《公司法》、《商标法》、《专利法》、《食品卫生法》、《产品质量法》、《广告法》、《反不正当竞争法》、《消费者权益保护法》等。
>
> 对企业有监督、制约作用的压力集团主要是保护消费者利益的群众团体和保护环境的群众团体。这些团体对立法、执法、社会舆论，乃至企业的市场营销都产生巨大的影响力。

总之，宏观环境制约影响着企业产品的营销活动，但这种影响力并非绝对不可控制。企业通过向外提供产品和劳务，传播信息，以及开展公共关系活动，如宣传影响立法，从而不同程度地影响外部环境，使之变得有利于企业实现自己的目标。

2. 微观环境对市场营销的影响

一个企业，对于一种产品能否成功地开展营销活动，不仅取决于其对宏观环境的适应性，也取决于其能否适应和影响微观环境。影响企业营销活动的微观环境因素主要有：企业内部的环境力量、供应商、营销中介单位、消费者和竞争者。

（1）企业内部的环境力量。企业内部各个管理层次、各个部门、员工之间分工是否明确，协作是否有效，能否目标一致、相互配合，直接关系营销活动的效率和实施效果。如营销部门要与生产部门、采购部门、研究开发部门密切合作，共同制定营销计划，还要考虑企业高层管理者的意图，以最高管理层指定的企业任务、目标、战略为出发点，制定营销活动计划。

（2）供应商。供应商是向企业供应各种资源的工商企业和个人。供应商供应的原材料价格的高低和交货是否及时，数量是否充足等，都会影响产品的成本、价格、利润和交货期。营销人员应该对供应商的情况有比较全面的了解和透彻的分析，通过分析确定哪些原材料可以通过自行生产来解决，哪些原材料需要通过外购来解决。

（3）营销中介单位。营销中介单位是协助企业推广、销售和分配产品给最终消费者的企业和个人，包括中间商、实体分配公司、营销服务机构和金融机构。

> **知识链接**：中间商是帮助完成产品从生产者向消费者的价值转移的中介单位。中间商分为从事批发业务的批发商和从事零售业务的零售商。
>
> 实体分配公司是指中途将货物进行储存和保管的仓储公司和把货物运往另一地点的运输公司。
>
> 市场营销服务机构包括调研公司、营销咨询公司、广告公司以及各种广告媒体，这些机构协助企业选择目标市场，推销产品。
>
> 金融机构包括银行、信贷公司、保险公司等，它们负责为企业和消费者之间的交易融通资金。

（4）消费者。消费者是企业产品或劳务的购买者，也是企业服务的对象。对于一个企业来说，赢得消费者是生存、发展的关键。实践证明，能占领市场的企业大都是能最大限度满足消费者需求，把消费者放在首位的企业，只有分析消费者，才能了解和满足消费者，也才能赢得消费者。

（5）竞争者。企业在为其目标消费者服务的时候，面对着竞争对手的威胁，企业须识别和战胜自己的竞争对手，保持消费者对本企业的信任，才能立于不败之地。

知识链接：企业的竞争者大体包括以下几种

① 愿望竞争者。愿望竞争者指提供不同产品以满足不同需求的竞争者。假如你只是电视机制造商，那么生产电冰箱、洗衣机等不同产品的厂家就是愿望竞争者。

② 品牌竞争者。品牌竞争者指产品相同，规格型号也相同，但品牌不同的竞争者。如海尔、小鸭、小天鹅等洗衣机品牌，这些洗衣机生产企业之间必定存在一种品牌竞争关系。

③ 平行竞争者。平行竞争者是指能够满足同一种需求的不同产品的竞争者。如录像机、VCD、DVD等，三种产品的生产经营者之间必定存在着一种竞争关系，它们也就构成了各自的平行竞争者。

④ 形式竞争者。形式竞争者指生产同种商品，但规格、型号、性能各有特点，如微波炉、空气加湿器等。

产品形式竞争和品牌竞争是同行业的竞争者，在这种竞争中，有三个因素需要注意，即卖方密度、产品差异、进入难度的变化。卖方密度是指同一行业或同一类商品经营中卖主的数目。卖方数目的多少，在市场需求量相对稳定时直接影响到企业市场份额的大小和竞争的激烈程度。如随着电视机生产厂家的增加，各厂家在一定市场需求的份额相对降低，竞争越来越激烈。产品差异是指同一行业中不同企业生产同类产品的差异程度。由于差异，使得产品各有特色而相互区别，这就存在着产品间的竞争关系。进入难度指企业在试图加入某行业时的困难程度，特别是技术的难度和资金的规模。不同行业、企业加入的难易程度是不等的，如航空业和高科技产业是一般企业难以进入的，它需要巨额的投资和较高的专业技术。

竞争对手不仅来自本国市场，也来自其他国家和地区；不仅发生在行业内，行业外的一些企业也可能通过替代品的生产而参与竞争。显然对竞争者进行分析是成功地开展营销活动的一个重要方面。

【项目小结】

通过本项目的学习，同学们学习了解营销环境的特点，宏观市场营销环境对企业的影响，并且初步掌握微观市场环境对市场营销的影响。

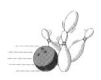

【课外活动建议】

请同学通过上网查询，以及进行市场调查，了解宏观市场营销环境、微观市场环境对电子电器产品市场营销的影响。

项目二 消费者市场分析

【学习目标】

1. 了解市场的概念和分类。
2. 掌握市场分析的基本方法。
3. 了解消费者购买行为模式，影响消费者购买行为的主要因素。
4. 掌握消费者购买过程的五个阶段。

【学时安排】 2 学时

【知识模块结构图】

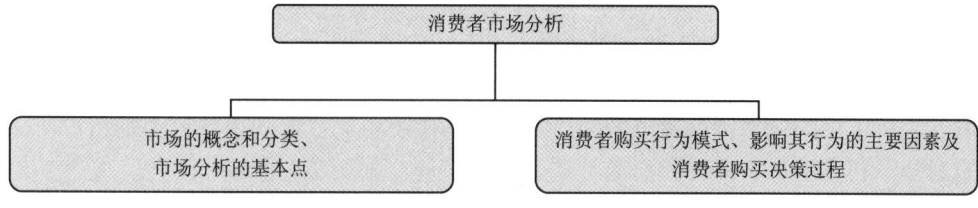

```
            消费者市场分析
           /              \
  市场的概念和分类、      消费者购买行为模式、影响其行为的主要因素及
  市场分析的基本点        消费者购买决策过程
```

【导入】

现代市场营销观念指出，企业的市场营销行为必须以消费者需求为中心来设计和筹划，能否准确了解和满足消费者的需求，是企业营销能否取得成功的关键。

【基础理论知识介绍】

一、市场的概念、分类及市场分析的基本点

1. 市场的概念

市场是商品经济的产物，自从人类有商品生产和商品交换以来，就有与之相应的市场。随着商品经济和企业经营活动的发展以及使用对象和场合的不同，市场一词的内涵也不断丰富和发展。以下有三种对市场概念的理解。

（1）市场是商品交换的场所，指买卖双方购买和出售商品进行交易活动的地点，如农贸市场、小商品批发市场、零售商店等，了解本企业产品的销售市场是非常重要的。

（2）市场是对某种商品或劳务具有支付能力的需求，如汽车市场、电视机市场等。这一定义也可与地理区域结合起来，如中国市场、国际市场、亚洲市场等。

（3）市场是对某种商品或劳务具有需求的所有现实的和潜在的购买者。这里所说的市场是指个人消费者或组织，而不是指场所，不是单个的人，而是消费者群及组织购买者。这一层含义主要是从卖主角度来研究买主行为的，它将市场看成企业生产经营的出发点和归宿，即企业的一切活动都是围绕着市场来进行的，企业生产什么式样的产品，生产多少，就需要分析市场需求什么样的商品，需求量有多大，每件商品在什么价格时，才能被接受等。这里的买主指的是有一定支付能力并且有购买欲望的个人或组织。

相关链接：一个现实有效的市场，需要具备人口、购买力和购买欲望3个要素，缺一不可，营销学家把它们用公式表达为：

$$市场 = 人口 + 购买力 + 购买欲望$$

其中，人口是构成市场的基本因素，哪里有人，哪里就有消费者群，哪里就有市场。一个国家或地区的人口多少是决定市场大小的基本前提，购买力是指人们支付货币购买商品或劳务的能力，购买力的高低由购买者的收入多少来决定。一般来讲，收入高，购买力就高，市场和市场需求就大。购买欲望即消费者购买商品的动机、愿望和要求，它是消费者把潜在的购买力转化为现实购买行为的重要条件。它也是构成市场的基本要素。如果人口多，收入低，市场就会非常狭窄，而收入高，人口少，市场也同样有限。然而有了人口和购买力，但因商品不丰富，货不对路，不能引起消费者的购买欲望，也不能形成市场。只有当市场三要素同时具备时，我们称为现实市场。潜在市场指现在经过努力可以争取到的市场，也指随着生产发展和消费水平提高可能达到的市场。

2. 市场的分类

通过分析市场的概念，市场可分为宏观市场和微观市场。宏观市场分类是指对商品交换总和的划分，它注重从供应者和商品性质来划分市场，如图2.1所示。

微观市场的分类，以消费者群体划分，是企业市场营销重点研究的内容，如图2.2所示。

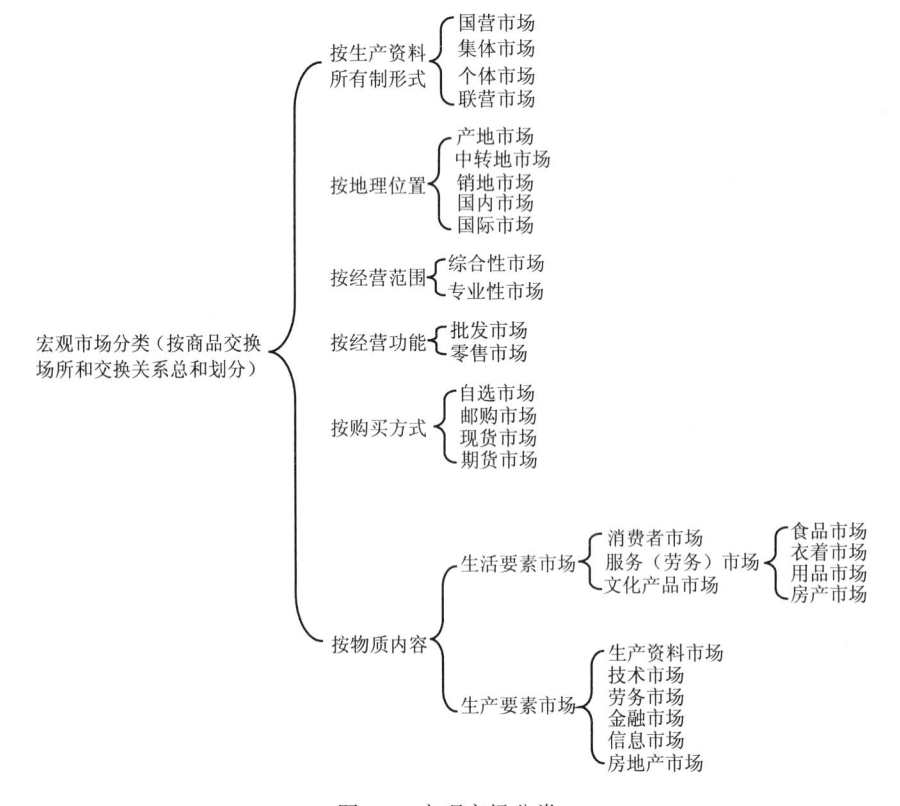

图2.1 宏观市场分类

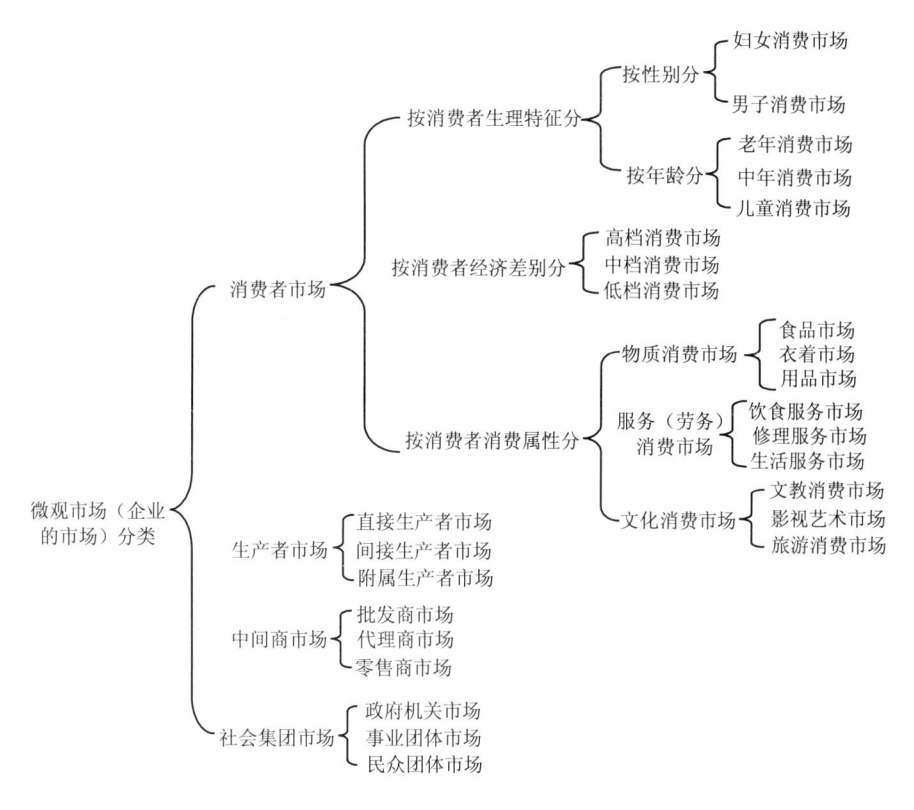

```
                                                        ┌按性别分─┬ 妇女消费市场
                                                        │         └ 男子消费市场
                                        ┌按消费者生理特征分┤
                                        │                │         ┌ 老年消费市场
                                        │                └按年龄分─┼ 中年消费市场
                                        │                          └ 儿童消费市场
                                        │                  ┌ 高档消费市场
                                        ├按消费者经济差别分─┼ 中档消费市场
                                        │                  └ 低档消费市场
                     ┌消费者市场─────────┤
                     │                                       ┌ 食品市场
                     │                            ┌物质消费市场┼ 衣着市场
                     │                            │           └ 用品市场
                     │                            │           ┌ 饮食服务市场
                     └──按消费者消费属性分──────────┼服务（劳务）┼ 修理服务市场
                                                  │消费市场    └ 生活服务市场
                                                  │           ┌ 文教消费市场
                                                  └文化消费市场┼ 影视艺术市场
微观市场（企业─┤                                              └ 旅游消费市场
的市场）分类    │              ┌ 直接生产者市场
                ├生产者市场────┼ 间接生产者市场
                │              └ 附属生产者市场
                │              ┌ 批发商市场
                ├中间商市场────┼ 代理商市场
                │              └ 零售商市场
                │              ┌ 政府机关市场
                └社会集团市场──┼ 事业团体市场
                               └ 民众团体市场
```

图 2.2　微观市场分类

3．市场分析的基本点

市场情况复杂多样，对其进行分析可以从以下几点入手：

（1）他们是谁，是老人还是年轻人或是哪一个行业的用户；

（2）他们需要购买或喜爱什么商品；

（3）他们为什么要购买这些商品；

（4）他们什么时间购买；

（5）他们在什么场所购买；

（6）他们采用何种方式购买商品。

全面理解市场概念，掌握分析市场的方法，对于企业生产经营活动具有重要的意义。

二、消费者市场的分析

现代市场营销观念指出，企业的市场营销行为必须以消费者需要为中心进行设计与筹划，尽力掌握和满足消费者需求。可见加强对消费者购买行为的分析，是企业能否在营销市场取胜的关键。整个市场可以依购买主体的不同而分为两大类：个人消费者市场和组织市场。个人消费者市场是由那些为满足自身及家庭成员的生活消费需要而购买商品的消费者组成；组织市场则由那些为维持经营活动，对产品进行再加工、转售，或向社会提供服务的工商企业、政府机构及各种社会团体组成，这里重点分析消费者市场。

1. 消费者购买行为模式

> **小贴士**：要研究、掌握消费者的购买行为，首先应了解有关实际购买行为的 5W1H，即买什么（What）、谁来买（Who）、何处买（Where）、何时买（When）、为何买（Why）、如何买（How）。

要了解这些情况，就需要对购买者的行为模式进行研究。图 2.3 为消费者的购买行为模式，它显示了营销刺激和其他刺激的外部刺激进入购买者的"黑箱"最终产生消费者的反应的过程。图左方有两种刺激方式：一是营销刺激，由四个 P 组成，即产品（Product）、价格（Price）、地点（Place）和促销（Promotion）；二是其他刺激，由购买者所处的经济、技术、政治、文化等环境方面的力量和活动组成。各种刺激因素都经过消费者的"黑箱"而产生一组右方的反应，即产品选择、品牌选择、经销商选择、购买时间和购买数量。营销人员的任务就是要掌握在刺激和反应之间，购买者的"黑箱"是如何发生变化的。购买者"黑箱"由两部分组成：第一是购买者的特征，第二是购买者的决策过程。

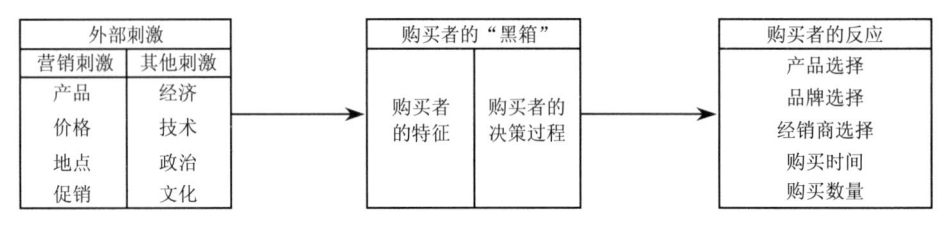

图 2.3　购买行为模式

2. 影响消费者购买行为的主要因素

人既具有社会共性，又具有自身个性。消费者在具体购买行为中受到很多方面因素的影响，如图 2.4 所示。

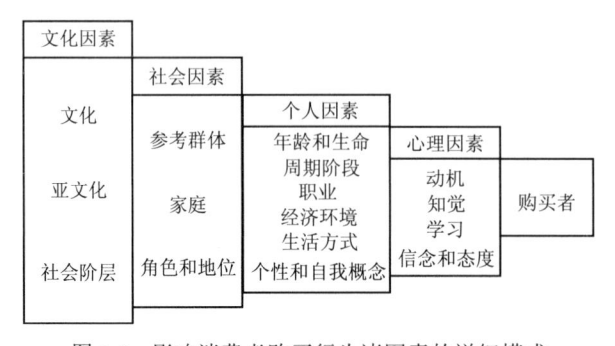

图 2.4　影响消费者购买行为诸因素的详细模式

1）文化因素

对消费者购买行为具有最广泛最深远影响的文化因素包括文化、亚文化和社会阶层因素。

（1）文化。文化是人类欲望与行为最基本的决定因素，每个人都生长在一定的文化氛围之中，并深受这一文化所含价值观念、行为准则和风俗习惯的影响，这一影响也延伸到了他们的购买行为之中。

（2）亚文化。每一文化群中，还存在若干更具文化同一性的群体，即亚文化群。如由于地理位置、气候、经济发展水平的差异，我国可明显地分出南方、北方、东部沿海、西部内陆等亚文化群。不同地区人们的生活习惯有差异，消费习惯自然有别，如中国的传统节日"春节"，北方人习惯吃饺子，南方人却一定要吃元宵和糯米年糕。

（3）社会阶层。每个社会客观上都存在着社会阶层的差异，即某些人在社会中的地位较高，受到更多的尊敬，成为人们效仿的目标；另一些人在社会中的地位则较低。在现代社会，社会阶层差异受从事职业的威望、受教育水准、收入与财产综合因素的影响。显而易见，位于不同社会阶层的人，因收入水平、价值观取向、生活背景和受教育程度不同，其生活习惯和消费内容也有差异，甚至对传播媒体、商品品牌以及商店的选择都可能存在差别。

2）社会因素

影响消费者行为的社会因素主要可以从消费者的参考群体、家庭、社会角色和地位几方面来分析。

（1）参考群体。一个人的行为会受到许多参考群体的影响，这里的参考群体是指那些直接或间接影响人的看法和行为的群体，其主要分为成员群体和理想群体。成员群体是指包括自己在内的家庭成员、亲朋好友和同事等；理想群体是指自己是非成员，但愿意归属的群体，如体育明星、影星、歌星等。参考群体影响一个人的行为、生活方式、态度和自我观念，以致会产生共同压力，从而影响人们对产品和品牌的选择，甚至有些人为了适合群体的要求而修正自己的个性行为。在组织营销活动中，应注意与群体中"意见带头人"的合作。

（2）家庭。人们大都生活在家庭中，家庭中每个成员的行为都会不同程度地受到其他成员的影响。家庭可以看成是一个消费和购买决策单位，家庭中各成员的态度和参与决策的方式会影响家用商品的购买。

（3）社会角色和地位。一个人在某个团体中总要扮演一定的角色，从而也会获得相应的地位。周围的人们都会对某个角色人所从事的行为抱有一定的期望，进而对其购买行为产生一定的影响。可见某些人所购买和消费的商品在某种程度上，已成为一种角色和地位的标志，能够营造一种整体和谐感。

3）个人因素

影响消费者购买行为的个人因素主要包括以下几个方面。

（1）年龄和生命周期阶段。现实生活中，许多商品的消费对象都和年龄阶段相对应的。如服饰、食品等，同时也和生命周期阶段相联系。生命周期主要分为以下几个阶段：单身阶段、新婚阶段、满巢阶段、空巢阶段和鳏寡阶段。不同的生命周期对产品的需求有不同特征。

（2）职业。人们所从事的职业不同，职业需求、职业观念也存在着差异。

（3）经济环境。一个人的经济环境直接影响其购买行为，它主要包括：可支配收入、储蓄、借款能力、对消费与储蓄的个人态度等。

（4）生活方式。生活方式是人们根据自己的价值观念安排生活的模式。如斯坦福国际研究所的研究人员阿诺法·米切尔将美国人区分为九种生活方式群体：求生者、维持者、归属者、竞争者、有成就者、我行我素者、经验主义者、有社会意识者、综合者。其实各国均可归结出不同生活方式的群体。作为营销人员应了解不同的生活方式，以便制定相应的营销战略。

（5）个性和自我概念。所谓个性是指一个人所持有的心理特征，它导致一个人对其所处环境的相对一致和持续不断的反应。一个人的个性通常可用自信、支配、自主、顺从、交际、保守和适应等性格特征来加以描述。自我概念或称自我形象，通常人的购买行为或多或少要受到自我概念的影响。

4）心理因素

影响消费者购买选择的心理因素主要包括以下几个方面。

（1）动机。人们的行为模式表现为需要→动机→行为。即每一种行为的产生都来源于现实需要，需要产生动机，进而表现出相应的行为。购买动机大体可分为生理性动机和心理性动机。

（2）知觉。知觉是人脑对于直接作用于感觉器官的当前客观事物的整体属性的反映。人们对其周围刺激物的理解是首先通过感觉，然后通过知觉进而实现对刺激的认识和反映。这就提示营销员应在适当时机通过商品形、色、调的有机组合，展示给消费者全新的商品，以激发其购买欲望。

（3）学习。消费者通过学习不断获得商品知识、购买经验来指导以后的购买行为。

（4）信念和态度。信念是指一个人对某些事物经过亲身体验后形成的比较牢固的观点或看法，他们影响着人们未来的购买行为；态度是指一个人对某事物或观念长期持有的好与坏的认识上的评价，情感上的感受和行动上的倾向。对不同商品所持的不同态度，自然影响到消费者的购买选择。

3. 消费者做出购买决策过程

聪明的营销人员必须了解消费者做出购买决策的过程。营销专家经研究将购买决策大体分为以下几个阶段，如图2.5所示。

确认需要 → 收集信息 → 评估备选商品 → 做出购买决策 → 购后反应

图 2.5　消费者购买决策过程的五个阶段

第一阶段，确认需要。一般是由消费者的内在生理、心理活动产生。如感到寒冷、饥饿，则引起购买冬装、食品的需要。另外来自外界的刺激也可产生需要。如看到电视中如诗如画的自然风景，便产生旅游的念头等。销售人员的任务便是了解自己的商品能够满足消费者哪些需要或能解决哪些问题，以及消费者遇到哪些困难和存在哪些需要，即要通过解决消费者的困难和问题"锁定"消费者。海信电器清楚的认识到：市场经济的本质是一场经济选举，消费者是"选民"，他们的钞票是"选票"。海信为了争取他们的"选票"深入了解了市场。早在1996年，他们就对我国农村彩电的需求量进行了科学的分析，得出的结论是，我国农村目前彩电普及率较低，但增长速度较快，在今后的农村彩电市场中，可靠度高，价格低的产品将是长期的需求特点。

第二阶段，收集信息。消费者产生需求之后，一般会收集相关信息，以寻找一种有效的满足需求的途径。消费者获取信息主要有四个来源：① 商业来源：包括广告、商品陈列、商品包装和说明材料、推销人员的现场介绍等；② 个人来源：包括家庭、亲朋好友、邻居、同学和同事等；③ 大众传媒来源：如广告、电视、报刊评论和消费者评审组织等；④ 经验来源：即消费者通过试用、试穿和触摸等获取的经验。

第三阶段，评估备选商品。经过收集信息，消费者逐渐在头脑中形成了一个备选品牌的"单子"，接着就是对这些备选品牌进行选择评比，以便最终做出正确的决策。在评估过程中，消费者首先考虑预选商品有哪些属性，特别是那些令他感兴趣的属性；其次，确定自己关心的每种属性的重要程度进行量化比较分析。企业在对品牌进行评估时，可以通过消费者的认知，采用期望值评估模式进行量化分析，给每种属性一个权数，用下列公式表示。（以品牌来区别不同商品）

$$A_{jk} = \sum_{i=1}^{n} W_{ik} \cdot B_{ijk}$$

式中，A_{jk} 为 k 消费者从 j 品牌产品得到的期望值；

W_{ik} 为 k 消费者对于 i 属性给予的加权数；

B_{ijk} 为 k 消费者对 j 品牌产品的 i 属性的"打分"。

下面以彩电为例来说明，如表 2.1 所示。

表 2.1 期望值计算表

品 牌	质 量	品牌效应	售后服务	价 格	样 式	总 评
甲	9	10	8	9	8	9.05
乙	8	9	6	8	9	7.95
丙	8	8	7	9	9	8.00
权数	0.3	0.3	0.2	0.15	0.05	

注意：对于每一属性的评价从 0 到 10 依次表示从低到高，但对价格恰恰相反，从 0 到 10 依次表示从高到低。

从表 2.1 计算得出：

$A_{甲}$=9×0.3+10×0.3+8×0.2+9×0.15+8×0.05=9.05

$A_{乙}$=8×0.3+9×0.3+6×0.2+8×0.15+9×0.05=7.95

$A_{丙}$=8×0.3+8×0.3+7×0.2+9×0.15+9×0.05=8.00

对三种品牌的彩电进行评估，得出甲的 A 值最大，该消费者的评价是甲品牌最优。

第四阶段，做出购买决策。经过各方案的综合评价，消费者还对购买时间、地点、数量和支付方式等方面进行决策。

第五阶段，购后反应。消费者购买和使用商品后，有的满意，有的可能不很满意。满意者可能会再次购买同一品牌的商品进而做出新的购买决策，并且会扮演"推销员"、"广告宣传员"的角色对周围的人进行宣传。留住一个老消费者要比开发一个新消费者从时间和成本上看更为有利。了解消费者的购后反应，提高消费者购买后的满意程度，也应成为营销人员的工作重点之一。

【项目小结】

通过本项目的学习，同学们学习了解市场的概念和分类，掌握市场分析的基本方法。了解消费者购买行为模式，影响消费者购买行为的主要因素，以及消费者购买过程的五个阶段。

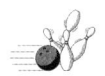

【课外活动建议】

请同学 3～5 人结成小组，进行市场调研，观察了解消费者购买行为模式，以及影响消费者购买行为的主要因素。

项目三　电子电器产品市场需求分析

【学习目标】

1. 了解电子电器产品市场的需求特征。
2. 初步掌握电子电器产品消费者的购买动机和购买行为。

【学时安排】 2学时

【知识模块结构图】

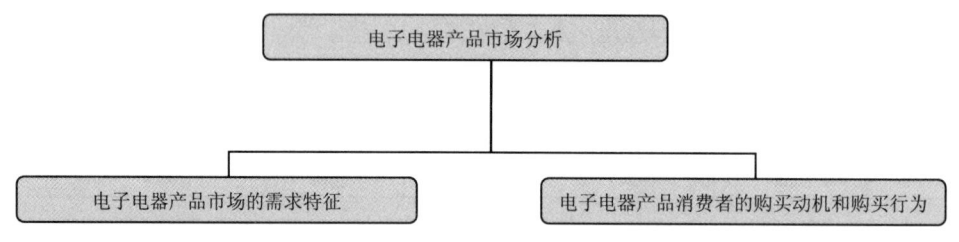

```
              电子电器产品市场分析
                    │
        ┌───────────┴───────────┐
电子电器产品市场的需求特征    电子电器产品消费者的购买动机和购买行为
```

【营销案例导入】

管理大师德鲁克说:"好的公司满足需求,伟大的公司创造市场"。以热水器为例,海尔的热水器已经满足了消费者的安全需要,但随后卖场的销售人员又发现,储水式热水器加热的速度慢,出水量有限,不能即开即洗。而市场上即时加热的热水器功率一般家庭又难以接受这一因素,海尔研发出了3D动态加热热水器,投入市场后成为市场热销产品。

消费者购买某种商品是有目的的,是在寻找最能满足自己需求的商品。买卖成交的关键是因为该种商品同消费者的购买动机是一致的。因此消费者的需求是营销活动的基石。为此,我们必须了解消费者对商品的需求特征和购买行为。

【基础理论知识介绍】

一、电子电器产品市场的需求特征

电子产品市场需求尽管各种各样,千变万化,但也存在着一定的基本特征。电子电器产品市场的需求特征归纳起来有以下六种。

1. 多样性

(1) 电子电器产品的多样性,决定了电子电器产品市场需求的多样性。随着科学技术的发展和不断创新,越来越多的电子电器产品涌向市场。为逐步实现家庭现代化,消费者便会按照不同的需求,在产品多样化的电器市场选择购物。

(2) 由于消费者各自的收入水平、文化程度、从事职业、性格、偏好、性别、年龄的差异以及社会风俗、地理区域等的不同,必然产生各种不同的购物需求。如在购买同一电器产品时,不同性格偏好的消费者会对其质量、外观和性能等产生不同的需求。

2. 发展性

随着消费者生活水平的不断提高，消费者对电子电器产品的需求也会有新的发展和变化。如电视机市场由最早的黑白电视发展到彩色电视；由小屏幕发展到大屏幕；由超平发展到纯平，现在又出现了数码电视等。随着产品的更新换代，电子电器产品市场也在不断调整着自己。

3. 层次性

马克思把人的需要分为三个层次：生存、享受、发展。恩格斯根据这个观点，把最广义的生活资料分为三种，生存资料、享受资料、发展资料。在电子电器产品经营过程中，也是由低层次向高层次发展，使人的需求不断得到满足。如过去的收音机到录音机以至发展到现在的组合音响。另外，由于人们收入水平的提高，因此人们的消费层次也在不断的提高，如由单缸洗衣机发展到双缸洗衣机，进而到全自动洗衣机。市场也随着电子电器产品的不断更新，不断满足消费者新的层次的需求。

4. 伸缩性

一般来说，货币支付能力影响着消费者购物的需要。在一定时期内，多数消费者的支付能力是有限的，他们的需要只能有限地得到满足，并表现出一定的伸缩性。随支付能力的变化，购物需求的满足也在进行着相应的调整。消费者甚至在特定条件下，可以为满足某种特殊需要而放弃其他需要。如消费者因家里冰箱急需更新，同时又想购置组合音响。但由于支付能力有限，就会放弃组合音响的购买，而只购置冰箱。电器产品市场应该根据消费者的这一需求而进行调整。

5. 周期性

一般来说，消费者的购物需要得到满足后，在一定时期内不再强烈地表现出来。但随着时间的推移，消费者的购物需求还会重新加强，这就是购物需要的周期性。这一点既受人的生理需要、季节变换的更替和商品生命周期的影响，同时也受到社会时尚变化的影响。如人们由过去对黑白电视的需求发展到对彩色电视机的需求。但随着人们对健康、环境保护的要求，人们却又重燃了对黑白电视机的需求。这样，电子电器产品市场的需求变化就会呈现一种周期性。

6. 相关性和互替性

消费者购物时，在需要某种商品的同时，还会随之产生对另一种产品新的需要。如消费者在购买洗衣机的同时，还会产生对洗衣机架的需求，这就是购物需要的相关性。另外消费者在购物时，由于某种原因可能将对某种商品的需要转向购买具有相同用途的另外一种商品。如在炎热的夏天，当某种品牌的空调机出现缺货时，会促使人们转而购买空调扇，这就是购物需要的互替性。根据这个特点，电子电器产品应进行配套经营，保证品种齐全。

在营销活动中，如果能积极地了解和把握电子电器产品市场需求特征，就能尽力地去满足消费者的需要。组织适销对路的商品，诱发消费者潜在的需要和购物动机，既满足了消费者的需要，又促进了产品的销售，从而提高了企业的经济效益。

二、电子电器产品消费者的购买动机和购买行为

1. 购买动机

购买动机是指人们为了满足一定需要而引起的购物愿望和意念,是消费者在购物时内在的心理动力。购物动机取决于消费者的购物需要,但并不是所有的购物需要都能诱发购物动机。只有具备了一定的条件,即占主导地位强烈的购物需要以及具备满足购物需要的条件时,才能诱发购物动机,促发购物行为。营销人员应准确把握消费者的购物需要,并适时地诱导其购物动机,从而促进销售的实现。下面是电子电器产品市场几种常见的购物动机。

1)求实购物动机

求实购物动机是以追求商品的实际使用价值为主要特点的购物动机,具有这种购物动机的消费者在购物时,特别重视商品是否实用、实惠,质量是否可靠,功能是否齐备,是否经久耐用。如农村消费者在选购家用电器时就比较注重选择省电、适当功能和价格较低廉的产品,以适应农村电源紧张、收入水平较低的情况,有这种购物动机的消费者往往对商品的外观、造型、色彩、包装等要求不高,受商品包装装潢和广告宣传的影响较小,产生这种购物动机的原因,主要受经济条件的制约和传统的消费观念习惯的影响。

2)求新购物动机

求新购物动机是以注重商品的时尚和新颖为主要特点的购物动机。具有这种购物动机的消费者富于想象、渴求变化、性格开朗、消息灵通以及喜欢追逐潮流。在选购时,他们特别注重商品的款式是否新颖,外观造型是否时尚,色彩格调是否清新等。这种消费者比较钟爱于新问世的商品,他们往往对价格的高低考虑不多,对过时的、大众化的商品不感兴趣。如年轻人明明家里的电视机画面还很清晰,音像效果还很好,但由于出现超平、大屏幕、数码电视等新产品,这些年轻人往往表现出冲动性购买,以满足其求新的需求。

3)求利购物动机

求利购物动机是以追求较多或额外的物质利益为主要目标的购物动机。这些消费者求得满足的途径主要有:选购廉价商品、优惠商品,希望从附带的赠品中获得意外的收获。如许多消费者在冬季买空调就是为了获得季节差价带给他的优惠。

4)求名购物动机

求名购物动机是以追求商品或企业的名望为主要目标的购物动机,即追求品牌的购物动机。他们喜欢购买能反映其身份不同一般的名、特、优商品,以表现其社会地位、文化修养、收入水平等。

2. 购买行为

基于上述消费者不同的购买动机,可以将消费者的购买行为分为四种类型:

(1)复杂的购买行为。当消费者专心仔细的购买,并注意现有品牌之间的重要差异时,他们的行为就成为复杂的购买行为。因为电子电器产品价格不低,所以一般消费者都经过专心仔细挑选,他们对这类产品的购买知识是通过学习获得的。通过学习,消费者首先产生对产品的信任,然后逐步形成态度,对产品产生偏好,最后做出购买决策。在适当的时候就需要营销人员帮助消费者进行学习,使之了解所经营的品牌的优越性,从而获得销售利益。

（2）不协调减少的购买行为。有时，消费者对于各种品牌看起来没有千差万别的产品，在购买时也持慎重的态度。消费者在购买昂贵的产品后，有时会产生一种购后的不协调感觉。因为他注意到了产品的一些使他烦恼的缺点，或是听到了其他品牌的一些优点。于是，他开始学习更多的东西，试图证明自己的决策是正确的，以减少购买后的不协调感。这样一来，消费者会首先通过自己的学习行为，取得某些信息，然后对自己的选择做出评价。这时就需要营销人员向消费者提供关于该产品的特点、优点和利益。只有消费者掌握了这些充足的信息后，才能形成巩固的品牌认知度和忠诚度。另外，良好的售后服务是一种对消费者购买行为的有力支持，通过优质的售后服务，培养出消费者很高的品牌忠诚度。

（3）习惯性购买行为。许多产品的购买是在消费者对品牌之间差异不了解情况下，随意购买的行为。当消费者对某一品牌产生信任感时，就产生对以后购买行为的影响，即习惯性购买行为。如买灯泡、灯管等，人们在逐渐习惯使用这一品牌并产生了信任感后，会在以后的购买行为中仍选择该品牌产品，消费者做出这种选择并没有经过信念、态度、行为等一系列过程。他们并没有对品牌信息进行广泛的研究，也没对品牌特点做出评价，对决定购买什么品牌也不重视。相反，他们只是通过宣传媒介被动地接受信息，他们选择这一品牌，仅仅是对它熟悉。这样一个购买过程就是通过被动的学习而形成的品牌信念，随后产生了购买行为。

（4）寻求品牌的购买行为。电子电器产品的购买行为构成了家庭开支范畴中一项较大的开支项目，因此其购买行为一般较慎重。同时由于市场品牌的多样化和各品牌质量性能差异的存在，因此在消费者的购买行为中，就表现出追求高质量、高性能、求新、求异以及追求健康、符合环保要求电器产品的行为。

基于上述情况，这就要求营销人员了解、把握消费者的购物动机及行为表现，使消费者尽量得到购物需要的满足，使消费者做到售前心神向往、售中心情愉快、售后心安理得。

【项目小结】

通过本项目的学习，同学们学习了解电子电器产品市场的需求特征，初步掌握电子电器产品消费者的购买动机和购买行为。

【课外活动建议】

请同学 3～5 人结成小组，进行市场调研，了解电子电器产品消费者的购买动机和购买行为。

习题二

1. 影响电子电器产品市场营销环境有哪些？
2. 简述微观市场环境对市场营销的影响。具体分析技术环境对一个你熟悉的电子电器产品的影响。
3. 简述市场分析的基本点。
4. 简述电子电器产品消费者的购买动机和购买行为。
5. 简述消费者购买决策过程的五个阶段。

实训二

1．试分析影响一对年轻夫妇购买家庭影院的因素有哪些？

2．以"海尔开发新型热水器"为例，讲述对德鲁克所说："好的公司满足需求，伟大的公司创造市场"的理解。

3．现今不少家庭的小家电产品面临更新换代的威胁，城镇消费者对生活电器的需求趋于多样化，农村消费者开始青睐生活家电的变化，大家电企业也瞄上小家电。试运用市场环境对市场营销的影响理论，分析家电制造商和经营商由前些年对"千金大小姐"——彩电、冰箱类大型家电着力追捧，到现如今"小家碧玉"——小家电成为行业新宠，多数家电厂商开始涉足小家电制造与销售的状况。

模块三
电子电器产品市场营销机会选择

市场需求的调研与预测是制订企业营销计划和营销决策确定的重要依据，它对于正确地进行市场机会分析、市场营销资源配置、市场营销控制有重要的意义。而市场需求的调研、预测也可作为企业细分市场，确定目标市场的重要依据。

项目一 电子电器产品市场需求的调研与预测

【学习目标】
1. 学习了解电子电器产品市场需求的概念。
2. 初步学会从几个不同的方面进行市场需求的调研。
3. 能正确使用不同方法进行市场需求的预测。

【学时安排】 1 学时

【知识模块结构图】

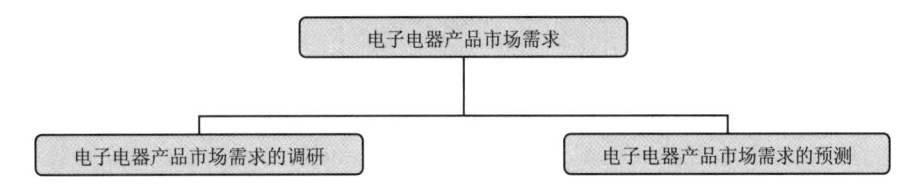

```
                电子电器产品市场需求
                ┌──────┴──────┐
    电子电器产品市场需求的调研    电子电器产品市场需求的预测
```

【营销案例导入】

海尔集团通过调研设计开发了一种可以洗地瓜的洗衣机，从技术上说并不复杂，只是在原有产品的基础上做了一点小的改造，但是它却比其他厂家的洗衣机功能多一些，不仅可以洗衣服，而且可以洗土豆、地瓜。这种功能满足了农村消费者的需求，因此，这种产品在农村卖得很好。这一事例使我们看到，只要把握住市场的需求方向，抓准时机，就能掌握市场的主动权，占领市场，赢得经济效益。

【基础理论知识介绍】

一、电子电器产品市场需求的调研

1. 市场需求的概念

需求的发展推动了人类社会的前进。对于企业营销而言，要满足消费者的基本需求和潜在需求,并且应尽力使他们感到满意。因此,企业应将重心放在对于市场潜在需求的认知与开发上。

某一产品的市场需求是指一定的顾客在一定的地理区域、一定的时间、一定的市场营销环境和一定的市场营销方案下购买商品的总量。

电子电器产品发展到今天,其发展速度是十分迅速的。随着人类科学技术的飞速发展,电子电器产品的种类在不断增多,分类更加细致,功能更加人性化、多样化,外观更加个性化。随着人类社会的发展,国际间的交流增多,缩短了电子电器产品的生命周期,而且电子电器生产企业间的竞争也日益激烈。在这种竞争局面下,企业能否站住脚,分得市场,获得经济效益,求得企业的进一步发展,参与竞争,就显得至关重要。

> **小思考:**
> 在上述情况下,怎样才能够使企业进入一种良性循环呢?

了解市场的需求,将市场的需求作为企业发展的方向是企业成功的首要条件。开发新产品前,做好市场需求的调研工作是新产品能否成功推广的重要因素。一味地强调以技术发展为导向,忽视了市场的需求,往往容易给企业带来不必要的迟延,甚至造成难以挽回的经济损失;反之,开发的新产品若能满足某种市场需求,即便没有很高的技术含量,也能够获得良好的经济效益。

2. 市场需求的调研

做好市场需求的调研应从以下几个方面进行:

(1)产品。市场需求的调研首先必须确定要调研的产品的种类,从而把握产品渗透市场的机会。

(2)总量。即对市场需求大小的调研。

(3)顾客群。是指调研并确定市场各个部分或各个子市场的需求。

(4)地理区域。各个区域的预测结果是不同的,调研时企业应根据具体情况合理划分地理区域,确定各个区域市场的需求。

(5)时期。调研市场需求必须规定时期。一般说来,调研时期越长,结果往往越不准确。

(6)市场营销环境和方案。市场需求的调研应考虑市场环境,包括人文、经济、技术、文化和政治等多方面的环境因素。同时,还必须掌握产品价格、特征、市场营销预算等。

认识市场需求的关键在于市场需求不是固定的,而是要受到以上各个因素的影响,是一个变量。

二、电子电器产品市场需求的预测

1. 市场需求的预测的概念

市场需求的预测是指企业在一定的市场环境下对市场需求进行估计,包括对市场潜量、实际销售额和市场占有率的测量。

企业通过市场预测了解市场需求以指导产品发展方向,这对于企业占领市场是非常重要的。当产品与市场的需求吻合时,顾客的需求明显增加,对于企业比较易于把握;而当面对一个不了解的市场,或者某项技术投入市场的不确定性很大时,把握市场,观察市场能力就显得非常重要。那么如何与顾客沟通，了解顾客，进而对于消费者的未来需求进行准确的预测呢？

> **相关链接**：企业从事市场需求预测，一般要经过三个阶段，即环境预测、行业预测、销售预测。作为以上预测的基础有三种。
> （1）来自于消费者、销售人员、专家的意见和建议。
> （2）来自于产品试销后的市场反映。
> （3）来自于对于以往销售情况和购买行为的分析。

2. 市场需求的预测方法

那么采取哪些方法可以获得以上信息呢？下面介绍几种可行的方法。

1）购买者意向调查法

购买者意向调查法可通过顾客座谈会、现场访谈等方式进行。市场是由潜在购买者构成的，预测就是预先估计在一定条件下潜在购买者的可能行为，这种调查的结果往往是比较准确可靠的。但是需要注意的是，这种调查应满足以下几个条件，其结果才比较有效。首先，购买者的购买意向应明确清晰；其次，这种意向会转化为购买行为；最后，购买者愿意将其意向告知调查者。对于电子电器产品，调查应采取定期抽样的方法。这样，企业可以获得解决关于产品发展方面问题的更多信息，还可以树立企业关心市场需求的良好形象，更可以得到各地区、各类产品线的市场需求信息。

> **你知道吗？** 日本三菱电机公司在20世纪70年代为扭转销售的困难局面，对全国的3000多个销售点进行了调查，取得了确切的市场需求信息，及时改进了产品，使销售额翻了10倍。

2）销售人员综合意见法

如果不能与消费者直接见面，企业可以通过听取销售人员的意见预测市场需求。销售人员接触消费者多，对消费者的购买意向的了解更加深刻全面，而且通过这种方法获得的信息也更为快速。

3）专家意见法

企业也可以以行业专家作为索取信息的对象。通常，企业会先听取各方面专家的意见或建议，然后再召开内部核心小组会议，来取得一致意见。

4）市场实验法

如新产品的试用等。这种方法对于预测一种新产品的销售情况和现有产品在新的市场或通过新的分销渠道的销售情况有较好的效果。

> **相关链接**：市场需求预测新方法、新手段——移情设计
> 这一概念是目前的一种较新的手段。它指的是通过与消费者产生共鸣的方式而非仅仅通过消费者的叙述来了解其需要。当对顾客当前情形有较深入的了解时，开发人员就能够针对顾客的已知需求进行产品设计和合理地预测顾客未来的需要。对于移情

设计概念行之有效的辅助方法是要求开发人员深入到用户中,通过对用户环境的了解,来设身处地地为用户着想,达到真正了解顾客需求的目的,从最大限度上满足顾客的需求,从而扩大市场份额。如海尔电热器具部的开发人员在设计电热水器新产品时,为了设身处地地为消费者考虑了不同地区的水质对热水器使用的影响,特地深入长江、黄河提取水样,并采用本地区的地下水,进行了全面化验、分析,开发了能防腐除垢、软化水质的电热水器。有效地呵护了顾客的肌肤,并设计出封闭式的水电隔离,一机多用,多方供水的大容量热水器。新产品扩大了用途,贴近了用户,得到了消费者的青睐,实现了"创造新市场、创造新生活"的目标。

移情设计的概念还体现在让用户变为开发人员,让技术实现商业化。在信息化高速发展的今天,人与人之间的距离通过各种网络手段在拉近,使得商品信息、技术及应用更广泛地被传播,行业专家与顾客充分接触变为可能。开发人员可以根据所了解到的目前趋势和相关信息分析顾客的未来需求。如海尔集团设立了一条迅速获取消费者需求信息的"绿色通道"。为鼓励消费者踊跃提出生活中的难题和建议,海尔还设立了"用户难题奖",来自消费者的需求信息可得到100%的处理、分析,然后通过对难题进行分析、研究,推测消费者的远期需求,开发出能满足消费者未来需求的技术和产品,从而达到创造市场,争取市场,获取利润的目的。

需要说明的是,市场需求的预测是一项十分复杂的工作。在大多数情况下,企业经营的市场环境是在不断变化的,因此需求也是不稳定的。而需求越不稳定,对于需求预测的精确程度要求越高。预测需求的关键则在于确定哪些是顾客认为有价值的参数,并就此对产品的某些特性加以改变,从而赢得顾客,占领市场。对于企业而言,准确地预测市场需求早已成了企业成功的关键。同时无论是否进行过深入的市场调查研究,不难认识到:较低的成本、更好的产品特性、更好的产品品质更易于赢得市场。

项目二 电子电器产品市场细分与目标市场的选定

【学习目标】

1. 学习了解电子电器产品市场细分的概念、作用,细分层次及其细分依据。
2. 了解电子电器产品目标市场的策略模式,从而制定正确的渠道策略。
3. 学会正确分析目标市场策略,从而进行正确的目标市场的选择。

【学时安排】 1学时

【知识模块结构图】

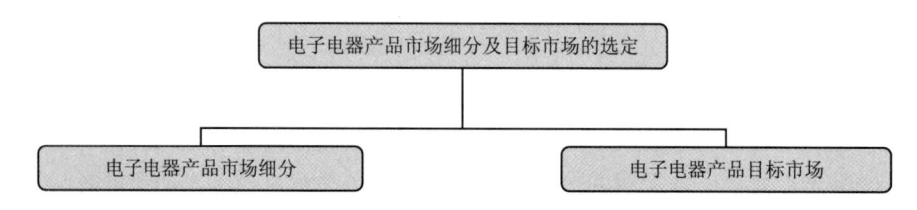

【营销案例导入】

伊莱克斯冰箱以国际品质信誉打入中国市场后赢得了一部分注重产品质量的消费者。后来又推出了可以依个人爱好更换外壳颜色、图案的冰箱，得到一些追求个性化的消费者的认同。由此可见，在产品占领一个细分市场后，选择性的开发更多的细分市场，可以赢得更多的市场份额。

【基础理论知识介绍】

一、电子电器产品市场细分

1．市场细分的概念及作用

1）市场细分的概念

市场细分是指企业按照一定的依据将整个市场细分为若干个具有不同需求的子市场或分市场，并根据企业的需要与可能，选择其中部分子市场作为企业的目标市场加以研究和利用的活动。

任何一个企业都不可能完全满足整个市场的需要。而在某一个子市场上，消费者会有相似或相同的需要。企业应通过市场细分，准确地确定自身可能进入的市场领域。这样才能有效地发现适合企业的市场机会，提高企业的应变能力和竞争能力，从而更好地拓展市场，占有市场。

2）市场细分的作用

（1）有利于分析和发掘新的市场机会，采取最佳营销策略。
（2）有利于企业根据细分市场的特点，集中使用企业资源，取得最大的经济效益。
（3）有利于企业及时调整市场营销策略，增强企业的应变能力。
（4）有利于小企业开发和占领市场，在竞争中求得生存和发展。

2．市场细分的层次

市场细分可分为4个层次：细分、补缺、本地化、个别化。

（1）细分营销是指根据购买者的欲望、购买实力、地理位置、购买态度和购买习惯将市场分成细分片。例如，电子电器企业可分辨出：寻求基本使用功能的消费者，寻求高性能、新技术的消费者，寻求品牌、豪华享受的消费者，寻求个性化的消费者等细分片。

（2）补缺营销的方式往往有较明确的需求目标，以至于消费者乐于接受。

例如：海尔集团推出的"小小神童"洗衣机，就弥补了夏季没有适宜洗小、薄衣物的洗衣机产品的市场空缺。韩国一电器集团老板说他们曾有生产小体积洗衣机的设想，但技术人员认为做不到，就此搁置。而海尔集团实现了，并创造了在20个月中销售100多万台的业绩，还出口到韩国、日本以及东南亚市场，赢得了利润，开辟了市场。在这一成功的事例中，我们可以了解到完成第一层次的细分市场后，补缺营销也有广阔的市场。

（3）本地化营销方式更多地关注了本地顾客的需求。由于各地的环境、生活方式不同，有针对性地拓展市场将更有成效。如上面提到的小小神童洗衣机在进入市场时，首先选择了在上海销售，就是考虑到上海人洗衣服洗得较勤的特点。

（4）个别化营销则是细分到了每个人。现在的新技术——计算机、数据库、机器人、网络等使之成为可能。在未来的电子电器市场，企业可以按照每个顾客的个别需求生产产品。

3．市场细分的依据

市场细分的细分变量有：地理、人文统计、心理。

1）地理细分

要求把市场划分为不同的地理区域，如国家、省市、地区等。企业可以决定在哪些区域中开展业务。这类细分要注意地区之间的需要和偏好的不同。如我国北方地区需要大冷冻能力的冰箱，南方需要适应热带气候的冰箱，沿海地区则需要无霜冰箱。再如对家用电器产品的款式，欧洲消费者偏好风格严谨、简单、以白色为主；亚洲消费者偏好淡雅风格，多用弧线设计；美洲消费者则偏好华贵风格，要求宽体设计。

2）人文统计细分

将市场按一些人文变量，如年龄、家庭人数、性别、收入等为基础划分成不同的群体。这是区分消费者群体最常用的基础，因为消费者的欲望、偏好等与以上人文变量有着密切的关系。

（1）年龄。消费者的需求、爱好与能力随年龄而变化。对电子电器产品，年轻消费者追求产品的高性能、新技术、个性化外观，中年消费者强调产品的品质和品牌，而老年消费者则更注重产品的一般使用性能和较低的价位。

（2）性别。性别的细分在电子电器产品中也可以使用。如小家电产品剃须刀，传统中是典型的男性用品，近年为迎合女性需求，在男用剃须刀的技术基础上也开发了女用脱毛器。女用脱毛器为配合女性特点，在刀头设计、颜色、款式等方面都做了调整，开辟了新的市场。

（3）收入。这是消费者在选择购买时不得不考虑的因素，因此这一变量也是我们考虑市场细分的重要基础之一。如近年来冰箱在我国农村市场的需求量上升很快，但农村消费水平较低，因此在城市畅销、功能多、价格较高的冰箱产品就不符合农村消费者的经济承受能力，难以打开市场。而经过改装，削减现有冰箱功能，以较低价位出现的冰箱产品在农村销得很好，市场份额上升迅速。

（4）社会阶层。社会阶层对个人在需求、选择购买等方面的偏爱上有强烈的影响，企业可以为特定的社会阶层设计产品，开发不同阶层的市场。

> **小贴士：**
> 白领阶层追求的是实现自身价值观，满足自我，对家电产品的需求侧重典雅外观；而蓝领阶层更多地偏好实用和价廉，对家电产品的需求侧重豪华外观。

3）心理细分

即便从人文统计的角度分析是相同的情况，不同的消费者对于同一产品的偏好和态度也可能是截然不同的，这就是因为消费者有不同的心理因素。如有的消费者乐于选择价格较高的产品，这是为了显示自己的身份；有的消费者崇尚节俭，对于产品的价格则更为关注。

最后，要指出的是对产品市场的有效细分，往往不能只使用其中的某一个因素做基础，往往要综合几种因素，做出市场的细分，使得每一个市场细分化的规模达到足够获利的要求。只有这样，才是实现了市场的有效细分。

二、电子电器产品目标市场

1. 目标市场的概念

目标市场就是企业决定要进入的细分市场或子市场，即企业的产品或劳务所要满足的特定的消费者群体。

一旦确定了市场细分的机会，企业就需要评价各个细分市场是否有潜力发展为真正的目标市场，从而选定最终的目标市场。在评估各个不同的细分市场时，首先企业应考虑细分市场是否具有吸引消费者的能力，企业要观察细分市场的大小、盈利可能、规模经济的低风险性等，由此判定它对消费者的吸引力。其次，企业还应考虑这一细分市场想要达到的目的，以及企业自身的资源是否具备实现这一细分市场计划的能力。某些细分市场虽有较大的吸引力，但不符合企业的长远目标；或者虽符合企业目标，但企业的技术和资源不具备实现获胜的条件，就不应该进入该细分市场。

2. 目标市场策略

公司在对不同细分市场进行了合理的评估后，就要对进入哪些细分市场做出决定，也就是要选定细分市场，确定目标市场的模式，也即确定目标市场策略。

目标市场的策略模式可以有以下几种：

（1）密集单一市场。选择一个细分市场集中营销是一种简单的目标市场。企业通过密集营销，会更加了解这个细分市场的需要，并且能够树立起特别的声誉，在该细分市场建立信誉，巩固市场地位。

> **相关链接**：海尔集团在创业初期集中经营电冰箱。当时在了解到消费者不仅需要冰箱，而且迫切需要品质上乘的名牌冰箱的情况后，海尔集团通过引进技术，狠抓质量，甚至在资金十分困难的情况下，当众砸烂了76台存在质量缺陷的产品，树立了良好的质量信誉，创造了品牌，占领了市场。尽管其电冰箱价格高于同类产品，但依然得到了消费者的偏爱，也正是通过在冰箱市场的密集营销获得的成功，为海尔集团后来的扩大目标市场，积累了资金，树立了信誉，创造了名牌。

然而，密集营销的风险较大，细分市场若有突发状况，如经济不景气，竞争对手加入等，则对企业会产生影响，因此许多企业会选择在多个细分市场的分散营销。

（2）有选择的专门化市场。选择若干个细分市场，每个细分市场都具有一定的吸引力，并且符合公司的目标和资源，而且每个细分市场都有盈利的可能。这种多细分市场目标优于单细分市场目标，因为这样可以分散风险，保证企业利润。

（3）产品或市场专门化。企业专门为满足某个顾客群体的需要而服务，或企业集中生产某一个产品向各类顾客销售这种产品。这种目标市场模式可以帮助企业在某个产品领域树立很高的声誉，或者在某个顾客群体中树立信誉。

（4）完全市场的覆盖。企业以各种产品满足各种顾客群体的需求，这只有大型企业，有足够的实力和技术资源才能采用市场覆盖的战略。例如像海尔集团，从最早只生产主打产品冰箱发展到目前成了世界知名的大型电子电器企业，具备了足够的经济、技术实力，除生产电冰箱外还生产空调、洗衣机、电视机、热水器等直至计算机、移动电话等产品，全面地覆盖了电子电器产品市场，不但在更多的领域获得利润，而且在更广泛的消费者群体中获得了品牌的认知度。

总之，合理地确定目标市场是企业发展的必经之路。企业也只有根据市场需求情况、竞争对手的情况以及自身资金、技术实力确定切实可行的目标市场才可能赢得市场。

3．目标市场策略的选择

上述目标市场模式，各有利弊及其适应性，企业必须全面考虑，正确选择。一般来说，企业选择目标市场策略应考虑以下因素：

（1）企业资源能力。若资源不足，可选择密集营销的策略；若资源雄厚，则可选择市场覆盖的营销方式。

（2）产品特点。若市场竞争集中在价格上，可选择密集的单一市场；若产品差异较大，就适于采用专门化的目标市场。

（3）产品寿命周期。如新产品上市，可采用密集营销的方式；当产品市场成熟，则应进一步开发专门化市场。

（4）竞争对手的市场策略。这要根据竞争对手的强弱和其采用的目标市场策略来定。

习题三

1．何为市场需求？
2．何为市场需求预测？市场需求预测的方法有哪些？
3．何为市场细分？
4．简述市场细分的作用。
5．举例分析市场细分的依据有哪些？
6．简述目标市场的模式策略及其选择时应考虑的因素。

实训三

1．用市场细分理论试分析下面的资料。据赛诺市场研究公司调查显示，2007年国内家用投影机需求量已达1.7万台，预计未来三到五年将保持120%的增幅，保守预计，由于北京奥运会的刺激在2008年家用投影机市场的消费额将达到12亿元。目前除老牌投影机生产企业NBC、索尼、三星等厂家不仅继续生产商务应用的投影机，还兼顾普通家庭娱乐，纷纷推出家庭投影机，就连国内的彩电企业海信、长虹、海尔也开始试水家用投影市场，并以此作为利润的新增长点。投影机企业在奥运之年开挖家庭"金矿"了。

2．在2008年元旦从大型家电卖场可看到，海尔为消费者准备了一系列的新品精品，其中不但有2007年热销全国的"宝蓝"系列液晶电视，更有为北京2008年奥运会设计的系列产品，如海尔空调，以及面向更加注重生活品质的高级白领人群推出的"境界"、luxurii 洗衣机，法式对开门冰箱等。这些焦点精品外观时尚靓丽，很符合现代家庭装修风格，并且多系列多风格的产品为消费者提供了更多更丰富的整套搭配方案。如奥运主体的红色系列和清新时尚的蓝色系列，多种多样的产品和搭配，无论提出什么样的要求，海尔整套家电必有一款适合消费者。请同学试用本模块所学理论对海尔的做法进行分析。

模块四

电子电器产品市场营销策略之一：产品策略

自从食品安全问题屡屡曝光以来，企业推出了一种全新厨房小家电——餐桌绿色家电。这种小家电可以去除果蔬农药残留，分解鱼肉禽肉中的药物残留。这类保鲜生熟食品的产品，深受特别注重食品安全的消费者欢迎，企业也从中获利多多。

产品是交换活动的基础，是市场中的关键因素。一个企业要确定市场营销方式，首先要关注的就是产品策略，这也是企业营销的出发点。在本模块的学习中，我们将一起来学习电子电器整体产品的概念，以及电子电器产品组合的含义，并了解电子电器产品的分类，在理解基本概念的基础上，培养对电子电器产品策略的认识。

项目一　电子电器的整体产品

【学习目标】

1. 掌握电子电器整体产品的概念。
2. 掌握电子电器产品组合的含义。
3. 了解电子电器产品的分类。
4. 在理解基本概念的基础上，培养对电子电器产品策略的认识。

【学时安排】　2 学时

【知识模块结构图】

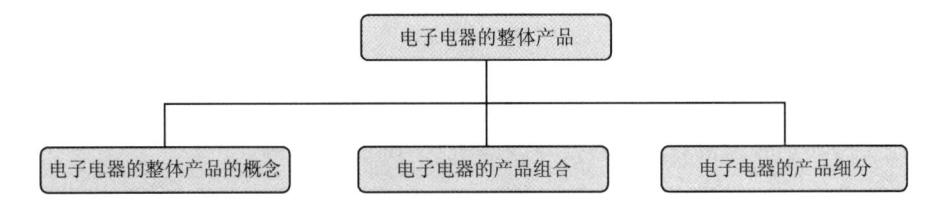

```
                    电子电器的整体产品
                           │
         ┌─────────────────┼─────────────────┐
  电子电器的整体产品的概念   电子电器的产品组合   电子电器的产品细分
```

【营销案例导入】

伊莱克斯冰箱的产品整体概念

作为全世界白色家电巨人的伊莱克斯，以两年 200%的增长，进入了中国冰箱市场第一阵营，这一成绩在一定程度上得益于其产品整体概念的成功运用。

核心产品： 冷藏、保鲜。以伊莱克斯"鲜风"系列冰箱为例，适应不同蔬菜、水果的保鲜需求，可以随时调整湿度控制器，控制果菜盒湿度，最大限度地保持水果及蔬菜水分。

形式产品： 伊莱克斯注重宣传品牌，一段时期在电冰箱行业中其电视广告时间最长、次数最多；针对中国人居室普遍较小的情况，伊莱克斯选择"静音"作为进入千家万户时的切入点，"比撕破一张纸的声音还低"；同时，力推"省电奇兵"系列冰箱，伊莱克斯告诉消费者的是"付出不要太多，20瓦灯泡"。

附加产品： 针对冰箱进入更新期，推出"超值弃旧，以旧换新"；针对城市新婚家庭，推出"有情人蜜月有礼"；送牛奶和鸡蛋；"每天省一个鸡蛋"对于用户也是一种提醒，让消费者感觉到，伊莱克斯不是只在出故障时才出现，买了伊莱克斯的冰箱，就是伊莱克斯的一员；推出"私人家电保养"的理念，除了超过国家三包规定的十年保修服务以外，还将享受由基金会培训的私人家电保养师的专业咨询和定期回访等服务。

【基础理论知识介绍】

一、电子电器的整体产品的概念

产品是企业联结市场的终结，是企业的立足之本。以现代观念对产品进行界定，产品是指为留意、获取、使用或消费以满足某种欲望和需要而提供给市场的一切东西。

从市场营销的观点来看，产品的整体概念是指人们通过购买（或租赁）所获得的需要的满足，包括以求能满足顾客某种需求和利益的有形产品和无形服务。它包括核心产品、形式产品、期望产品、延伸产品和潜在产品五个层次。

1．核心产品

核心产品是指顾客购买某种产品时所追求的基本利益，它是顾客真正要买的东西。消费者购买某种产品，就是为了获取核心产品、满足某种需要的效用或利益，并不是为了占有或获取产品本身。例如，手表的计时功能，冰箱的制冷功能，电灯的照明功能等。

2．形式产品

形式产品是核心产品的载体，即向市场提供的实体和无形产品的形象。形式产品是通过产品的质量、款式、特色、品牌和包装等特征表现出来的。例如，冰箱的基本效用是保鲜，但是要获取竞争优势，必须在产品的形式上动脑筋，通过提高质量来满足经济性的需要，通过改良外观来满足审美观念的需要，通过创立名牌来满足炫耀性的需要等。

3．期望产品

期望产品是指购买者在购买该产品时期望得到的与产品密切相关的一整套属性和条件。例如，购买微波炉时附带的蒸蛋器、蒸饭锅和专用的玻璃盘等。

4．延伸产品

延伸产品是指顾客购买企业产品时所获得的全部附加服务和附加利益。如提供信贷、免费送货、保证、售后服务等。例如，索尼公司不只是提供摄像机，还必须协助消费者解决在拍摄上的困难，因此，当顾客购买摄像机时，其所得到的不只是摄像机，索尼公司及其经销商提供购买零件保证书、免费操作课程、快速维修服务和询问任何问题及疑难的免费电话热线等。

> **知识链接：** 美国著名管理学家西奥多·李维特（Levitt）曾指出：新的竞争不在于工厂里制造出来的产品，而在于工厂外能否给产品加上包装、服务、广告、咨询、融资、送货、保管或顾客认为有价值的其他东西。

5．潜在产品

潜在产品是指包括所有附加产品在内的，可能发展成为未来最终产品的潜在状态的产品。它指出了现有产品的可能演变趋势和前景，如彩色电视机可发展为录放影机、计算机终端机等。

现代竞争不在于生产什么，而在于为产品附加些什么。目前，对于电子电器产品生产企业而言，基础产品早已形成，企业需将着眼点放在寻找开发新的附加产品，开发潜在产品，直至开发出新的基础产品上。

二、电子电器的产品组合

产品组合是指企业生产或经营的全部产品线、产品项目的组合方式，它包括四个变数：广度、长度、深度和密度。

（1）产品组合的广度是指企业所拥有的产品线数目的多少。如彩电企业的 34 英寸彩电系列、29 英寸彩电系列、25 英寸彩电系列等。

（2）产品组合的长度是指企业所拥有的产品品种的平均数，即全部品种数除以全部产品线数所得的商。如某家电企业生产的空调有 8 个品种、冰箱有 6 个品种、洗衣机有 10 个品种，那么，该企业的产品组合的平均长度是 8。

（3）产品组合的深度是指每个品种的花色、规格有多少。如空调产品线上可由单冷空调、冷暖空调、柜式、壁挂式等不同用途和不同形式的产品，以及有 1.5 匹、2 匹、3 匹等不同规格的产品。

（4）产品组合的密度是指各条产品线的产品在最终用途、生产条件和销售渠道等方面的相关程度。如某家用电器公司拥有电视机、VCD 影碟机、DVD 影碟机等多条产品线，这一产品组合就有较强的相关性。相反，实行多角化经营的企业，其产品组合的相关性就小。

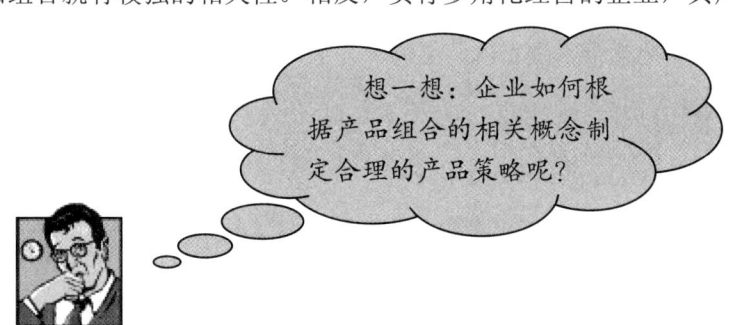

> 想一想：企业如何根据产品组合的相关概念制定合理的产品策略呢？

企业可根据自身条件、企业目标和市场行情等因素对产品组合的宽度、深度和相关性作出调整，具体可以采用下列几种产品组合策略：

1．扩大电子电器产品组合策略

这一策略旨在开拓产品组合的广度和加强产品组合的深度，可以满足不同偏好消费者的多方面需求，提高产品的市场占有率。例如，格兰仕继微波炉成功后，为了扩大经营范围，又投资20亿元进军空调器、冰箱制冷业；海尔洗衣机在2001年一次性推出18款最新型的洗衣机产品，在原有的产品线内增加了新的产品项目。

2. 缩减电子电器产品组合策略

这一策略旨在削减产品线或产品项目，可以集中资源和技术力量改进保留产品的品质，促进企业向市场的纵深发展。

3. 电子电器产品线延伸策略

这一策略旨在全部或部分地改变原有的产品市场定位。具体分为：

1）向上延伸

这是在原有的产品线的基础上增加高档产品项目。实行这种策略能为企业带来丰厚的利润，有利于促进企业提高生产技术水平和管理水平。但是也有一定的风险，因为要改变顾客心目中企业原有的廉价产品形象并不容易，一旦新产品打不开销路，还会影响原有产品的市场声誉。

2）向下延伸

这是在高档产品线中增加低档产品项目。实行这种策略能吸引购买力较低的顾客购买此产品线中的廉价产品，以扩大市场占有率。但是实行这一策略也有风险，如果不采取相应的配套营销组合策略，可能会破坏企业来之不易的高档产品形象。

3）双向延伸

企业在原有中档产品占领市场的基础上，技术力量和营销能力已具备向高档产品发展的条件，同时又想占领更大的市场，就可向产品线的上下两个方向延伸。

小贴士：成功的企业首先是产品的成功，失败的企业也就是产品的失败。

三、电子电器的产品细分

近年来，我国的电子电器工业发展速度之快、品种之多、范围之广也是空前的。从小型的电动剃须刀、电饭锅到大型的电冰箱、洗衣机、电视机、空调器、家用电脑等，广泛地渗透到人们日常生活的各个领域。

对于电子电器产品的分类，除前文中介绍的几种常见的分类方法外，还有一些对电子电器产品细分的方法。

1. 电视机的分类

1）按接受频道的不同分类

（1）甚高频（VHF)电视机：接收频率在30～300MHz之间，可容纳12个电视频道。由于全世界大多数国家和地区均已开通全频道电视广播，所以目前此类产品已经基本被淘汰。

（2）全频道电视机：接收频率在30～3 000MHz，可容纳68个频道，且抗干扰能力强、图像清晰、稳定性好，是目前市场上的主流产品。

2）按功能分类

（1）单功能电视机：只具有接收电视节目功能的电视机。随着电子电器生产企业间的竞争变得越来越激烈，各个企业为吸引消费者都在不断赋予产品以更多的附加产品，因此这种单功能电视机也在逐渐被淘汰，只在少数经济不发达地区有市场。

（2）多功能电视机：在单功能电视机的基础上，生产企业加入了一些附加产品，如画中画功能、丽音功能、杜比降噪系统、纯平屏幕等。当然，除功能的增多外，技术方面也在不断地发展，如海信公司就推出了画面清晰度如同电影胶片的海信胶片电视机。

3）按电视机屏幕尺寸分类

（1）按屏幕对角线的尺寸可分为 31cm(12 英寸)、46cm(18 英寸)、51cm(20 英寸)、53cm(21 英寸)、64cm(25 英寸)、74cm(29 英寸)、86cm(34 英寸)等，以及更大或更小屏幕的电视机。

（2）按屏幕宽与高的比例可分为 4：3（或 5：4）和 16：9 两类。前者为普通电视机的比例，后者其屏幕宽度大于普通电视机，使得可见画面更为广泛。

4）按电视机的色彩分类

（1）黑白电视机。

（2）彩色电视机。根据彩色电视机的制式又可分为单制式电视机、多制式电视机和全制式电视机。

除此以外，还有模拟信号电视机、数字信号电视机等分类。

2．洗衣机的分类

1）按自动化程度分类

（1）普通型洗衣机：有洗涤、漂洗、脱水等功能，但需要人工转换，装有定时器。此类产品目前在中国市场已经比较少见。

（2）半自动型洗衣机：洗涤、漂洗、脱水三种功能之间，有任意两种功能转换，不需人工操作，而能自动转换。例如，有的洗衣机洗涤和漂洗在同一个桶内自动完成，脱水则需人工帮助在另一个桶内完成。

（3）全自动型洗衣机：通过微电脑程序技术的应用，使洗涤、漂洗、脱水三种功能之间均能自动转换，无须人工介入。随着模糊理论在电子电器行业的应用，全自动型洗衣机的使用变得更加简便易行。

2）按洗涤方式分类

（1）波轮式洗衣机：通过电机带动波轮转动，使织物产生摩擦，达到洗净的目的。这类洗衣机具有结构简单、维修方便、洗净率高、洗涤时间短和洗涤品种多的优点，主要应用于我国和日本。

（2）滚筒式洗衣机：它有一个卧式盛水圆柱形外桶，桶中有一个可旋转的内桶。电动机带动内桶转动，使衣物上下翻滚、摔落，达到洗涤的目的。这类洗衣机具有衣物磨损率低、不缠绕、洗涤用水量少且容易实现自动化的优点，主要在欧洲得到普遍使用。

（3）搅拌式洗衣机：它的洗涤桶中间有一根搅拌棒，由电机带动其转动，以不同的速度进行翻滚、旋转来完成洗涤工作。这类洗衣机具有洗涤衣物不容易缠绕、洗净率强、均匀性好、磨损小和洗涤容量大的优点。但因其维修难度大、耗电量大和体积大，在我国未得到推广应用。

3. 电冰箱的分类

1）按制冷原理分类

（1）压缩式电冰箱：目前在世界上应用占 90%～95%以上。它使用电动机驱动压缩制冷剂，完成制冷。它的优点是制冷效率高、耗电少、降温快、制冷量大、使用寿命长。由于传统制冷剂中含氟，会破坏大气臭氧层，在人们环保意识日益增强的今天，无氟电冰箱已经受到越来越多的消费者青睐。

（2）吸收式电冰箱：它是以氨—水—氢混合溶液作为制冷剂，以热源（煤气、煤油、电等）作为动力，连续的吸收—扩散过程中达到制冷目的，它是一种早期的电冰箱，目前很少见。

（3）半导体电冰箱：它是利用 PN 结通以直流电会产生柏尔贴效应的原理实现制冷的，随着半导体技术的发展，未来的发展也许会很有前途，但是目前技术尚未成熟。

2）按外形结构分类

（1）单门电冰箱：冷冻和冷藏在同一箱体内。冷冻室在上部，由顶部的板式蒸发器完成制冷。其结构简单、耗电少、价格低廉，但冷冻效果差。

（2）双门电冰箱：冷冻室与冷藏使用绝热材料分开，互不影响，使得其冷冻性能较好，且减少了能耗。冷冻室和冷藏室的上下位置也可随意安置。

（3）多门电冰箱：在双门电冰箱的基础上改进而成，以满足不同食品分开储藏的需要。

3）按冷却方式分类

（1）直冷式电冰箱：它有两个蒸发器，分别置于冷冻室内壁和冷藏室后部，由蒸发器直接制冷形成低温。它的特点是结构简单、价格较低、耗电少，但冷冻室会结霜，使用一段时间就需要除霜，否则不但耗电，而且减少电冰箱的有效使用空间。

（2）间冷式电冰箱：又称无霜电冰箱，只有一个蒸发器置于冷冻室和冷藏室之间，靠专用风扇将冷空气送到冷冻室和冷藏室。它的特点是不会结霜、箱内温度均匀，但耗电多。

4. 空调的分类

1）按功能分类

（1）冷气型。又称单冷式空调，只能在夏天放冷气降温。

（2）冷气+暖气型。它既可在夏天制冷，又可在冬天取暖。

（3）冷气+除湿型。它不但能在夏天放冷气降温，而且可用于去除室内潮气，但室内气温却不下降，具有去潮防霉的功能。

（4）冷气+除湿+暖气型。它既可制冷，又可去湿，并可取暖，是前面几种形式的总和。

2）按结构形式分类

（1）分体式空调。整个空调分为压缩冷凝机组和散热机组两部分。压缩冷凝机组置于室外，散热机组置于室内。

（2）整体式空调。它把空气处理部分和制冷部分合为一个整体，有柜式和窗式两种。

5. 数码相机的分类

数码相机基本上是按照分辨率分类的。

（1）普及型。分辨率至少应为 640×480。主要应用于互联网网页制作或者创立家庭照片光盘。

（2）专业型。分辨率至少应为 1 280×1 024。具有可互换镜头、先进的自动对焦和曝光系统、快速的数据存储、可选择的高容量存储卡等优势，主要用户是新闻记者。

（3）高级型。分辨率一般为 1 280×1 024 或 1 024×768。它具有自动对焦的光学镜头（许多型号还是变焦镜头）、清晰的 LCD 显示屏、灵活的存储卡，拍摄起来更像是使用一部高档傻瓜照相机，主要针对一般商业用途和对画质要求较高的家庭用户。

随着电子电器产品的迅速发展，其品种和规格越来越多。电子电器生产企业为满足市场的需求也在不断调整市场的细分，而且电子电器产品所包含的领域也在不断扩大。电子电器产品除了上述的产品外，厨房器具、办公设备、计算机类产品、数码产品也纳入其中。

项目二　电子电器新产品的开发

【学习目标】

1. 理解电子电器新产品的概念和类型。
2. 掌握电子电器新产品的开发过程。
3. 培养对电子电器新产品开发工作重要性的认识。

【学时安排】　2 学时

【知识模块结构图】

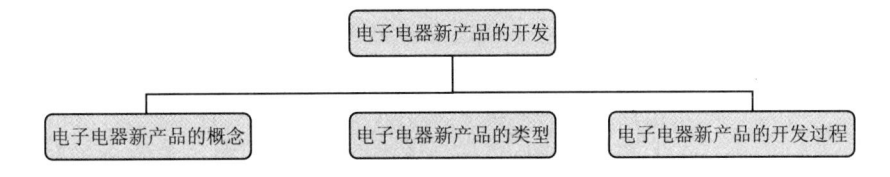

电子电器新产品的开发
├─ 电子电器新产品的概念
├─ 电子电器新产品的类型
└─ 电子电器新产品的开发过程

【营销案例导入】

格兰仕是怎样走入微波炉行业的？

1992 年，格兰仕的厂长梁庆德经过考察，毅然决定选择相对不被人重视的微波炉作为其主攻方向，并且将从事羽绒生产十几年来的积累全部投入微波炉项目。格兰仕引进当时最先进的微波炉生产线，在半年内建成投产。格兰仕进入一个新的、陌生的产业领域，是经过可行性分析的。一是该行业的成长空间，二是该行业成功的关键因素，三是企业相对的竞争优势。1995 年底，格兰仕微波炉在中国市场上已占据了优势，为此，格兰仕下了非常大的工夫。首先是靠引进最先进的生产线，确保产品品质一流，样式紧跟国际潮流。其次，建立稳固的销售和售后服务网络，确保顾客咨询、购买、维修方便。最后，辅以宣传促销，引导消费者认识微波炉的用途和价值，引导和教育消费者正确使用和充分利用微波炉，从而逐步将微波炉市场引入成长期。

【基础理论知识介绍】

一、电子电器新产品的概念

从市场营销学观点而言，新产品是指与旧产品相比，具有新的功能、新的特征、新的结构和新的用途,能满足顾客新的需求的产品。在生产销售方面,只要产品在功能和或形态上发生改变,与原来的产品产生差异,甚至只是产品从原有市场进入新的市场,都可视为新产品;在消费者方面,则是指能进入市场给消费者提供新的利益或新的效用而被消费者认可的产品。

随着社会经济的发展,企业之间的竞争越来越激烈。企业为在市场中求得生存,获得发展,就必须及时推陈出新,以满足消费者的需求。而企业能否推出新产品,取决于企业的技术创新能力,也就是将市场需求迅速转化为产品的能力。

二、电子电器新产品的类型

新产品是一个相对的概念,在不同的地区、不同的时间、不同的环境中,其含义和特点会有所不同。按产品研究开发过程分类,新产品可分为全新产品、模仿型新产品、改进型新产品、形成系列型新产品、降低成本型新产品和重新定位型新产品。

全新产品是指应用新原理、新技术、新材料,具有新结构、新功能的产品。该新产品在全世界首先开发,能开创全新的市场。它占新产品的比例为10%左右。如第一台生产出来并投入市场的电视机、洗衣机、电冰箱等。

改进型新产品是指在原有老产品的基础上进行改进,使产品在结构、功能、品质、花色、款式及包装上具有新的特点和新的突破,改进后的新产品,其结构更加合理,功能更加齐全,品质更加优质,能更多地满足消费者不断变化的需要。它占新产品的26%左右。如洗衣机从单缸洗衣机发展成双缸洗衣机,直至现在发展为采用了微电脑技术的滚筒洗衣机。

模仿型新产品是企业对国内外市场上已有的产品进行模仿生产,称为本企业的新产品。模仿型新产品占新产品的20%左右。如我国许多电子电器产品都是国外早就有的,但我国企业家已模仿研制,生产加工出来后依旧可以作为填补国内空白的新产品。

形成系列型新产品是指在原有的产品大类中开发出新的品种、花色、规格等,从而与企业原有产品形成系列,扩大产品的目标市场。该类型新产品占新产品的26%左右。如海尔洗衣机在2001年一次性推出18款最新型的洗衣机产品。

降低成本型新产品是以较低的成本提供同样性能的新产品,主要是指企业利用新科技,改进生产工艺或提高生产效率,削减原产品的成本,但保持原有功能不变的新产品。这种新产品的比重为11%左右。如格兰仕微波炉凭借低成本的产品在短短四五年间占领了国内市场。

> **小看板:**
> 用行业中最大的规模来获得最低成本——用行业的最低价格战胜竞争对手——用最大的产品市场占有率保证大规模生产出来的产品能够销售出去。这就是所谓的"格兰仕模式"。

重新定位型新产品指企业的老产品进入新的市场而被称为该市场的新产品。这类新产品占全部新产品的7%左右。如随着人们生活水平的提高,居住条件的改善,消费者希望在卧室或儿童房甚至是厨房摆放电视机,在这一需求下,康佳公司生产的"七彩小画仙"电视机很受市场的青睐。

三、电子电器新产品的开发

在激烈的市场竞争条件下，消费者的需求在不断地发生变化，产品生命周期日益缩短，市场的开放使得竞争对手的数量与日俱增，不开发新的产品，企业就没有出路。同时，开发新产品也存在着极大的风险。所以，开发新产品对企业来说是很重要的一项工作，必须要慎重地进行。

首先，成功的新产品开发要求企业建立一个有效的组织机构，管理新产品的开发过程。新产品的开发创新要有层次性，对企业而言要将其长远目标与近期目标结合起来。新产品开发组织要具有高度的灵活性，新产品开发组织要具备简单的人际关系，高效、快速的信息传递系统，较高的管理权力，充分的决策自主权等。总的原则是使新产品开发能快速、高效地进行。新产品开发组织的特征使新产品开发组织的形式多种多样。一般常见的新产品开发组织有：新产品委员会、新产品部、产品经理、新产品经理、项目团队、项目小组六种形式。

例如，海尔公司十几年来，就建立起了特有的网络状金字塔形的新产品开发组织体系，如图4.1所示。

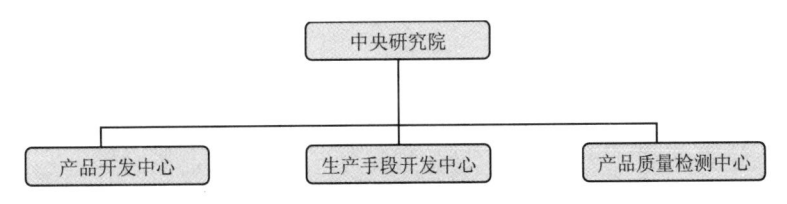

图4.1 海尔公司新产品开发组织体系

其次，格兰仕微波炉的成功还给我们带来了很多启示，新产品的开发必须先找出消费者的需求，消费者的需求是市场机会点，也是新产品构思的依据。

最后，在各种构思方案中进行筛选，提炼出产品概念，接着试制样品并对其性能进行测试和鉴定。这样，新产品方可进入市场试销和正式投放市场。

在新产品的开发过程中，需要关注以下几个阶段：

1. 创意产生

新产品开发过程的开始就是寻找产品创意。新产品的组织研发机构可参考来自顾客、竞争者、企业员工、经销商、科技人员等的意见，来确定研究的产品与市场范围，指出新产品开发的目标。顾客的需求是寻找新产品创意最合理的起点，企业员工、科技人员在充分了解企业并掌握技术的前提下，也可以为企业提供开发新产品的创意。海尔公司的"斜坡球"理论，就是激励员工、科技人员积极参与创新产品。产品的经销商也是新产品创意的很好来源，他们掌握市场需求的第一手资料，同时也是第一个了解市场竞争发展情况者，因此他们往往能为企业提供有建设性的创意。

> **小看板**：海尔在维修时发现山东农村某用户用洗衣机洗地瓜，但因洗下的泥巴太多，堵塞了排水口。技术人员回厂后报告了这一事件，于是海尔就将排水管道改粗，排水口盖大，开发出了"洗地瓜"的洗衣机，深受农民欢迎。

2. 创意筛选

企业通过不同的途径获得创意之后，不应盲目地着手开发每个创意，而应将所获得的创意进行筛选，然后将他们分成有发展前途的创意、暂时搁置的创意、放弃的创意。筛选要考虑的因素很多，诸如新产品是否符合政府政策导向、企业目标、销售前景、获利情况、企业有否技术设备能力、原材料可否保证、可能出现的竞争等。

3. 概念发展

新产品构思经筛选后，需进一步发展成为更具体、明确的产品概念。产品概念是指已经成形的产品构思，即用文字、图像、模型等予以清晰阐述的，在顾客心目中形成的一种潜在的产品形象，并就适合哪个消费群体进行定位。

> **小看板**：日本索尼公司推出的"随身听"产品概念是休闲，针对的是那些文娱记者、自由职业者、爱赶时髦的年轻人等，满足他们一边行路一边听音乐的需求。一种产品可以有几个产品概念，如"随身听"既可定为休闲用品，也可定为学习用品。

4. 产品研制

在这个阶段要将抽象的产品设想、产品概念变成一件实物，这是新产品开发的一个重要步骤。只有通过产品试制，投入资金、设备和人力，才能使产品概念实体化，并发现不足与问题，改进设计，证明这种产品概念的技术可行性和商业可行性。

产品研制出来后还要经过严格的测试和检查，以及请专家鉴定。这一点对电子电器产品更为必要，因为这与人身安全密切相关。所以，各国都有权威的电子电器检测的安全认证标准。如美国的 UL、德国的 VDE、英国的 BS、欧共体的 CE、日本的 JIS 等，我国则采用国家标准 GB。但我国电子电器产品若出口到国外，必须达到进口国家制定的安全认证标准。

5. 市场试销

新产品样品通过检验后，一般先小批量生产，在小范围内试销。通过试销能获得有价值的信息，如购买者、经销商营销方案的有效性、市场消费等。试销的方法有很多种，相应的成本也不相同。

> **小看板**：海尔推出"小小神童"洗衣机时，就根据上海人洗衣服洗得勤的特点，率先选择了上海进行试销，很快在上海就出现了排队购买的现象，试销大获成功。

6. 商业性投放

试销成功后，就可以正式大批量生产，全面推向市场。在这个阶段，企业需动用大量的人力、物力和财力，但往往获利空间较小，甚至面临亏损的局面。对于采用高新技术的电子电器产品，更是需要大量的宣传、指导。商业性投放要进行周密安排，如投放时间何时为宜？在多大的地区范围内投放？目标市场选择何处最佳？采用何种营销策略？切忌仓促上市。

项目三 电子电器产品的生命周期

【学习目标】

1. 理解电子电器产品生命周期的概念。
2. 掌握电子电器产品生命周期各阶段的特点和策略。
3. 了解延长电子电器产品生命周期的方法。

【学时安排】 2 学时

【知识模块结构图】

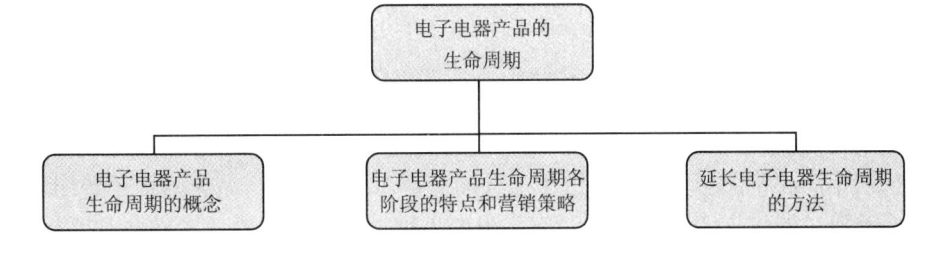

```
            电子电器产品的
              生命周期
     ┌───────────┼───────────┐
电子电器产品    电子电器产品生命周期各   延长电子电器生命周期
生命周期的概念   阶段的特点和营销策略         的方法
```

【营销案例导入】

一切产品，从新产品商业化开始，到最后被市场淘汰，退出市场为止，大体都经历一个类似人类生命的模式，产品的生命也是有限的。而产品和人类一样都是在"物竞天择，适者生存"自然规律的作用下不断向前发展的。双缸洗衣机在市场中被全自动套桶、滚桶洗衣机所取代的时间也不过是二十年，这一产品却经历了引进期、成长期、成熟期、衰退期四个阶段。不仅产品是有生命的，品牌也是有生命的，有的只有几年，而有的已存在了上百年。

产品的生命周期是怎样交替的？企业又该如何延长产品的生命周期呢？

【基础理论知识介绍】

一、电子电器产品生命周期的概念

产品生命周期，是把一个产品的销售历史比作人要经历出生、成长、成熟、衰老、死亡几个时期一样。产品也要经历一个开发、引进、成长、成熟、衰退、退市的时期（见图4.2）。

1．开发期

开发期指企业经过调研，根据市场需求，所具备的现有技术，投入人力、物力、财力进入产品开发时期。此时只有投入，没有产出。

2．引进期

引进期指新产品刚刚投放市场，产品销量缓慢增长的时期。这个时期由于产品研制开发耗费大，前期促销费用高，产品产量小，销量上升较缓，因此生产和销售的成本高，企业无利可图。企业要承担相当的风险，产品在市场的普及率往往低于10%。

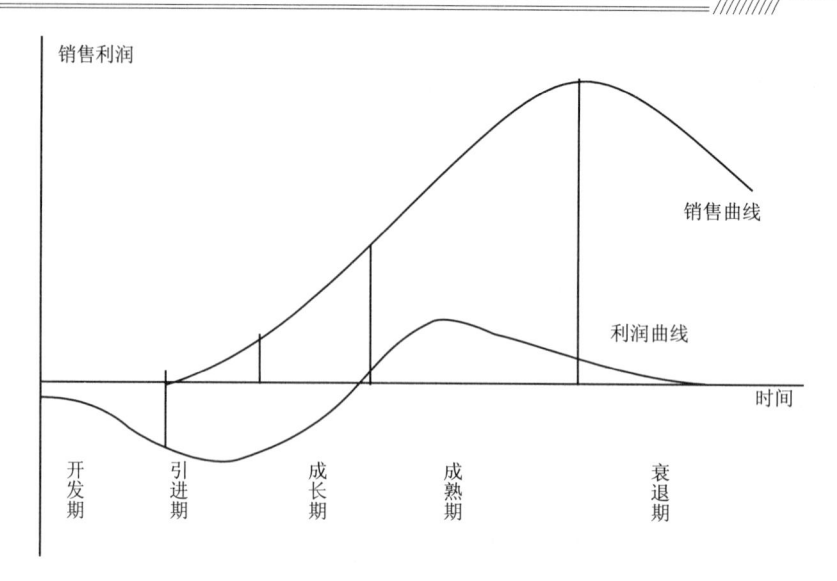

图 4.2　产品生命周期图

3．成长期

成长期指产品销路打开，销量迅速上升的时期。这个时期产品为消费者普遍认识并接受，营销渠道畅通，销量大幅上升，生产成本也因大批量生产而降低，企业获利明显好转。前半期市场的普及率达 10%～15%，后半期则可达到 15%～50%。

4．成熟期

成熟期指产品消费普及，销量达到最高的时期。这个时期一般持续时间较长，产品的销量上升趋缓或下降，竞争者众多，市场竞争激烈，营销费用增加，单位产品利润相应减少。市场占有率从成长期的 50%上升到 80%，直至 100%，即完全地占有市场。

5．衰退期

衰退期指销量急剧下降，产品逐步走向淘汰的时期。这个时期产品的销量、价格和利润都相继下降，经营不善的竞争者纷纷淘汰出局，促销策略已无多大作用。

6．退市期

退市期指销量急剧下降，无回升可能，且企业的生产和销售全处于亏本状态，企业开始转产、停产，退出市场时期。

二、电子电器产品生命周期各阶段的特点和营销策略

1．引进期的市场特点和营销策略

1）引进期的市场特点

（1）电子电器产品技术性强，目标市场的绝大部分消费者不熟悉新产品，购买者较少。

（2）电子电器产品科技含量高，新产品研制投入巨大。由于购买者较少，因此产品销量增长缓慢且呈现不稳定状态，生产成本和销售成本均很高，获利少，甚至亏损。

（3）产品技术、性能还不完善。

（4）竞争者尚未加入，竞争不激烈。

2）引进期的营销策略

在引进期，企业主要考虑的是以什么价格向市场推出产品，以及对产品应采取什么水平的促销。企业应把销售力量直接投向最有可能的购买者，即新产品的创新者和早期采用者，让这两类具有领袖作用的消费者加快新产品的扩散速度，缩短引进期的时间。具体可选择的营销策略有：快速撇取策略，即高价高强度促销；缓慢撇取策略，即高价低强度促销；快速渗透策略，即低价高强度促销；缓慢渗透策略，即低价低强度促销。

2．成长期的市场特点和营销策略

1）成长期的市场特点

（1）消费者对新产品已经熟悉，销售增长很快。
（2）销售利润也以较快速度增加，产品显示出较大的市场吸引力。
（3）产品已定型，工艺技术比较成熟。
（4）大批竞争者加入。

2）成长期的营销策略

在成长期，企业营销的努力在于面临新的竞争者，如何快速成长，扩大市场占有率。
（1）改进和完善产品，继续保持产品对目标市场消费者的吸引力。
（2）为适应购买力的快速增长，应及时建立新的分销渠道。
（3）加强促销环节，树立强有力的产品形象，主要目标是建立品牌优势。
（4）选择适当的时机调整价格，以争取更多顾客。

3．成熟期的市场特点和营销策略

1）成熟期的市场特点

通常情况下，成熟期是产品生命周期中最长的一个阶段，这个阶段可以分为三个阶段：
（1）成长成熟期。此时销售渠道基本为饱和状态，增长率缓慢上升，有少数后续的购买者继续进入市场。
（2）稳定成熟期。由于市场饱和，消费平稳，产品销售稳定。销售增长率一般只与购买者人数成比例，销量增加很少。
（3）衰退成熟期。销售水平显著下降，有的用户开始转向其他产品和替代品。全行业产品出现过剩，竞争加剧，新增加的竞争者较少。

2）成熟期的营销策略

成熟期的营销策略应该是主动出击，以便尽量延长产品的成熟期，具体策略有：
（1）市场改良。即通过开发产品的新用途和寻找新用户来扩大产品的销售量。
（2）产品改良。即通过提高产品的质量，增加产品的使用功能、产品的款式、包装，提供新的服务等来吸引消费者。

4．衰退期的市场特点和营销策略

1）衰退期的市场特点

（1）顾客人数不断减少。
（2）销售量快速下降。

（3）价格跌至最低水平。

（4）某些竞争者开始退出竞争。

2）衰退期的营销策略

当产品最终进入衰退期，企业面临的问题在于决定是否应保留该产品？还是修改营销策略？或者干脆放弃。衰退期的产品，企业可选择以下几种营销策略改进：维持策略；转移策略；收缩策略；放弃策略。

三、延长电子电器产品生命周期的方法

产品的生命周期并非一定按照上述四个阶段交替进行，四个阶段的划分只是一种理论抽象。在现实经济生活中，有的产品销售进入衰退期后，由于种种因素的作用而进入第二个成长阶段。这种再循环型生命周期是市场变化或厂商投入更多的促销费用的结果。除此之外，有的呈扇形运动曲线，或是波浪形循环形态。这是企业在产品进入成熟期以后，销量尚无较大减少时，通过改进产品性能，开发新用途、改变营销策略等措施，使产品销售量不断达到新的高潮。还有的产品一上市即热销，而后很快在市场上销声匿迹。

作为科技含量颇高的电子电器产品，生产厂家自然不希望千辛万苦开发出来的新产品在市场上稍纵即逝。于是，各厂家都希望尽可能地延长产品的生命周期。下面是三种延长产品生命周期的方法。

1．随着科技的进步，产品不断更新

对产品的规格型号进行改进和增补，增加产品的新特点，扩大产品的多功能性、安全性或便利性，不断满足市场需求的变化。

> **小看板**：海尔"画王子"在传统冰箱款式的基础上，将单一色调的面板刷成有彩色图案的面板，使冰箱具有了对厨房或居室的装饰性。

2．注重产品质量，完善售后服务

电子电器产品大都是耐用品，消费者购买这类产品最关心的莫过于产品质量和它的售后服务保障。目前，电子电器产品的消费日益增多，安全可靠是首选标准，真诚完善的售后服务吸引越来越多的消费者前来购买和重复购买。

3．不断细分市场，开拓新的用途

开发新的细分市场是指在现有市场条件下，再进行市场细分，设法找到原有目标市场中的消费者的特点，开辟新的细分市场。

总之，产品的生命周期是一个用营销活动来决定的因变量，而不是一个需要企业的营销方案来适应它的自变量。在现代市场经济条件下，企业不能只进行生产和销售现有产品，而必须随着产品生命周期的发展变化，灵活调整市场营销方案，重视新产品开发，及时用新产品代替衰退的老产品。

项目四 电子电器产品的品牌策略

【学习目标】

1. 掌握产品品牌及其作用。
2. 理解电子电器产品品牌策略及其应用。
3. 结合生活中的例子体会品牌策略的重要性。

【学时安排】 2学时

【知识模块结构图】

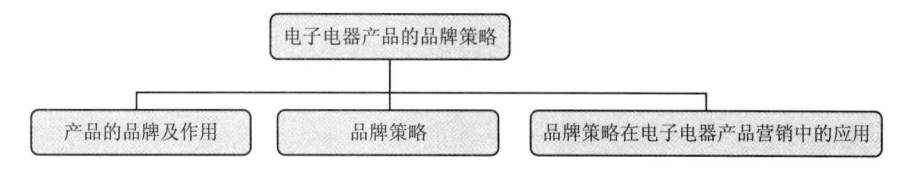

```
         电子电器产品的品牌策略
        /         |            \
产品的品牌及作用   品牌策略   品牌策略在电子电器产品营销中的应用
```

【营销案例导入】

1998年6月，中国市场营销研究中心对全国34个城市、106家大型商场的统计数据显示，康佳公司的市场占有率位居彩电市场的首位。而称雄国内彩电市场的长虹，从1997年彩电品牌会战以来，首次降至第二。彩电市场的沉浮与变迁本属正常，只是此时发生在彩电品牌大战的稳定时期，对康佳来说，就有了不同寻常的意义。

这是康佳长期坚持品牌战略的结果。从消费者的观点来看，一种品牌名称就是一条非常重要的信息，而且经常是关键的信息。因此选择合适的品牌名称是必要的。康佳选择了"KONKA"这个名称，其中一个K代表光明的头一个英文字母，另一个代表港华的头一个英文字母，体现了中港真诚合作的意思。汉语译为"康佳"，读音皆为阴平，响亮悦耳，取吉祥美好之意。中文名称与英文名称的一致性，是康佳很快被消费者所识别。广告语"康乐人生，佳品纷呈"再次体现了康佳电视所带来的美好、精彩人生，这又与产品本身所传递的内容相吻合。当企业越来越难在"形象"或"品牌个性"以外去寻找品牌差异时，推广活动就变得尤为重要。康佳的标志是一个由红色椭圆及一部分橙色的伸展构成"K"的隐形，形象酷似电话机和显像管图形的组合，这体现了康佳鲜明的行业特征和独特的企业标识，昭示了康佳以电子产品为主，国际化、多元化的经营理念。康佳的标志运用于公司的各个层面，从工装到产品包装箱，从信纸到运输车队，从集团总部到全国各地的分公司都采用统一的康佳标志，以达到通过人们视觉反复识别和印证企业形象的目的。

【基础理论知识介绍】

品牌策略是产品战略的一个重要方面，当今社会争夺消费者已不能仅仅停留在产品品质和价格的层次，还要从心理与情感上赢得顾客，也就是所谓的市场竞争。因此，企业需要树立自己的品牌形象，并将此作为巩固和增强持久竞争优势的战略行为。

一、产品的品牌及作用

什么是品牌?品牌和商标有何不同?

美国市场营销协会对品牌的定义如下:品牌是一种名称、术语、标记、符号或设计,或是它们的组合运用,其目的是借以辨认某个产商或某集团产商的产品或服务,并使之与竞争对手的产品和服务区别开来。

品牌通常由两部分组成。

(1)品牌名称:指品牌中能发音,能被语言读出来的部分,如"海尔"、"长虹"、"康佳"等。

(2)品牌标识:指品牌中能够辨别,但不能发音或不能用语言明确读出的部分,一般指图标设计。

商标指经过注册登记后受法律保护的品牌,凡是取得了商标身份的那部分品牌都具有专用权。如果品牌的全部文字、图形、符号等都进行商标注册登记并获得许可,那么品牌即是商标;如果只将品牌的一部分进行商标注册登记,则商标只是品牌的一部分。

品牌在电子电器产品的营销中有什么作用?

使用品牌可以传达多种产品的信息,例如,属性好坏(如IBM代表高品质的计算机)、产品利益(如IBM的计算机值得信赖)、使用价值(如IBM计算机功能很强且品质稳定)与人格特征(如使用IBM的人是追求完美的人)等。这些品牌信息就形成了特殊的品牌效益,特别是消费者对电子电器产品崇尚品牌化,品牌对电子电器产品的营销者来说具有十分重要的作用。

品牌可以显示出产品的某种特定属性。如海尔为每一类产品归纳出形象用语,海尔冰箱用的是"为您着想",海尔洗衣机用的是"专为您设计",海尔空调用的是"勇创新高",海尔公司的总体形象则是"真诚到永远"。

品牌还蕴涵着企业的文化。每个企业均有自身的文化,往往也体现到品牌中。如海尔品牌就在向市场传递着"以人为中心"、"创造新生活"的企业文化精神。

品牌还体现了企业的价值观,海尔公司就竭力在品牌中体现高质量、无缺陷服务的概念。

除此之外,品牌还有助于促进产品销售,树立企业形象;有助于保护品牌所有者的合法权益;有助于企业的技术进步;有助于扩大产品组合。

二、品牌策略

品牌是产品战略中重要的一环,品牌在市场中极为重要,对企业来说开发一个有品牌的产品需要大量的长期的投资。给自己的产品确定品牌名称,也是很关键的一个产品策略。

> **小看板**:美国埃克森(EXXON)公司为了给自己的产品创出一个能够通行于全世界、能够为全世界消费者所接受的名称及标志,曾动员了心理学、社会学、语言学、统计学等各方面专家历时6年,耗资1.2亿美元,先后调查了55个国家和地区的风俗习惯,对约1万个预选方案几经筛选,最后定名为EXXON。这个品牌是世界上耗资最多的品牌命名。

那么，品牌命名应该遵循哪些基本原则呢？

（1）言简意赅，一目了然。品牌的命名应容易发音、识别和记忆。如"SONY"（索尼）的发音里有热情的桑巴节奏。这个品名是由 SOUND（原意为声音）经过数次加工、转换而来的，而 SOUND 这个词真正源自拉丁语的 SONUS，后来又演绎为"SONNY"，到现在转换为"SONY"。这个品名确定后，好念又好记，迅速走红海内外。

（2）内涵丰富，提升形象。品牌命名应让消费者联想到产品的作用和颜色等品质，如海尔"小丽人"，指的是海尔的一种超薄滚筒式洗衣机；又如东芝"火箭炮"则体现了这一品种电视机优良的音响效果。

（3）符合习俗，得到认同。由于世界各国的历史文化传统、语言文字、风俗习惯、价值观念和审美情趣不同，对一个品牌的认知、联想必然会有很大差异。如美国通用汽车公司的一款命名为"NOVA"的汽车到了西班牙，才发现"NOVA"在西班牙语中是"不走"或"走不动"的意思，这样就使得该产品的销售出现了障碍。

品牌策略是企业营销策略的关键，不同类型的品牌名称策略对企业能够产生不同的影响，所以企业应选择最适合于自身的产品、企业发展的品牌名称类型。品牌策略大体有以下几种。

1．对各种产品分别采用不同的品牌，即个别品牌

这种策略优点是能严格区分高、中、低档产品，使用户易于识别并选购自己满意的产品；而且不会因个别产品声誉不佳影响到其他产品及整个企业的声誉，还能使企业为每个新产品寻求建立最适当的品牌名称以吸引顾客。缺点在于品牌较多会影响广告效果，易被消费者遗忘。如伊莱克斯公司在多条生产线上使用了西屋电器、福利奇迪、杰布森等多个品牌。

2．对所有产品采用一个统一的品牌，即家族品牌

这一策略的好处在于能减少品牌的设计和广告费用，有利于新产品在市场上较快较稳地立足．并能壮大企业声势，提高其知名度。不过，只有在家族品牌已在市场上享有盛誉，而且各种产品有相同的质量水平时，该策略才能行之有效，否则，某一产品的问题会危及整个企业的信誉。如美国通用电气公司的产品都使用"GE"这个品牌。

3．对不同类别产品使用不同的品牌

当企业生产截然不同的产品类别时，不宜使用相同的家族品牌，要予以区分。如松下公司将其生产的视听产品冠以 Panasonic 的品牌，而其生产的空调、冰箱及电饭煲、剃须刀等小家电产品则使用 National 这一品牌，这样能适当兼顾个别品牌和家族品牌的好处。

4．将企业名称与个别品牌相结合

这是在企业各种产品的个别品牌名称之前冠以企业名称，这不仅可以使产品正统化，享受企业已有信誉又可使产品各具特色。如海尔"小王子"、"小神童"、"小丽人"。

三、品牌策略在电子电器产品营销中的应用

> **小看板**：海尔公司 1985 年引进德国"利勃海尔"公司技术生产亚洲第一代四星级冰箱并定名"琴岛——利勃海尔"，更多地体现了中外双方的良好合作。但随着企业的发展，出口量增加，与德方相似的品牌标识影响了海尔品牌自身市场的拓展。基于 CIS（企业形象管理）理念，海尔公司确立了现在的标志及品牌内涵。在十几年的发展中，始终将产品质量和开发新产品、新技术作为企业发展的重心，最终形成了现在的品牌概念。

公司在制定品牌策略时，可采取产品线扩展、品牌延伸、多品牌、新品牌、合作品牌等多种方式来提升企业的竞争优势。

1．产品线扩展策略

在品牌名称确定的情况下，对产品的规格、品种、包装等进行改进、增加，从而扩大产品目录。产品线的扩展形成了大多数的新产品，而在利用市场对品牌已有较高的认知度时，引进新产品会更容易获得成功。

2．品牌延伸策略

公司可以利用现有品牌来推出新的产品线，好的品牌可以使新产品立刻被市场认知并极有可能被市场接受。如索尼公司把其品牌用于它的大多数新的电子产品，使每个新产品立即建立起质量认知，这种品牌延伸策略大量地节约了广告费用。

3．多品牌策略

在相关产品类别中引进多个品牌的策略。这种方式可以作为体现产品性能的手段，还可以保护其主要品牌。

4．新品牌策略

当公司在推出新产品时，可能原有品牌不是用于它，甚至可能伤害原有品牌形象，公司就需要创立新的品牌，如 LG 公司为新的冰箱和空调冠以新的品牌 Diors（帝雅思）。

5．合作品牌策略

这种形式可以借助其他的品牌强化自身品牌的形象，开拓更广泛的顾客群，如海尔公司的前身就是借助合资合作的方式生产了"琴岛——利勃海尔"品牌的电冰箱的厂商，海尔借助德国利勃海尔公司的技术及品牌优势，推广了自身产品，最终发展成为今天的世界知名品牌——海尔。

品牌策略的运用在现今商战中是重要的一环，在运用品牌策略时，要注意其关键还在于开拓市场，而不仅仅是获取知名度。品牌对企业很重要，但它也有自身的生命周期，因此企业必须仔细管理并且不断维持和改进品牌。

项目五 电子电器产品的服务策略

【学习目标】

1. 理解电子电器产品服务的概念和特点。
2. 掌握电子电器产品服务的种类。
3. 培养对电子电器产品服务策略的理解和运用能力。

【学时安排】 3学时

【知识模块结构图】

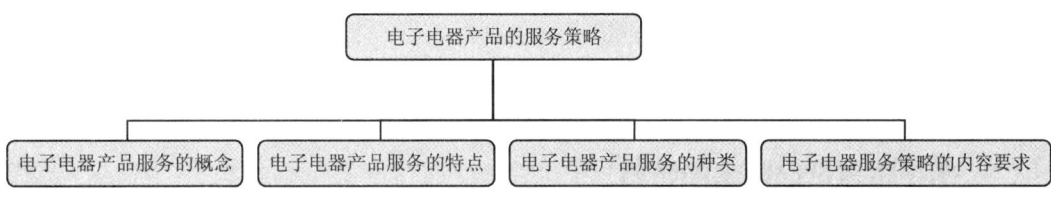

```
                    电子电器产品的服务策略
        ┌──────────────┬──────────────┬──────────────┐
   电子电器产品      电子电器产品      电子电器产品      电子电器服务
   服务的概念        服务的特点        服务的种类        策略的内容要求
```

【营销案例导入】

几年前，广东格兰仕公司开发生产出可与世界品牌媲美，而价格仅为其同类产品一半的微波炉。至今我们还记得，当时轰轰烈烈的"格兰仕促销风波"。他们是怎样做的呢？首先格兰仕投入了巨大的人力、财力进行售前知识普及。在全国各地选择了100多家影响较大的报纸杂志，特约刊登微波炉消费指南，对其工作原理、功能、效用及使用、维护、保养知识作了细致而系统的介绍；编制了500多例微波炉菜谱，并详尽描述了各式菜肴的烹调技巧，同时又派出"格兰仕小姐"到一些大城市大商场做现场示范表演；在有些大城市还专门开通了电台听众热线，设立了咨询电话，随时随地、不厌其烦地与消费者直接对话、答疑。格兰仕这种周到的售前服务措施使大家认识了微波炉这一陌生的产品。如今，格兰仕微波炉从外观设计到功能引导等多方面，都能使消费者明显感受到"中国元素"，例如，格兰仕"中国红"符合了国人习惯以红色为喜庆的心理，这一切都使得格兰仕微波炉在国内市场占有率上稳中有升，产品远销50多个国家和地区。格兰仕知名度在联合国世界名牌协会发布的《微波炉调查报告》中也得到了充分的体现，该报告显示：77%的消费者将格兰仕品牌作为今后购买微波炉的第一选择。

【基础理论知识介绍】

一、电子电器产品服务的概念

电子电器产品的服务是指企业为使消费者感到满意并最终成为忠诚顾客而向他们提供与本企业产品销售、使用、保养、处置有关的一切服务活动。它的内涵非常广泛，既包括纯粹有形的商品，如家用电器出售时附送的产品说明书、保修单等；又包括伴随有形商品出售的小物品，如微波炉销售时附送的微波炉菜谱、微波炉专用器皿等；还包括纯粹的服务，如产品售出后的安装、调试及维修服务等。

电子电器产品的服务是一种特殊的无形活动，不同于服务行业的服务，它不是独立于产品之外的、当作商品直接出售给顾客、以盈利为目的的服务活动，而是以支持产品销售为目的，提供的一系列服务项目通常都是免费或仅以成本价计费。它向顾客或用户提供所需的满足感，同时又可为企业增加额外的利益，使企业在竞争中处于有利地位。

> **小看板**：一位陕西顾客在北京看到海尔公司生产的"小丽人"超薄式滚桶洗衣机后，有意购买，但该型号产品还没有投放于陕西市场，于是顾客联络了海尔公司。为了满足顾客需求，海尔公司特意从北京市场调运了一台送到顾客家里。这样做虽然增加了海尔公司的成本，但顾客在享受服务后所获得的满足感以及其对该品牌的认同，对其而言是一笔无形的财富。

一般来说，一个满意的顾客会向3个人介绍产品，但是一个不满意的顾客却会向11个人抱怨，所以企业若向顾客提供了满意的服务，包括对有形产品本身质量的满意和无形服务的满意，则对顾客的再次购买和其形成的对品牌的偏好以及乐于宣传品牌的态度有很大的帮助；反之，对品牌信誉造成的不良影响将会更大。

二、电子电器产品服务的特点

1．无形性

服务是无形的，看不见，摸不着，它是提供给顾客的一种有价值的活动。为减少不确定性，顾客只有依据他们看到的服务人员、服务设备、资料、价格等来判断服务的质量。

2．不可分离性

有形产品在生产出来后，可以先储存，再销售，最后才消费。而服务的产生与消费是同时的，不可储存。当服务人员为顾客安装与调试产品时，顾客就在消费他们所提供的服务。同时，服务与提供服务者也是不可分的。

3．可变性

服务就有极大的可变性。因为，服务取决于由谁来提供，在何时何地提供，服务人员的工作技能、技巧、态度，服务设备的差别都会给消费者带来不同的服务感受。

4．易消失性

服务不能储存。当市场需求稳定时，可以事先准备服务人员和设备等。当市场需求产生波动时，服务往往会有困难；产品供不应求，服务人员、设备等协调调配有困难；产品供大于求，服务人员、设备闲置，服务不能利用，就会消失。

三、电子电器产品服务的种类

电子电器产品服务是一种全方位、全过程、使消费者满意的服务活动。根据不同的标志和角度，服务可以按以下方法来分类。

1．按服务过程来分

1）售前服务

它是指在营销商品前为顾客提供的各种服务，其重点是吸引顾客注意，诱发顾客的兴趣。主要包括：为顾客提供产品信息及产品说明书、搞好咨询服务、产品试用及技术培训。

2）售中服务

它是指为顾客购买产品和运输方面提供的方便条件，其重点是在产需之间创造出一种相互信任的融洽气氛，促进买卖成交。主要包括：提供热情周到的接待、代为顾客办理各种购买和运输手续、产品出库时认真检验产品质量。

3）售后服务

它是指在顾客购买产品后，根据顾客要求继续提供的各种服务活动。其重点是使顾客获得最佳的满意度，并争取更多的新顾客。主要包括：严格执行合同，保证产品按时、按质、按量交货；向顾客介绍商品保养知识、维护技艺；开展售后维修服务和定期访问用户；实行商品退换制度，搞好索赔处理。

2．按服务性质来分

1）技术性服务

向顾客提供产品设计、安装调试、维修保养、保证零配件供应、解答技术咨询、进行技术培训、提供解决问题技术方案等服务。

2）信息性服务

向顾客迅速、准确、有效地传播有关商品各方面的信息，使顾客能获得比广告宣传更完整的有关商品功能、特色、用途、使用和维修方法等方面的信息，以帮助顾客作出购买决策。

3）知识性服务

向顾客深入浅出地传播新的产品概念和科技知识，以提高他们的知识水平，引导顾客消费。对于高新技术产品，这类服务更加重要。

4）便利性服务

向顾客提供货物的运输、储存、包装等便利顾客购买和使用的服务，在销售咨询、购买地点、购买时间、付款方式、保修退货、事故处理等方面给予尽可能的方便。

5）财务性服务

向顾客提供分期付款、延期付款、资金融通、租赁等财务性服务。

6）态度性服务

在服务过程中，所用的员工都要以和蔼可亲、认真负责、热情耐心、文明礼貌的态度对待顾客，体现出尊重顾客、关心顾客的态度。

3．按与商品买卖过程的联系程度来分

（1）基本服务（主要服务），是在出售商品过程中必须向顾客提供的服务。特点是：直接与商品销售相联系，是在顾客选购商品时发生的服务，是必须向所有顾客提供的必不可少

的服务。如家电在出售时试机等。

（2）连带服务（伴随服务），是随同购买商品连带向购买者提供的服务。这类服务不是向所有的购买者提供的，而是根据顾客的要求提供的，如送货、订货、安装、退换、维修等。

（3）附属服务（补充服务），是指与购买活动没有直接联系的服务。提供这类服务可使顾客在选购商品的同时，获得其他需求的满足，为顾客创造舒适方便的购买条件。连带服务和附属服务是企业开展多功能服务、搞活经营的重要途径，体现出企业的差别和优势。

4．按服务对象来分

（1）为经销商服务。主要是指为批发商和零售商的服务，如协助经销商搞好促销活动，经常为他们提供市场信息、产品目录、说明书等。

（2）为消费者服务。消费者是企业最主要的服务对象，如对顾客所购商品进行送货和安装等。

四、电子电器产品服务策略的内容要求

企业提高服务竞争力是当前市场竞争的重要方面。服务增加了产品的附加值，扩大了产品的销售量，提高了企业的形象，拓展了企业的业务。优质的服务还可以降低企业的成本，能留住老顾客。因此，电子电器企业应尽可能提供全方位的服务，采取恰当的服务策略，从而提高企业的市场占有率。电子电器产品服务策略的内容要求包括如下。

1．提供技术业务服务

（1）咨询服务。咨询服务是指生产企业运用各种专业知识为用户提供智力服务，包括提供业务咨询和技术咨询服务。业务咨询服务是根据顾客选购产品时的各种要求，向顾客介绍本企业的各种业务情况，解答用户提出的各种问题，帮助选型订购等。技术咨询服务是指详细介绍产品质量、性能情况、主要技术参数，向顾客提供样本、目录、使用说明书，介绍生产过程、检测手段以及能耗等技术经济指标。

（2）接访服务。接待顾客和访问顾客是企业与顾客直接联系的主要方式，它可以及时了解顾客的要求和意见，是收集技术、经济信息的主要渠道之一。接待顾客包括来访接待，来信、来电的处理。访问顾客是企业每年有计划、有针对性地组织对顾客的拜访，访问方式可分为访调结合、访销结合、访修结合等。

（3）送货服务。送货服务是指对于销售大型设备、家具、大型家用电器的企业或商店，提供送货上门的服务，这项服务显得越来越重要，尤其是对那些缺少运动力的顾客更为必要。目前这项服务已成为重要的竞争手段。

（4）质量保证服务。质量保证服务是指企业卖出合格产品后，在规定的期限内，顾客在正常使用的情况下，发现质量问题或质量事故，应负责为用户保修、包换、包退，以及召回，并承担由此产生的经济责任。生产企业要提出产品质量保证范围、办法、期限、责任划分以及经济责任等。

（5）备品配件供应服务。备品配件供应服务是指生产企业在产品出现故障时及时供应零配件，可以消除用户的后顾之忧。生产企业必须做好零配件的生产、保管和运送工作，编制备品配件的生产和销售计划，多渠道供应备品配件。

（6）信用服务。信用服务是指企业采取的赊销、分期付款等服务。付款采取何种方式会直接影响顾客的经济利益，因此信用服务在促进销售方面起着相当重要的作用，企业若采用对顾客有力的信用服务，就能在很大程度上增强顾客对企业的信任感。

2. 提供满足顾客心理需求的服务

（1）销售人员保持良好的仪表。仪表一般包括容貌、服饰、发型、姿态等。销售人员优雅大方的举止和风度，整洁的衣着和良好的修养会很快引起所接触顾客的好感，取得他们的信任，使他们愿意听销售人员的建议，这不仅有利于买卖成交，也有利于树立企业良好形象。

（2）注意运用热情而恰如其分的服务态度和服务用语。好的服务态度的根本特点是要对顾客热情客气、诚心诚意，能使顾客产生好感和信任。在商品销售服务中，销售人员的语言十分重要，它不仅用来宣传并售卖商品，也用于沟通销售人员与顾客间的感情。服务人员说话谦逊和气，有礼有节，言辞清晰，表达准确，可缩短服务人员与顾客的感情距离，增添顾客的购买欲望。

（3）对顾客要关心到底。在买卖成交后，也要继续与顾客保持联系，关心顾客，并且尽可能地向他们提供服务。现代市场营销发展的一大趋势就是关系营销，即企业注重与顾客保持长期稳定的合作关系，对顾客要关心到底。重视售后服务，长期关心企业与顾客之间关系的发展，会使顾客感到受尊重。这样在顾客心中树立良好形象，不仅会留住老顾客，也会带来更多的新顾客。

我国电子电器行业的一些领先企业已经尝到了优质服务的甜头，但是如果能在服务理念上再有所突破，就会得到更大的好处。电子电器易操作的特点决定了其服务重点其实就是在维修、维护和信息反馈上。如果采取生产者和维修这种合作的形式，则既能使生产者节省广布网点的费用，又能使维修者获得利润，还能减少推诿情况，使消费者达到更加快捷与可靠的服务，减少了消费者购买时的后顾之忧，更是一种"三赢"的选择。

【项目小结】

本模块介绍了电子电器整体产品的概念，并对电子电器产品做了细分，结合电子电器新产品开发和电子电器产品生命周期的介绍，研究制定电子电器产品各生命周期的产品营销策略。品牌策略是产品策略的重要方面，企业要根据电子电器产品的特点制定相应决策，发挥品牌策略在电子电器营销中的作用。在竞争日趋激烈的市场条件下，服务水平成为决定企业竞争胜败的重要因素。电子电器产品的服务策略包括服务策略的类别及内容要求等内容。

【课外活动建议】

现在的数码产品品种越来越多了，你用的随身听是 MP3 还是 MP4？假如你是某数码产品的研发部经理，与大家讨论新产品开发时会面临哪些风险？除了技术领先外，企业还可以使用哪些产品策略来获取竞争优势？

习题四

1. 电子电器整体产品概念分为哪几个层次？

2．新产品开发过程中有哪几个阶段？
3．产品生命周期有哪几个阶段，各有何特点？
4．如何延长产品的生命周期？
5．简述品牌命名应遵循的原则。
6．电子电器产品服务有何特点，如何分类？

实训四

1．随着行业标准的普及，家电行业技术水平差异正逐渐缩小，服务内容和质量将成为家电企业提升竞争力的最有效措施。这一点越来越被国内家电企业所认可。家电企业之间的竞争正在从产品逐渐向服务转化，中国家电服务越来越系统化、规范化、专业化、社会化。海尔在飞速发展的今天也推出"整套家电"的消费方式，集送货、安装、调试、维修、保养等一系列整套家电相关服务于一体。试用所学理论分析此一现象。

2．国内空调行业两大权威专业机构人民网和《空调销售》发布2007年度《中国空调行业调查报告》显示，海尔获得包括"质量最满意品牌"、"服务最满意品牌"在内的多项第一。请学生们在市场做一海尔空调之所以获得如此多殊荣的原因的调查，并试用所学知识进行分析。

模块五
电子电器产品市场营销策略之二：价格策略

本模块我们将一起学习电子电器产品市场营销的重要策略——价格策略，首先要分析影响电子电器产品定价的内外部因素，在此基础上介绍成本定价法、需求定价法和竞争定价法三种定价方法。结合实际情况制定相应的定价策略，如新产品定价策略、心理定价策略、差别定价策略、折扣定价策略和地理定价策略等。

项目一 影响电子电器产品定价的主要因素

【学习目标】

1. 了解影响电子电器产品定价的内外部因素。
2. 掌握电子电器产品成本和定价目标。
3. 培养分析问题的能力和对经济信息的敏感度。

【学时安排】 2 学时

【知识模块结构图】

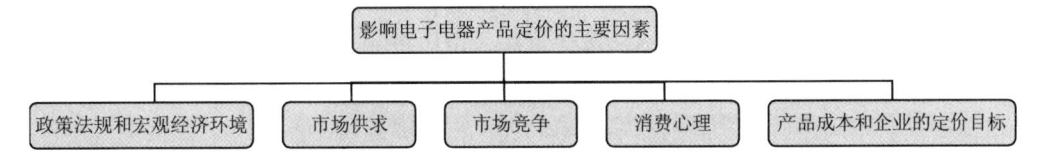

```
                    影响电子电器产品定价的主要因素
    ┌───────────────┬──────────┬──────────┬──────────┬──────────────────────┐
政策法规和宏观经济环境  市场供求   市场竞争   消费心理   产品成本和企业的定价目标
```

知识链接：市场营销由四个基本要素组成，即产品、定价、分销和促销，企业通过产品、分销和促销在市场中创造价值，通过定价从创造的价值中获取收益，因此，价格是营销策略中唯一能产生利润的因素。企业之间的竞争有价格竞争和非价格竞争两种主要形式，其中价格竞争主要是以降价促销的形式进行竞争。而非价格竞争主要有质量竞争、促销竞争、广告竞争、品牌竞争、服务竞争等不同形式。严格来讲，一切非价格竞争都可以归结为价格竞争。可见，价格策略是企业重要的营销策略。

【基础理论知识介绍】

企业是以盈利为目的的，电子电器产品定价过低，无法收回研制开发成本；定价过高，可能使消费者难以接受。因此，企业要实现既定的目标利润，必须确定最佳的价格点。而定价时必须考虑多方面因素，外部因素主要包括政策法规、市场供求、市场竞争和消费心理等，内部因素主要包括成本和定价目标等。

一、政策法规和宏观经济环境对定价的影响

政策法规对定价的影响是指国家通过经济、行政和法律手段对企业定价进行干预和制约，主要包括国家税收、财政、信贷、金融、价格等政策及其变化趋势对定价的影响。

我国对价格问题一直高度重视，并通过立法加强对价格的管理，通过法律手段影响商品价格的制定。我国制定的《中华人民共和国价格法》对价格的影响最大。该法明确了企业自主定价的基本依据，还列举了几种不正当竞争的价格行为。尽管这部法律还有待完善，但是它为我国市场经济的健康发展起到了保驾护航的作用。

国家还通过财政、税收等措施实施价格管理。如国家大力发展机电产品，对机电产品生产企业实行低息贷款政策，这一政策使得机电产品的价格大大地降低，增强了产品的出口竞争力。又如国家通过开征或停征某一税种，调整某一税率等税收措施都会影响到产品的价格。

> **小看板**：从 1989 年 2 月 1 日起，针对当时流通领域出现彩电等产品供不应求的问题，国务院批准在全国范围内开征消费税，一夜之间彩电价格上涨 600 元左右。从 1992 年 4 月 22 日起停征彩电特别消费税，使彩电价格又大幅度下降。

在考虑政策法规影响的同时，也不可忽视国内外宏观经济环境对电子电器产品价格的影响，如美国经济的下滑，美元对人民币的贬值，2007 年美国的次贷危机等都对我国电子电器产品的出口价格产生很大影响。前几年我国的经济扩张环境和随之而来的通货紧缩环境，从 2007 年底开始的世界性原油、钢材等价格上升导致的国内外各种材料价格上涨，也会对企业的价格制定和调整产生极大的影响。

二、市场供求对定价的影响

产品价格受市场供求关系影响最大，市场上产品供求关系反映着产品可供量与社会购买力之间的适应状况。供求规律表现为：供求平衡，市场价格基本稳定；供不应求，市场价格呈上涨趋势；供大于求，市场价格呈下跌趋势。

市场供求对不同性质的产品的影响是不同的，但主要取决于产品需求弹性的大小，有的产品需求弹性较小，采取提价或降价措施对购买都不会产生重要影响。有的产品需求弹性很大，价格对顾客的购买起着重要作用。电子电器产品属非生活必需品，其价格需求弹性较大，价格的升降对顾客的购买行为大有影响。在市场的供求状况下，企业应采取不同的定价策略。当供大于求时，采取降低价格策略，刺激需求，扩大销售；供不应求时，适当提高价格，刺激生产，增加利润。

三、市场竞争对定价的影响

现实和潜在竞争对手的多少，以及竞争的强度也会影响企业的定价。按照市场竞争者多少和竞争激烈与否，市场可以分为四种类型：完全竞争市场、不完全竞争市场、完全垄断市场和寡头竞争市场。在现行的电子电器市场中，更多的是不完全竞争市场。在这种市场条件

下，厂商的定价既独立又相互牵制。因此，电子电器企业必须想方设法了解竞争对手的产品质量和价格。一般来说，产品质量大体一致，价格也应大体一致；产品质量低一点，价格也应适当低一点。但是，与竞争对手的价格比较，不能仅仅从质量角度去衡量，企业还应了解和分析顾客对本企业与竞争对手产品的看法和价值感。例如，当竞争者产品的质量与本企业差不多或甚至更低些，但如果竞争者是知名度高的企业，那么，该竞争者的产品对于消费者来讲，也可能有更高的价值感觉，本企业定价时就不能盲目地定高价。

四、消费心理对定价的影响

从经济学的角度看，价格是商品价值的货币表现。而营销心理学有关价格的含义则是指建立在消费者心理基础之上的各种商品价格的货币表现形式。因此，对同样的价格，不同的消费者会有不同的心理反应。企业定价要使消费者接受，必须注意分析消费者的心理，使价格符合其心理特点和变化规律。例如，在消费水平较低时，消费者只是追求经济实惠；消费水平较高时，消费者大多会追求高档和品位。

> **小看板：** 2000年国家对广大农村实行了电网改造，这给当地居民的生活带来了翻天覆地的变化。一些生产洗衣机的小厂趁势推出了定价为400~500元的双缸洗衣机，正好符合了这些尚处于低消费阶段的农民求廉心理，很快热销。而生产洗衣机的大厂则把目光瞄准了城市居民和一些富裕地区有着追求高档名牌心理的农民，推出了价位在几千元的新型洗衣机，取得了高额的利润。

五、产品的成本和企业的定价目标对定价的影响

成本是企业定价时必须要考虑的重要因素。它包括固定成本和可变成本，其中，固定成本是指在既定的时间及生产经营范围内，不随产品种类及数量的变化而变化的成本，如厂房的房租费、管理费等。可变成本是指随着产品种类及数量变化而变化的成本，如原材料、工人的工资等。成本是决定产品价格的最低下限。

电子电器产品的定价还离不开企业的定价目标，因为产品的定价是实现企业既定目标的主要途径。当企业以维持生存为目标时，企业需要把价格定得很低，以刺激消费，促进销售，减少积压。当企业以利润最大化为目标时，要考虑短期和长期利益，制定相应的价格策略。当企业以提高市场占有率为目标时，通常制定较低的价格，提高产量，以低价渗透市场，占领市场。当企业以争取产品品质领先为目标时，通常制定较高的价格来补偿高投入的耗费，取得高额利润。

项目二 电子电器产品的定价方法

【学习目标】

1. 掌握电子电器产品的定价方法。
2. 理解成本定价法的定价原理。
3. 培养理论结合实际的学习方法。

【学时安排】 3学时

【知识模块结构图】

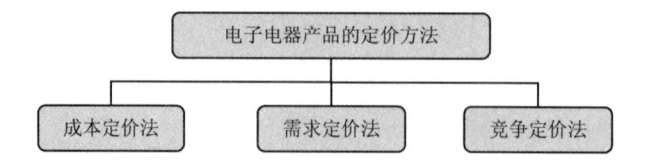

```
        电子电器产品的定价方法
       ┌──────┼──────┐
   成本定价法  需求定价法  竞争定价法
```

【营销案例导入】

康佳的彩电产量只有长虹的一半,但在1998年零售占有率却一举跃居榜首,其市场推进策略成为商界佳话。康佳是怎样在竞争中取胜的呢?针对企业自身、竞争对手及市场需求等具体因素,康佳不同系列彩电采用了不同的定价方法:面向大众的福临门彩电采用成本导向定价法,其21英寸的彩电市场价才1400元上下;小画仙系列采用需求导向定价法;超平一族则采用竞争导向定价法;特价机的销售使消费者踊跃而至,全国各地均呈现抢购如潮的局面,并迅速带动其他机型销售,成功实现了淡季热销的目标,从而将康佳推上当时中国彩电零售市场占有率第一的宝座。

【基础理论知识介绍】

影响企业定价最主要的因素是成本、市场需求和竞争,与此相联系,定价常见的方法有成本定价法、需求定价法和竞争定价法三种。

一、成本定价法

价格是由生产成本、流通费用、税金和利润构成的。其中,生产成本和流通费用所占的比重较大。成本定价法就是以产品成本为主要定价依据的方法,它是一种最简单的、运用十分普遍的定价方法。

这种方法的优点是成本数据易于收集,利润比例易于确定,价格容易制定。但成本定价法的缺点是既不考虑市场价格与需求变动的关系,也不考虑市场的竞争问题。这样会造成它不能适应不同的市场环境,在市场景气时,产品价格定得过低,减少了盈利;市场疲软时,价格定得过高,使价格缺乏竞争力而引起产品销售不畅。

下面我们来介绍三种电子电器产品常用的成本定价法。

1. 成本加成定价法

成本加成定价法是以单位总成本加企业的预期利润定价的方法。售价与成本之间的差额就是"加成","加一成"就是加10%。其计算公式为:

$$单位售价 = 单位产品总成本 \times (1+成本加成率)$$

例:一电子产品的单位总成本是10元,预定以成本的20%作为其利润。

$$单位售价 = 10 \times (1+20\%) = 12(元)$$

2. 投资回收率定价法

投资回收率定价法是根据投资生产的产品成本和预期投资回收率进行计算的定价方法。

由于电子电器产品科技含量高,企业在开发新产品和扩大生产经营规模时,往往需要投入大量资金,为确保投资的如期回收和投资报酬的实现,企业需根据预期投资回收率和产品成本来制定价格。其计算公式为:

$$目标定价=单位总成本+(投资回收率×总资产投资)/预计销售量$$

例:一电子产品的单位总成本为10元,总资产投资为100万元,预计销售量为20万单位产品,假设投资回收率为20%。

$$目标定价=10+(20\%×1000000)/200000=11(元)$$

3．目标利润定价法

目标利润定价法是使电子电器产品的售价能保证达到预期的目标利润率的方法。其计算公式为:

$$目标定价=(总成本+目标利润)/产量$$

例:一电子企业一年内,可向市场提供80万单位产品。生产80万单位产品的总成本是1 000万元,企业本年计划实现利润200万元,产品的单位售价应为多少?

$$目标定价=(1\ 000+200)/80=15(元)$$

二、需求定价法

需求定价法是以消费者需求和可能接受的价格作为定价依据的定价方法。企业在定价之前先进行市场调研,了解消费者的需求、购买力水平以及对价格的接受程度,在此基础上制定能为目标市场消费者接受的价格。

需求定价法在具体运用中,有以下两种方法。

1．认知价值定价法

认知价值定价法又称"理解价值定价法",即根据消费者对商品价值的理解、感受和认知定价的定价方法。

消费者对商品价值的认知、理解或感受,使他们根据自己对产品的功能、效用、质量、档次等多方面的印象,综合购物经验、对市场行情和同类产品的了解而对价格做出的评判,即人们购买商品时常说的"值"或"不值",其实质是商品的效用价格比,其关键是消费者对价值的理解和认可。因此,认知价值定价法的关键有以下两点:

(1)充分运用各种营销策略,其中主要是营销组合的非价格变量,能够影响和提高消费者对商品的认知价值,特别是同竞争对手的同类产品相比较而言的认知价值。如一个音箱,价格很高,但购买者认为值,这是因为名牌的声誉大大提升了购买者的认知价值。

(2)尽量准确估测购买者对商品的认知价值。估测过高,会造成定价过高而使消费者感到企业漫天要价从而抑制购买;估测过低又会造成定价太低而消费者怀疑产品的质量也不愿意购买,同时定价过低还会影响企业收益。

2．反向定价法

反向定价法指根据消费者的购买能力确定产品的销售价格,然后由此反推销售成本和生产成本,决定出厂价格的定价方法。其目的如下。

（1）应付竞争：价格是竞争的有力工具，企业为了与市场上的同类产品竞争，在再生产之前，先调查产品的市场价格及消费者的反应，然后制定消费者易于接受又有利竞争的价格，并由此决定产品的设计和生产。

（2）推出新产品：企业在推出新产品之前，通过市场调查，了解消费者的购买能力，拟定市场上可以接受的价格，以保证新产品上市时能销路畅通。

三、竞争定价法

竞争定价法是以市场上主要竞争对手的同类产品的价格为定价依据，并根据竞争态势的变化而调整价格的定价方法。主要有以下两种：

1. 随行就市定价法

随行就市定价法是根据市场通行的价格水平或本行业的平均价格水平作为企业的定价标准，也可以与竞争对手同类产品的现行价格、领袖者的产品价格相同，或稍低于领袖者的产品价格的定价方法。随行就市定价法是运用最为广泛的定价方法之一，它有利于与竞争者和平相处，避免因价格竞争给企业带来风险，保证企业获得恰当水平的利润。同时，这种价格也易于为消费者所接受，从而保证产品销路。

2. 投标定价法

投标定价法是由投标者竞争的方式确定商品价格的定价方法。其具体操作程序是在商品或劳务的交易中，由招标人发出招标公告，投标人竞争投标，密封底价，招标人择优选定价格。这种方法通过预期竞争者的价格定价，而不是根据自己的成本或市场需求定价。

项目三　电子电器产品的定价策略

【学习目标】
1. 掌握电子电器产品的定价策略。
2. 结合实例理解几种定价策略的运用。
3. 培养理论结合实际的学习方法。

【学时安排】　2 学时

【知识模块结构图】

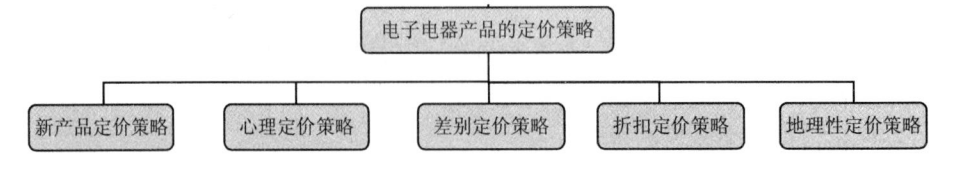

```
              电子电器产品的定价策略
    ┌──────────┬──────────┬──────────┬──────────┐
新产品定价策略 心理定价策略 差别定价策略 折扣定价策略 地理性定价策略
```

【营销案例导入】

亚马逊公司差别定价之痛

亚马逊公司在 2000 年 9 月中旬开始了著名的差别定价试验。亚马逊选择了 68 种 DVD

碟片进行动态定价试验，试验当中，亚马逊根据潜在客户的人口统计资料、在亚马逊的购物历史、上网行为以及上网使用的软件系统确定对这 68 种碟片的报价水平，对新顾客的报价比对老顾客的报价要低。但是好景不长，这一差别定价策略实施不到一个月，就有细心的消费者发现了这一秘密，那些付出高价的顾客怨声载道，对公司商誉产生了极大的负面影响。就这样，亚马逊价格试验以完全失败而告终。

亚马逊这次差别定价试验是电子商务发展史上的一个经典案例。为什么亚马逊公司的差别定价策略没有成功？有关人士分析认为亚马逊的差别定价策略与其一贯的价值主张相违背，还侵害了顾客隐私，有违基本的网络营销伦理。战略上的失误是导致"试验"失败的根本原因，而实施上的诸多问题则是导致其惨败和速败的直接原因。

【基础理论知识介绍】

电子电器价格的制定，除了要考虑成本、需求和竞争外，还要考虑制定价格的心理依据。这是成功制定价格的重要前提，下面主要介绍几种典型的定价策略。

一、新产品定价策略

1. 撇取定价策略

撇取的原意是在鲜牛奶中撇取奶油，先取其精华，后取其一般。这种方法运用到市场营销产品定价中，就是撇取定价策略。撇取定价策略是指在新产品上市之初，利用消费者的求新、猎奇心理，先制定高价获取高额的初期利润，而当竞争者出现时，可以根据市场销售情况逐步适当降低价格的定价策略。撇取定价策略必须是在产品新颖、短期内没有竞争对手、有足够的目标消费者愿意接受高价的条件下才能奏效。目前越来越多的企业对新产品采取撇取定价策略，如高像素的数码相机、摄像机等生产企业。

采取此种策略也存在明显的不足，高价带来高额利润的垄断局面不可能长期保持，会很快地吸引竞争对手的注意，因而这种高价下降得很快；从战略上讲，此种策略也不能作为企业长期的定价策略。

2. 渗透定价策略

渗透定价策略就是指在新产品上市之初，迎合消费者求实、求廉心理，企业采取优质低价的手段迅速渗透并占领市场，待打开销路、占领市场后再逐步提价的定价策略。采取渗透定价策略的产品，一般在市场上有类似替代品，产品需求弹性大，消费者对此种商品价格较敏感，所以低价可以扩大商品的销售，因而可以增加利润总额。过了一段时间，当消费者认可该商品时，企业可利用消费者对商品的感情和不可缺性，慢慢地提高价格，这样既不会失去消费者，又使得企业增加了效益，在市场上站稳了脚跟。

3. 反向定价策略

反向定价策略是指企业不是以产品定价格，而是以价格定产品的策略。具体步骤见图 5-1。

反向定价策略主要是从消费者心理愿望和购买能力出发，这种策略更能适应消费者的需要，从而有效地扩大市场销售。

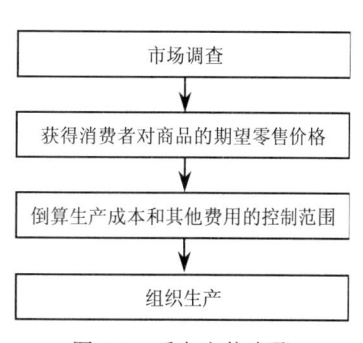

图 5-1 反向定价步骤

二、心理定价策略

1．整数定价策略

整数定价策略是指企业将价格尾数去掉，舍零凑整的定价策略。此种策略通常针对购买档次较高的电子电器产品或偏重于质量和品牌商品的消费者。这种定价策略可使消费者产生一种品质高、可靠性强的心理感受，并能满足其心理上的某种荣耀感。如立式空调价格为6500元，这样定价可以抬高商品的身价，树立高档名牌形象，满足顾客求新、求名心理。这种策略适用于高档耐用消费品、贵重商品和时髦商品的定价。

2．尾数定价策略

尾数定价策略是指企业保留商品价格尾数，采用零头标价的定价策略。这种策略一般是针对收入不高、对价格较敏感的消费者采用的策略。

尾数定价策略可以使消费者产生如下的心理效应：（1）可以使消费者产生定价精确的心理感受；（2）可以使消费者产生便宜的心理错觉，如398元一台的VCD要比400元一台的VCD好销；（3）还可以赋予消费者一种数字寓意吉祥的感觉，使消费者在心理上得到一种满足，如"8"音同"发"，使消费者产生美好的联想。

3．招揽定价策略

招揽定价策略又称"特价品定价策略"，即对少数几种商品实行特别低的价格，或采取由顾客自定价格等方法，以招揽顾客的定价策略。它迎合消费者的求廉心理，用某几种低于市面甚至亏本销售的特殊商品吸引顾客到商店来，借机带动其他商品的销售，以扩大销售业绩。采用此策略的关键是"特价品"必须是大多数顾客熟悉且日常生活必须、购买频率较高的商品，"特价品"的数量也要适宜，既不可太多，也不可太少。现在各大电子电器商城都经常使用，对某几款商品特价销售，从而招徕顾客前来选购，以带动其他商品销售的策略。

4．习惯性定价策略

习惯性定价策略是指企业按照消费者的习惯心理制定商品价格的策略。尤其是消费者经常购买的商品，如电视机、洗衣机等。由于消费者经常使用，对商品的功能、质量等有详细的了解，在心目中已经形成了习惯的价格标准。不符合其标准的价格则易引起消费者疑虑，从而影响其购买。如图5-2所示，当商品价格定在习惯价格 P 点，商品销售量最大为 Q 点，不管商品的价格上涨还是下跌，都会引起销售量的减少。

消费者一旦形成价格的习惯性心理，就很难轻易改变。如果因原材料价格上涨，导致成本提高，这时也必须首先考虑消费者的习惯心理。可以对商品做某些改动，而不要轻易改变长期形成的习惯价格。

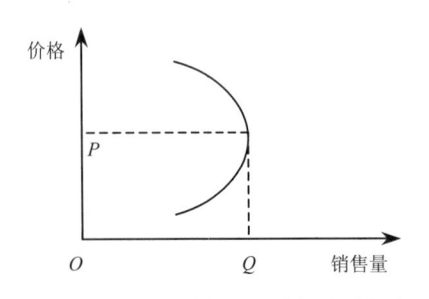

图5-2 习惯价格变动与销售关系曲线

5．声望定价策略

许多有名望的企业，尤其是生产名牌商品的企业，将价格定得稍高一些，消费者也是乐意接受的。因为消费者认为购买名牌产品这不仅可以买个放心且有一定质量保证的商品，还可以显示一下地位、身份。企业可以充分利用消费者崇尚名牌的心理，并且大都认为价格能反映出质量,高价高质。正如海尔品牌,总裁张瑞敏曾明确提出,海尔公司不打价格战,要打就打价值战。因为价格并非是吸引消费者的唯一因素,也不是最有效的因素。一件商品,只要你告诉消费者它贵在哪里,如果是物有所值的,就很可能得到了消费者的认可。正因为如此,海尔品牌得到了长远发展。

三、差别定价策略

差别定价策略是一种同种商品因条件变化而产生的需求强度差异性的定价,是一种较为灵活的定价策略。具体分为以下几种:

1. 顾客差别定价策略

顾客差别策略是同一种产品,对不同的顾客,制定不同的价格。如对新顾客、短期顾客或长期顾客制定不同的价格;对批发商和零售商制定不同的价格等。

2. 款式差别定价策略

款式差别定价策略是对同类产品种的不同款式、型号、花色等,制定不同的价格的策略。

3. 地点差别定价策略

地点差别定价策略是同一商品,在不同的地点销售,根据实际情况,制定不同的价格的策略。

4. 时间差别定价策略

时间差别定价策略是同一商品,在不同的季节或节假日,甚至翌日内不同的时点销售,灵活地制定不同的价格的策略。如有些商场的限时抢购;旅游旺季比淡季的费用要高等。时间差价主要由生产与消费、供应与需求在时间上的不平衡决定。

四、折扣定价策略

折扣定价策略是指企业为扩大销量,将商品的原有价格按降低一定比例后的价格售出的策略。这种策略可以起到刺激消费者购买欲望,增加购买或连续购买的心理作用。

在采用折扣定价策略时,折扣程度既要能引起消费者注意,又要避免造成消费者对商品质量的疑惑,同时还要注意到消费者对不同商品折扣销售会有不同的反应。例如,名牌电器产品折扣幅度降低,并不能刺激消费者的需求;而对那些折扣幅度较大的名牌产品,又可能会引起消费者对其质量及其发展的不信任感和不安全感。另外,折扣销售对不同收入水平和不同年龄的消费者,也会产生不同的影响。例如,折扣商品对低收入者影响较大,对高收入者影响较小;折扣对青年人的影响,比中老年人显得更为有效。

1. 现金折扣

现金折扣又称"付款期限折扣",即为了鼓励购买者在合同规定的付款期限内提前付款,以便及早结清货款,加快企业资金周转,减少坏账、呆账、减少资金占用,而给予购买者一定的优惠折扣。如在企业合同中,常表明"2/10,1/20,$n/30$"字样,表明在10天、20天内提前付款,分别给予2%、1%的付款优惠,超过20天,在30天内付款则全额付款。

2. 数量折扣

数量折扣指按购买数量的多少,分别给予不同的折扣,具体又分为累计数量折扣和非累计数量折扣两种。累计数量折扣指按顾客在一段时间内的购货总量计算折扣，或者由销售商规定一定时期内应达到的购买总量或购买总金额给予一定的价格上的折扣，以鼓励购买者集中向一个供应商多次进货，连续购买，建立固定的商务关系。非累计数量折扣又称一次性折扣，即按顾客一次购货的数量计算折扣，以鼓励购买者大批量购买。

3．季节折扣

季节折扣指对购买已过季或即将过季商品的顾客给予的折扣，以鼓励购买者提前购买或在淡季购买，有利于企业均衡生产、减少仓储费用，加速资金周转。如对空调、电风扇等家电产品实行的季节折扣。

折价是减价的另一种表现形式，主要有促销折让和费用折让。前者主要是给各类中间商减价，补偿他们的促销宣传费用，以鼓励他们积极开展销售推广活动。后者主要是给路程较远的购买者减价，补偿他们的运输费用，以鼓励外地顾客进货，达到拓展企业市场的目的。

五、地理性定价策略

一个企业的产品，不仅卖给当地的顾客，还会同时卖给外地的顾客。而卖给外地顾客就需要花一些运输费把产品从产地运到顾客所在地，而采用地理性定价策略就可避免过多地支出。地理性定价策略指企业对于卖给不同地区顾客的产品，分别制定不同的价格或统一的价格的策略。

1．原产地定价策略

原产地定价策略是指顾客按照产地价购买某种产品，企业只负责将这种产品运到产地某种运输工具上。交货后，从产地到目的地的一切风险和费用概由顾客承担的定价策略。如果按产地某种运输工具上交货定价，那么每一个顾客都各自负担从产地到目的地的运费，这是很合理的。但是这样定价对企业也有不利之处，距离远的顾客就可能不愿意购买这个企业的产品，而购买附近企业的产品。

2．交货定价策略

交货定价策略是指企业对于卖给不同地区顾客的某种产品，都按照相同的出厂价加相同的运费定价。也就是说，对全国不同地区的顾客，不论远近，都实行一个交货定价。这种策略的不利之处和原产地定价策略正好相反。

3．分区定价策略

分区定价策略是指把全国分为若干价格区，对于卖给不同价格区顾客的某种产品，分别制定不同的地区价格。距离企业远的价格区，价格定得较高；距离企业近的价格区，价格定得较低。这种策略弥补了前两者定价策略的不足。

4．基点定价策略

基点定价策略是指企业选定某些城市作为基点，然后按一定的产品出厂价加上从基点城市到顾客所在地的运费来定价。有些公司为了提高灵活性，选定许多个基点城市，按照顾客最近的基点计算运费。

5. 运费免收定价策略

有些企业因为急于销售或到某些地区做生意，而愿意负担全部或部分实际运费。这些企业认为，如果生意扩大，其平均成本就会降低，足以抵偿这些费用的开支。采取运费免收的定价，可以使企业加强市场渗透，并且能在竞争日益激烈的市场上站得住脚。

【项目小结】

本模块研究分析了影响电子电器产品定价的主要因素，介绍了成本定价法、需求定价法和竞争定价法三种定价方法。要学会结合实际情况制定相应的定价策略，如新产品定价策略、心理定价策略、差别定价策略、折扣定价策略和地理定价策略等。

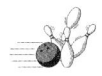

【课外活动建议】

利用周末时间到商店走一走，看看彩电等家用电器经常采用什么定价策略？

习题五

1. 简述影响电子电器产品定价的有哪些因素。
2. 简述电子电器产品的定价方法有几种。
3. 简述电子电器产品的定价策略。

实训五

通过对市场进行调查，试举几例电子电器商品的定价运用了哪些定价策略。

模块六
电子电器产品市场营销策略之三：渠道策略

在本模块的学习中，我们将一起来学习了解电子电器产品分销渠道的概念、功能、类型、分销渠道的策略类型、分销渠道的方式等相关知识；能正确分析并合理运用不同的渠道策略为企业带来竞争优势；学会合理分析并正确运用各种不同分销渠道方式及各种终端销售形式，扬长避短，应对营销市场环境的变化；学会正确分析电器产品实体分配各因素的特点及其适用范围；从而制定正确的实体分配方案。

项目一 电子电器产品分销渠道的功能和类型

【学习目标】
1. 学习了解电子电器产品分销渠道的概念、功能及其类型。
2. 学会合理运用电器产品分销渠道的功能，从而制定正确的渠道策略。
3. 能正确分析分销渠道的类型，并合理运用其关系。

【学时安排】 1 学时

【知识模块结构图】

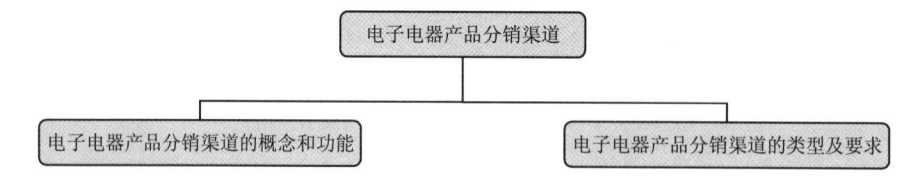

```
              电子电器产品分销渠道
                    │
         ┌──────────┴──────────┐
电子电器产品分销渠道的概念和功能    电子电器产品分销渠道的类型及要求
```

【营销案例导入】

深度分销像春潮一样涌动到各大家电品牌的门前，势不可挡。中国家电渠道在经历了多次剧烈变革后，2007 年把"深度分销"这个新主题推向一个新的高潮，格力、格兰仕、美的、威力等家电品牌，纷纷将目光聚集在渠道改革上，改革分销渠道在今天被提到前所未有的战略高度。

【基础理论知识介绍】

一、电子电器产品分销渠道的概念和功能

1. 电子电器产品分销渠道的概念

在现代经济中，绝大多数企业都不是将其电子电器产品直接销售给用户或消费者，而是

通过一系列的中间商，实现电子电器产品在生产者和消费者之间的转移。电子电器分销渠道含义有两层。

（1）电子电器产品在营销中所经过的路线，构成了电子电器产品分销渠道，也称营销渠道。

（2）分销渠道是指实现电子电器产品从生产者向消费者转移的所有组织和个人。

凡是在将电子电器产品及其所有权向最终消费者转移过程中，承担若干工作的中间环节都构成一个层次。不同层次的多少表示渠道的长度，最短的可使电子电器产品从生产者直接抵达最终用户；最长的要经过进口商、批发商、零售商等诸多层次，才能使电子电器产品抵达最终用户。同一层次环节的多少表示渠道的宽度。分销渠道的管理是市场营销管理的关键所在，忽视渠道战略，企业的竞争能力将会下降。

2．电子电器产品分销渠道的功能

电子电器产品分销渠道的基本功能是把电子电器产品从生产者手中转移到消费者的手中，其目的主要在于消除电子电器产品、服务与它们的使用者之间存在的差距。这种差距具体表现在时间、地点和所有权等方面，为了弥补这些缺口，需要分销渠道各成员的共同努力。

具体而言，分销渠道的主要功能有几种：调研、促销、联系、配合、谈判、实体分配、融资、风险承担。

（1）调研：为了制定计划和促进交换收集必要的信息。

（2）促销：进行关于所供应电子电器产品的说服性沟通。

（3）联系：寻找潜在的购买者，并与之进行沟通。

（4）配合：按照购买者的要求相应地调整供应物，包括整理、分等、分类、装配、包装等活动。

（5）谈判：为了实现电子电器产品所有权的转移，而就电子电器产品的价格和其他条件达成最终协议。

（6）实体分配：从事电子电器产品的运输、储存等活动。

（7）融资：为了负担渠道工作所需要的费用而进行资金的取得和支出。

（8）风险承担：在执行渠道工作的过程中承担有关的风险。

> **想一想**：在这8项功能中，前5项是为了帮助达成交易，后3项是为了完成已经达成的交易，它们均是分销渠道的重要功能，因此必须由渠道成员予以执行。但是每一功能又由谁来具体执行呢？如果是生产者执行这些功能，其成本就会增加，从而使电子电器产品的价格最终上升；如果把一些功能转移给中间商，生产者的费用和电子电器产品的价格下降了，但中间商的费用支出必然增加了。因此，由谁来执行分销渠道的功能则是企业分销决策中的一个重要问题，在制定具体的策略时，企业要优先考虑效率和效益原则。

二、电子电器产品分销渠道的类型及要求

1. 基本分销渠道关系

基本分销渠道关系如图 6.1 所示:
(1) 制造商(生产企业),是指创造电子电器产品的企业。
(2) 零售商,是分销渠道中最靠近消费者的一环,它利用各种购物环境,把不同制造商的电子电器产品提供给消费者。
(3) 批发商,曾经是渠道的主导,它们通过设计和发展渠道将许多零售商和制造商的活动连接起来。
(4) 消费者(最终用户),是整个分销渠道的终点。制造商、批发商、零售商的诸多努力都是为了满足消费者的需要,实现电子电器产品的销售,从而最终实现各自的盈利。

图 6.1 基本分销渠道关系图

2. 电子电器产品分销渠道的类型及要求

按照分销渠道中是否需要中间商的参与,可以把分销渠道分为直接渠道和间接渠道。直接渠道也称零层渠道,是指生产者直接把电子电器产品卖给消费者或最终消费者,在电子电器产品从生产者向消费者转移的过程中,不需要任何中间商的参与。间接渠道是指电子电器产品从生产者转移到消费者的过程中有中间商的参与的渠道。

基本分销渠道的结构类型有以下几种形式:

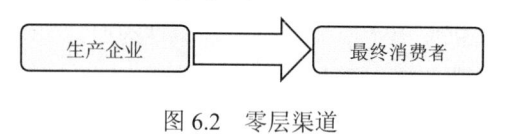

图 6.2 零层渠道

这种形式也称零层渠道(见图 6.2),它是一种最短、最简单的销售渠道。没有中间商,消费品的生产企业派推销员直接与顾客接触,拜访客户,通过诸如邮购、电话销售、上门推销、电视直销、网上销售、生产单位自己开办销售处等方法,把本企业的电子电器产品直接销售给最终用户。

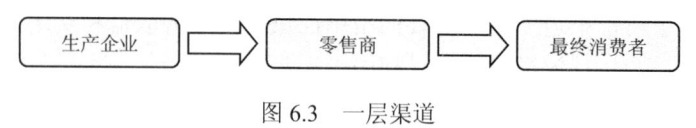

图 6.3 一层渠道

这种形式也称一层渠道(见图 6.3)。生产者直接把电子电器产品供应给零售商,然后再由零售商将电子电器产品分销给消费者。目前,国外一些大型百货商店、超级市场、连锁商店都有自己的采购中心或进口部,进口后自己再销售。

图 6.4 二层渠道

这种形式也称二层渠道(见图 6.4)。生产者直接把电子电器产品供应给批发商,然后由批发商将电子电器产品分销给零售商,再由零售商将电子电器产品分销给消费者。如果生产企业对外出口,这里批发商有时又是进口商,从而减少了进口商这个环节。

生产企业 ⇒ 批发商 ⇒ 中转商 ⇒ 零售商 ⇒ 最终消费者

图6.5 三层渠道

这种形式也称三层渠道（见图6.5）。这是传统的分销渠道模式。因为它适应国际营销的发展需要，所以仍具有很明显的优势。特别是一些小型企业和中间商都将此种模式看做是可行的渠道模式。

> **小贴士**：有许多跨国公司在同一个市场上同时使用两种或两种以上分销渠道。他们多采用以下几种模式：
> （1）直接通过自己的零售店出售电子电器，或是在百货商店等租赁铺面销售自己的电子电器产品；
> （2）把自己的电子电器产品卖给进口商，由进口商卖给批发商或直接卖给零售商；
> （3）把电子电器产品卖给大零售商，并由这些大零售商遍布全国各地的商店直接销售。

项目二 电子电器产品分销渠道的选择决策

【学习目标】

1. 了解电子电器产品分销渠道选择策略的影响因素。
2. 学习并掌握电子电器产品分销渠道的策略类型。
3. 能正确分析分销渠道的策略类型，并合理运用不同的渠道策略为企业带来竞争优势。

【学时安排】 2学时

【知识模块结构图】

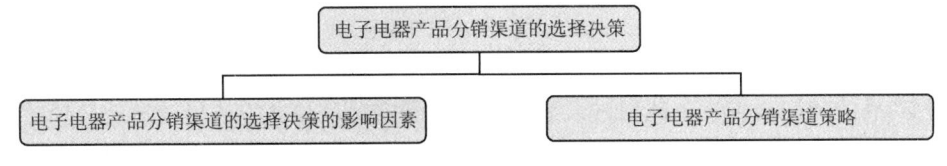

```
            电子电器产品分销渠道的选择决策
                    │
       ┌────────────┴────────────┐
电子电器产品分销渠道的          电子电器产品分销渠道策略
选择决策的影响因素
```

【营销案例导入】

"拥有好的产品不一定能称霸市场，相反，有能力管理不同渠道及其带来的经验和关系，才能是自己与众不同，脱颖而出"。细细品味营销学者Steven Wheeler、Evan Hirsh说过的话，真正是意味深长。

互联网时代的到来，信息的公开化，信息透明化程度越来越高，信息传播的速度越来越快，信息传播得越快，市场的竞争就越激烈，渠道作为企业必不可少的外部资源同样面临市场巨变带来的压力。方便、快捷、高效、高性价比成了消费者选购产品的特征，消费者的消费动机更科学、更成熟。所有这一切变化，对企业的营销渠道战略提出了新的挑战。因此，如何设计出和控制能够适应时代发展、具有持续竞争力的渠道策略是企业在市场竞争中成败的关键所在。

【基础理论知识介绍】

一、电子电器产品分销渠道的选择决策的影响因素

企业可选择的营销渠道有很多种类型，那么，对各个企业来说，在设计市场营销渠道时就不得不认真选择建立理想、可行而且实用的渠道。企业在选择营销渠道时，应综合考虑许多因素，如电子电器产品特征因素、市场因素、企业自身因素、国家政策因素、企业营销策略因素等。其中，电子电器产品特征因素在确立主渠道时起着非常重要的作用。而企业的电子电器产品并非一种，它是由种类、型号、规格很多的电子电器产品形成电子电器产品组合。具体来说，影响电子电器产品分销渠道选择的因素有以下几种。

1．市场因素

市场的状况是影响企业分销渠道选择的关键因素。市场中潜在消费者的数量、地理分布、消费者的购买习惯、购买频率、平均购买数量、消费的季节性等因素不同，分销渠道的选择也会有所不同。

（1）当市场的规模较大，潜在消费者的数量众多且分布集中时，可以选择较宽、较长的分销渠道，增加产品市场覆盖率，以满足众多消费者购买电子电器产品的需求；

（2）如果消费者购买量小，但购买频率较高，企业应该选择长渠道，因为少量而频繁的订货使交易成本上升，长渠道可以分摊成本；

（3）当市场竞争激烈时，为了增强消费者接触电子电器产品的次数，宜选择较宽的分销渠道。

2．电子电器产品因素

电子电器产品的单位价格、产品的体积与重量、电子电器产品的式样和款式、电子电器产品的易毁性、电子电器产品的技术与服务、电子电器产品的标准性与专用性、电子电器产品的寿命周期、电子电器产品的季节性等因素都将影响电子电器产品分销渠道的决策选择。

（1）电子电器产品的单位价格。一般来说，电子电器产品单价越低，分销渠道应越长；反之，电子电器产品单价越高，分销渠道应越短。

（2）产品的体积与重量。体积过大或过重的电子电器产品，应选择较短的分销路线，最好是采用直接分销渠道；体积小而轻的电子电器产品，数量较多时，有必要设置中间环节。

（3）电子电器产品的式样和款式。对于那些样式变化快、时尚程度较高的电子电器产品，应尽可能地缩短分销路线，减少分销环节，以免电子电器产品过时而造成的产品积压。

（4）电子电器产品的易毁性。如果产品容易损坏，应采取较短的分销路线，以求尽快地把产品送到消费者手中。

（5）电子电器产品的技术与服务。对于技术性较强而又需要提供售前售后服务的电子电器产品，如耐用消费品和多数工业品，应尽量减少中间环节或采用直接式销售。

（6）电子电器产品的标准性与专用性。通用的、标准的电子电器产品，因具有明确统一的规格和质量，可以间接式销售；专用电子电器产品，例如专用设备、特殊品种规格的电子电器产品，一般需生产者和用户直接面议质量、规格等要求，签订供货合同，采取直接式销售，而不宜经过中间商进行销售。

（7）电子电器产品的寿命周期。处于介绍期的新电子电器产品，企业为了尽快打开销路，

通常采用强有力的手段去占领市场。为此，企业不惜花费大量资金，组成推销队伍直接向消费者出售电子电器产品，在情况许可时，也可考虑利用原有的分销渠道。成熟期的电子电器产品，大批量投入市场，则需要通过中间环节进行销售。

（8）电子电器产品的季节性。季节性强的电子电器产品，应充分发挥中间商的作用，以便更好地推销产品。

3．企业自身因素

企业自身的特性也是影响渠道选择的主要限制因素。这些特性主要有企业的规模、资源、电子电器产品组合以及企业所采取的营销策略等。

（1）企业的规模决定了市场的范围、所需要的中间商的规模及与中间商合作的制约力。大规模的企业要选择具有相应实力的中间商来经销电子电器产品，同时也会因为自身的实力而在挑选中间商时有较大的选择余地。

（2）企业的资源决定了企业所能承担的营销功能和中间商所承担的营销功能。如果企业有足够的资源来自己建立销售网，并且有丰富的销售经验和较强的管理能力，企业可以选择较短的分销渠道。如果企业的财务能力比较薄弱，则只能依靠中间商经销电子电器产品。

（3）企业的电子电器产品组合也会影响渠道的选择。电子电器产品组合越广，企业和消费者直接接触的能力就越大。电子电器产品组合越深，企业采取独家经销或少量有选择的代理就越有利。电子电器产品组合的关联性越强，就越应该采取性质相同或相似的分销渠道。

（4）渠道的选择还取决于企业对渠道控制的态度。如果企业要想有效地控制消费者面临的电子电器产品价格和质量，加强渠道管理，建立市场信誉，有效地进行销售活动，往往愿意花费更多的直接销售费用，采取短渠道分销。

4．竞争因素

企业分销渠道的选择受到竞争者使用的渠道的制约。有的生产者希望进入和竞争者相同或相似的经销渠道，以和竞争者的电子电器产品相抗衡。

> 小贴士：竞争者分析主要分析以下几项内容。
> 竞争者的渠道战略（直销、总经销、独家经销、密集经销、独家代理、特许经营或其他）；
> 竞争者的渠道战略意图（增加销量、提高市场占有率、独占市场、制造声势或其他）；
> 竞争者的渠道优势与劣势（是否存在自己学习的优点？是否存在可供进攻的薄弱环节和漏洞，例如伙伴关系是否密切等）；
> 竞争者的渠道结构及产品辐射分布地区；
> 竞争者反击的可能性及力度。

5．中间商因素

企业在进行渠道选择时要考虑不同类型的中间商在执行营销职能时的优势和劣势。相同的中间商在执行不同的营销职能，如运输、广告、储存、消费者服务职能时，有各自的优点和缺点。企业要根据中间商承担的各项职能来具体确定渠道的中间环节。

6．环境因素

当经济不景气时，生产者都希望以最经济的方法、最低的成本将电子电器产品推入市场，以保证消费者能以较低廉的价格买到该电子电器产品。这就意味着会采取较短的分销渠道，而取消一些非本质性的、会提高电子电器产品售价的服务。

二、电子电器产品分销渠道策略

企业可以通过渠道的建立与管理来发展和保持长期的竞争优势。有 8 种不同的渠道策略能为企业带来竞争优势。如图 6.6 所示。

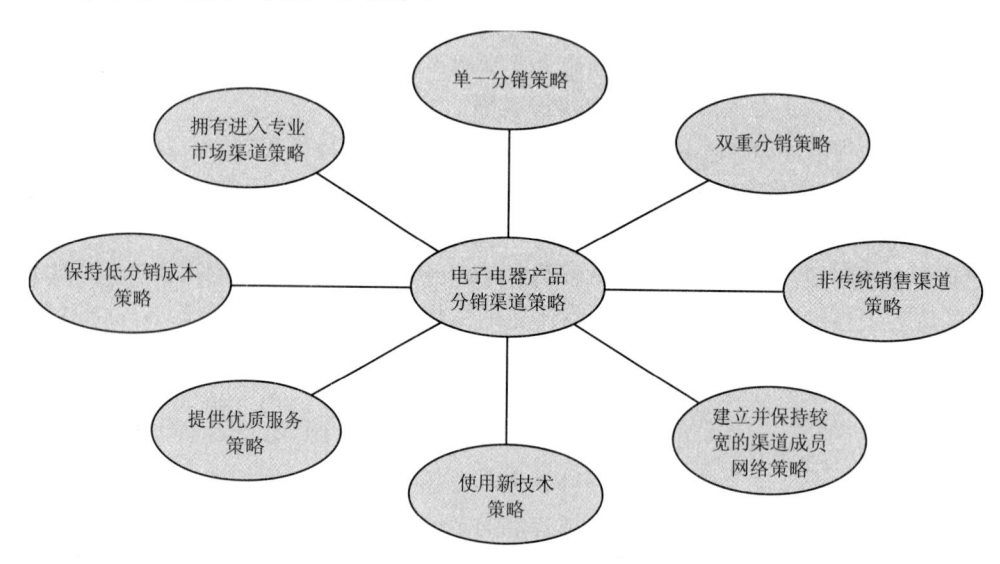

图 6.6　8 种不同的渠道策略

1．单一分销策略

单一分销促使完全服务性的中间商向顾客提供高水准的服务。单一分销让分销商放心地开发自己辖区内的市场，而不必担心会有其他批发商和零售商来争夺自己辛辛苦苦开拓出来的市场。通过单一分销，公司能与分销商尽力并保持长期的亲密合作关系。

> **你知道吗？** 东芝在进入美国市场的早期，将电子电器产品的 80%交给史勒伯百货连锁店销售。这说明，在单一分销这种策略下，公司在某市场上的成功必须依赖于其中间商的成功。

2．双重分销策略

制造商往往通过两条以上竞争的分销通路销售同一商标的货物，或销售两种商标的、基本相同的电子电器产品。制造商使用双重分销策略，比使用单一渠道更能实现更深的"市场渗入"。

3．非传统销售渠道策略

网上直销、电视直销等属于非传统销售渠道策略，非传统销售渠道使得消费者能在方便的地方购买电子电器产品和得到相应的服务。

4．建立并保持较宽的渠道成员网络策略

为建立并保持比较宽的渠道成员网络，企业要使用地区性和全国性的广告，并创立和维持一个地区性的或全国性的品牌形象，还要提供整个市场范围一定水平的满意服务。

5．使用新技术策略

企业通过使用高新技术来取得并保持竞争优势。企业采用计算机技术保持最新的电子电器产品目录，分离畅销品和滞销品以及针对有选择的目标顾客进行促销等。自动化仓库能够减少依单发货中的错误，加快运送，降低劳动力成本。

6．提供优质服务策略

企业通过提供优质服务能建立并保持长久的竞争优势。优质服务的典型例子就是更快地运输、保留顾客服务记录、以现有的存贷满足95%以上的顾客订货、拥有较多品种和规格的电子电器产品库存以及现场设备维修等。

7．保持低分销成本策略

建立在低成本上的分销策略是企业能够赢得需求弹性大的市场部分，将费用节约的好处让给消费者，并通过挑战竞争对手的价格而获得满意的利润。例如：企业可以通过自动化（订货、仓储和记账的自动化），租用低租金的设备（作为展厅、仓库和零售店），将提供给顾客的服务减至最少（如通过自选购物、目录销售或对运输、设备安装和修理等吸收额外费用）等方法来降低其成本。

8．拥有进入专业市场渠道策略

没有通向专业市场的通路，企业就不得不想办法将它的电子电器产品和服务推向更大范围的市场，这会造成企业巨大的浪费。

项目三　电子电器产品的分销渠道方式

【学习目标】

1. 学习了解电子电器产品分销渠道的方式。
2. 学会合理分析电器产品各种分销渠道方式的利弊及优缺点。
3. 能正确运用各种不同分销渠道方式，扬长避短，应对营销市场的变化。

【学时安排】　2学时

【知识模块结构图】

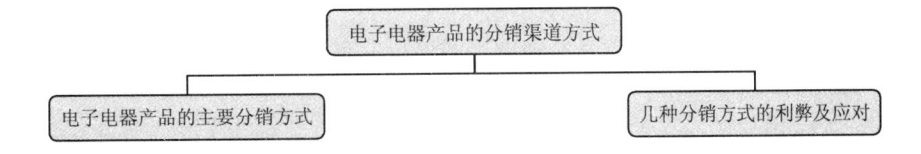

```
              电子电器产品的分销渠道方式
                /                    \
   电子电器产品的主要分销方式      几种分销方式的利弊及应对
```

【营销案例导入】

当时代的车轮驶入到21世纪，伴随着中国经济的蓬勃崛起，中国本土家电市场正由先前的以产品为导向的"产品竞争时代"向以服务为代表的"服务竞争时代"转变。在这个过程中，家电企业产品本身之间的差异越来越小，而越来越多的家电企业变革都以围绕如何能快速方便地将产品送达顾客的手中,提高本企业在激烈竞争环境中的市场占有率为中心展开。在此前提下,有的厂商选择了"渠道为王",将渠道重心下沉,优化渠道效率的策略;有的选择了"终端为王",广开网点的策略;有的选择了利用传统大卖场的强势,期望快速走货的策略等。

【基础理论知识介绍】

一、电子电器产品的主要分销方式

一种电子电器产品的销售可以通过许多不同的分销渠道进行,这些渠道的层次和数目又有很大的区别。

> **你知道吗?** 作为批发商和零售商在电子电器产品的转移过程中,实际拥有电子电器产品的所有权,而代理人和经纪人在电子电器产品的销售过程中,并不直接拥有电子电器产品的所有权,但是他们帮助完成了电子电器产品的交易活动,在电子电器产品所有权转移中充当的是不可缺少的角色,因此属于间接拥有电子电器产品的所有权,它们都是分销渠道的一个层次。

所谓渠道层次是指电子电器产品在从生产者转移到消费者的过程中,电子电器产品所经过的每一个直接或间接拥有其所有权的机构。例如,批发商、零售商、代理人、经纪人等。

1. 直接渠道和间接渠道(见图 6.7)

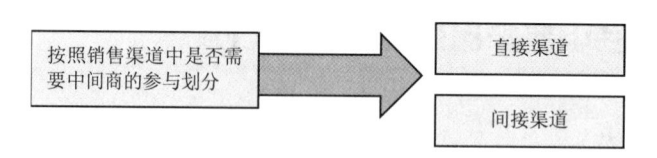

图 6.7 直接渠道和间接渠道

直接渠道是指生产者直接把电子电器产品卖给消费者或最终用户,在电子电器产品从生产者向消费者转移过程中,不需要任何中间商的参与的渠道层次。

直接渠道的主要分销方式有以下 6 种。

(1) 企业直接接收用户的订货,按照合同或协议书销售。这主要是针对大型工业品的分销方式,少量的消费品也可以采取这种方式。

(2) 利用广告推销,直接通过广告媒体向消费者介绍电子电器产品,通过邮递提供电子电器产品或直接向消费者提供电子电器产品。

(3) 通过邮递电子电器产品目录给消费者或经过选择消费者,直接接受订单,直接向消费者提供电子电器产品和服务,这种方式的优点是经济灵活。

(4) 直接派出销售人员上门销售,即所谓的"直销",让销售人员主动接近消费者,进入消费者的家中或办公室等地,向消费者面对面地推销电子电器产品。这种方式比较灵活,可以有针对性地解决消费者的疑虑,促进交易的达成,而且可以同时进行市场的调查研究,提供电子电器产品咨询服务,并与消费者建立良好的关系。

(5) 传统的店铺销售。很多企业都在消费者集中的地方,自己设立零售店或销售机构,有的企业是在生产现场设店销售。这是一种"守株待兔"的销售方法,很多企业都普遍采用这种方法，因为这些自设的销售点不仅可以销售电子电器产品，也可以使企业了解市场的动向，掌握市场行情。

（6）参加各种展销会或订货会，和用户直接签订销售合同。

间接渠道是指电子电器产品从生产者到消费者的过程中有中间商的参与的渠道。即分销渠道除了两端的生产者和消费者之外，还有中间环节处于其中。这里的中间环节可以是零售商、批发商或代理商等，可以有一层中间商或多层中间商。

2．长渠道和短渠道（见图6.8）

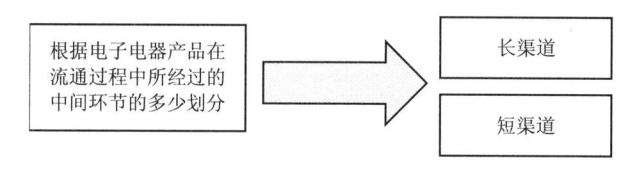

图6.8　长渠道和短渠道

当然，长短只是相对而言，没有绝对的划分标准。一般把拥有两层或两层以上中间环节的分销渠道称为长渠道，没有或只有一层中间环节的分销渠道称为短渠道。最短的渠道是直接渠道，没有任何中间环节，因此也称为零层渠道。

3．宽渠道和窄渠道（见图6.9）

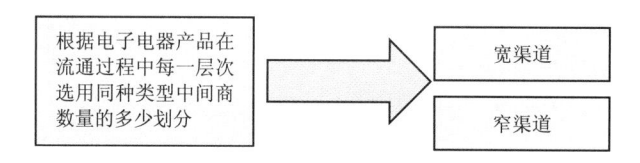

图6.9　宽渠道和窄渠道

当然，宽和窄也是相对而言的，企业具体选择宽渠道还是窄渠道分销，取决于电子电器产品的属性和企业的发展策略。例如，生产便利品的企业通常选择较多的批发商和零售商共同组成其分销渠道，以使分散的消费者能够方便地购买电子电器产品；而生产特殊品的企业往往在一个地区选择较少的经销商经销电子电器产品，因为目标消费者不管其所处位置的远近都会前去购买。前者属于宽渠道分销，因为同一层次有很多的同类的中间商；后者为窄渠道，每一层次中间商的数目相当少。

二、电子电器产品的几种分销方式的利弊

1．直接渠道

由于不经过任何中间商，通过直接渠道进行销售有很多优点：

（1）生产者和消费者直接接触，有利于生产者及时、迅速、全面、具体地了解消费者的需求以及市场的变化情况，从而能够及时地调整企业的生产经营策略；

（2）能够为消费者提供良好的售前、售中和售后服务，能够提供良好的咨询服务；

（3）由于销售环节减少到最少，电子电器产品可以很快地送到消费者手中，从而简化了电子电器产品的流通过程，缩短了流通时间，使流通费用得以降低；

（4）生产者直接销售，有利于对电子电器产品价格的控制，有利于企业进行低价竞争；

（5）销售款返回迅速，加快了企业的资金周转速度；

（6）企业在销售过程中，不涉及其他的分销渠道成员，因此可以避免渠道成员目标不一致或行动不协调所引起的问题和麻烦。

直接渠道销售也存在一些缺点，主要表现为以下 4 点。

① 生产者要设立自己的销售机构，会相应地增加各种销售费用；

② 生产和销售是两种不同的职能，各有自己的工作特点和工作方式，企业进行直接销售容易分散生产者的精力，从而最终影响到企业的生产工作；

③ 生产者自身的销售力量总是有限的，只依靠直接渠道进行销售不利于市场的扩大；

④ 生产者从事销售要相应地增加产品库存，占用流动资金，而且电子电器产品库存集中在生产者手中，当市场环境发生不利变化时，生产者要承担较大的营销风险。

2．间接渠道

间接渠道由于有中间商的参与，因此也表现出一定的优点：

（1）生产厂商不需要与大量的消费者直接接触，只需要面对数量有限的中间商，可以节省在销售上的费用；

（2）可以借助中间商的声誉和经验，提高产品的市场占有率；

（3）由于中间商具有挑选、整理、分类、装配、加工能力，可以把生产中的一些简单工作转移到中间商的手中，从而减少生产工序；

（4）中间商的介入也可以起到方便消费的作用，适应消费者的需求；

（5）中间商拥有庞大的销售网络，能够掌握市场动态，具有较强的引导消费和反馈市场信息的能力。

间接渠道的缺点表现在：

① 中间商的介入，相应增加了销售环节，从而使销售费用有所上升，使消费者面临电子电器产品价格上升的事实，使电子电器产品从生产者到达消费者经过的时间增加；

② 中间商掌握的维修、安装技术有限，对电子电器产品的生产过程和技术性能不是很了解，只能向消费者提供有限的售前、售中和售后服务；

③ 中间商的介入使生产者对于销售渠道的影响被削弱，弱化了生产者和消费者之间的联系，各种市场信号在传递过程中可能会被扭曲或失真，从而影响企业营销计划的效率。

3．长渠道

长渠道一般都是由批发商和零售商组成的，渠道长，分布密，可以有效地覆盖市场，从而扩大电子电器产品的销售范围和销售规模。但销售环节多，会增加销售费用，使电子电器产品价格相应提高，影响了电子电器产品的竞争力。长渠道中间环节多，使信息反馈变得慢而失真率高，妨碍企业的有效决策。中间商增多，使生产者和中间商、中间商和中间商之间的关系更复杂，建立密切的合作关系也显得更加重要。

4．短渠道

短渠道由于环节少，电子电器产品流通时间短、费用省，可以增加电子电器产品的竞争力，信息反馈迅速，生产者和中间商之间容易建立直接、密切的合作关系。但是由于渠道短，难于向多个市场范围扩展，市场覆盖面小。同时，短渠道使得渠道分担风险的能力下降，增加了生产者的风险。

> **想一想**：请你说说看，结合前面的分析，你也来分析一下，宽渠道和窄渠道的优缺点。

项目四　电子电器产品的终端销售形式

【学习目标】

1. 学习了解电子电器产品有哪些终端销售形式。
2. 学会合理分析电器产品各种终端销售形式的利弊。
3. 能正确运用各种不同的终端销售形式，扬长避短，应对营销市场环境的变化。

【学时安排】 2学时

【知识模块结构图】

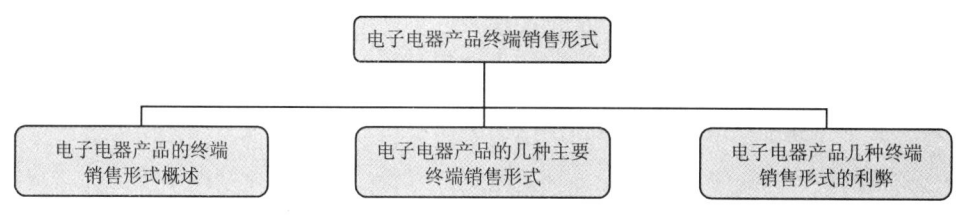

```
           电子电器产品终端销售形式
          ┌──────────┼──────────┐
    电子电器产品的    电子电器产品的几种主要    电子电器产品几种终端
    终端销售形式概述    终端销售形式        销售形式的利弊
```

【营销案例导入】

2000年沸沸扬扬的彩电价格同盟，没有在理论家和媒体发起的潮水般的舆论压力面前低头，甚至没有在政府有关部门的指责声中有所收敛，但却最先被以前闻所未闻的一家商业公司"击溃大坝"。这家公司就是国美。国美当时是一家家电专营公司，在京津沪设有几十家连锁家电专卖店，而且还准备设立更多的连锁店，它在部分地区的市场份额已经超过50%。事实很清楚，国美是一家超级终端。它的规模虽然还不足够大，但相比其他家电经销商，它已经成为一个庞然大物。正是它成了2000年彩电大战的启动器，而以前的彩电价格战，通常是由长虹、康佳这样的行业龙头企业发动的。现在，制造业的龙头们开始尝到了受制于超级终端的滋味了。

【基础理论知识介绍】

一、电子电器产品的终端销售形式概述

一般来说，电子电器产品只有经过零售商才最终完成从生产领域经过流通领域的运动过程。简单地讲，零售商是指将电子电器产品和服务直接销售给最终消费群体的企业，也称为电子电器产品终端销售企业。

> **小贴士**：零售商的职能可以用五个"合适"来说明，那就是，合适的电子电器产品、合适的地点、合适的时间、合适的价格、合适的数量。

零售商与批发商的本质区别在于它面对的是个人消费者市场，是整个营销渠道系统的出口，是电子电器产品流通的最后环节。因此，零售商常常比批发商更多地得到消费者的信任。在营销渠道日益缩短、终端销售越来越受到关注的潮流下，零售商在渠道中的地位似乎越来

越重要。

> **知识链接**：上海人比全国其他地区的人更早地感受到超级终端的威力。上海的零售商业，早已是超级终端的天下。沃尔玛、家乐福、麦德隆等世界超级终端挺进中国，联华超市、华联超市、农工商超市等国字号的超级终端早已在上海扎根。日用消费品如果进入上海市场，要想回避这些超级终端几乎是不可能的。现在，越来越多的超级终端正在兴起，超级终端时代正在来临。

二、电子电器产品的几种主要终端销售形式的利弊

零售业的分类多种多样。改革开放前直到20世纪80年代，中国的零售业根据经营电子电器产品的品种范围和规模大小可分为百货商店（又分大、中、小）、专业店（如纺织品、文化用品、五金、交电等），副食品店（以生鲜食品、调味品为主）及分散于居民住宅区的杂货店，还有分布于城乡的个体小电子电器产品市场和农副电子电器产品集贸市场。实际上，按经营的品种分类有它的局限性。从20世纪80年代中后期开始，特别是近几年，西方国家的主要零售经营形式被大量引进中国，与中国原有的零售形式相结合，正在改变着中国零售业的面貌，传统的按经营电子电器产品品种范围划分零售的意义和重要性下降。为了帮助企业选择适当的零售经营形式，首先要了解零售经营形式都有哪些。

按零售经营形式划分，通常将零售业分为有店铺的商店零售商、非商店零售以及合作零售组织，它们各自又有多种经营形式。

1. 商店零售商

现代社会里，消费者在购买电子电器产品与接受服务时，有广泛的商店选择余地。如今，西方国家某些最重要的零售店类型主要有：专业商店、百货商店、超级商店、便利商店、折扣商店、廉价零售店、超级商店和样品目录室等（见表6.1）。

表6.1 主要零售商店类型

类　型	描　述	例　子
专业商店	经营一条窄产品线，该产品线所含的品种较多，专业商店可按其电子电器产品线的宽度再进一步分类。一些分析家认为，在未来，超级专业商店的成长将最快，它在市场目标的制定和专业化方面将获得很多机会	国美家电器商店、照相器材专业商店等
百货商店	一家百货商店要经营几条电子电器产品线，通常有服装、电子电器和日常用品，每一条线都作为一个独立的部门，由一名进货专家和专家管理	第一百货商店、华联商厦、东方商厦、太平洋百货、西单百货商店、西尔斯（美国）等
超级市场	一种相对规模大，低成本、低毛利，高销售量，自助服务式，为满足消费者对食品和日用品的种种需求服务的零售组织。超级市场的经营利润仅占其销售额的1%。虽然存在新的强有力竞争者，如超级商店和折扣商店，超市仍是零售商店中保持了最频繁购买物品的商店	华联超市、家乐福超市、万客隆超市、亿客隆超市等
便利商店	商店相对较小，位于住宅区附近，24小时营业，并且经营周转快的方便产品，但是其经营的产品种类有限。这类商店营业时间长，主要满足顾客的不时之需，产品的价格则相对高些，然而，他们满足了一种重要的消费需要，看来人们是愿意购买方便品的	小豆苗便利店、良友便利店等

续表

类 型	描 述	例 子
折扣商店	出售标准产品,价格低于一般商店,毛利较少,薄利多销,销售量较大,真正的折扣商店用低价定期的销售其产品,提供最流行的全国品牌。早期的折扣商店几乎都是设在租金低而交通集中的地区的仓库中发展起来的。他们大量削减价格,广作宣传。经营宽度和深度适当的品牌电子电器产品。折扣零售已经超越了一般电子电器产品领域而进入了特殊电子电器产品领域。如立体声设备折扣商店、折扣书店等	沃尔玛、凯马特(美国)、麦德隆、特殊品折扣商店、折扣书店等
廉价零售商	购买低于固定批发商价格的电子电器产品并用比零售商更低的价格卖给消费者,他们用低价从制造商或其他零售商处进货。有3种主要的廉价零售商——工厂门市部、独立廉价零售商和仓库或批发商俱乐部	
超级商店	平均面积3.5万平方英尺(1平方英尺=0.0929平方米),主要满足消费者在日常购买的食品和非食品类产品的全部需要,它们通常提供服务、修理、支票兑换和付账等服务,近年来,这种实际上的巨级专业商店比超市有更多的优点,所以被称为"类目杀手",它拥有特定的产品线,门类繁多的知识型的职员。这种形式的种类有综合商店和巨型超级市场	

2. 非商店零售

虽然大多数货物和服务是由商店销售的,但是非商店零售比商店零售发展的速度要快。非商店零售有四种类型:直接推销、直接营销、自动售货和购物服务(见表 6.2)。一些观察家认为,21 世纪通过邮购、电视直销和通过因特网的计算机购物的方式将会取得更大的发展。

表 6.2 非商店零售的主要类型

类 型	描 述	例 子
直接推销	直接推销方式始于几个世纪以前,从最初的叫卖发展而来,现在已经成为一个 90 亿美元的行业,有 600 多家公司在挨门挨户推销,或者上办公室推销,或者在家庭推销会上推销(这里不包括企业对企业的推销),直接推销有三种形式:一对一推销、一对多(聚会)推销和多层次(网络)营销	安利公司
直接营销	起源于邮购和目录营销,但今天还包括了其他能接触人的营销形式,如电话营销、电视直销以及网上营销	家庭购买网络和 QVC 网络(电视直销)等
自动售货	已经用于多种产品,包括带有很大方便价值的冲动型产品和其他产品。在日本,售货机更先进,遍及工厂、办公室、大型零售店以及其他许多地方。售货机向顾客提供了 24 小时销售服务、自我服务等	可口可乐售货机、日用品售货机等
购物服务	它是指一种为特定委托人服务的无店零售方式,这些委托人通常是一些大型组织,如学校、医院、协会和政府机构的雇员。这些组织成员就成为购物服务组织的成员,有权向一组选定的零售商购买商品,这些零售商同意给予购物服务组织成员一定的折扣。例如一位顾客要一架录像机,可以到购物服务组织处拿一张表格,然后把它带到一家与该组织约定的零售商那儿,就能买到一架给予折扣的录像机。零售商再付给购物服务组织一些小额费用,酬谢其提供的购物服务	美国联合购物服务组织(向它的 90 万成员提供了按"成本加8%"购买电子电器产品的机会)等

3. 合作零售组织

尽管许多零售商店拥有独立的所有权,但是越来越多的商店正在采用某种零售合作形式。零售组织有规模经济效应,例如更大的采购能力,更广泛的品牌认知和训练有素的员工。

合作零售的主要形式有公司连锁商店、资源连锁店、零售商合作组织、特许经营组织和商业联合大公司（见表6.3）。

表6.3 合作零售组织的主要类型

类 型	描 述	例 子
公司连锁	两个或两个以上的商店同属一个所有者所有和管理，经销同样的产品，有中心采购部和产品部，甚至连商店建筑业可以采用统一的基调。公司连锁已在各类零售经营业中出现，但在百货商店、综合商店、食品商店、药店、鞋店、电子电器和妇女服装商店的力量最强。其规模容许它们以低价大量采购。连锁组织能够聘用优秀管理人员，在定价、产品宣传、推销、存货控制和销售预测等领域实现科学管理	华联连锁超市、凯玛特连锁店（美国折扣商店）、西尔斯连锁店（美国百货商店）
资源连锁店	由某个批发商发起，若干个零售商参加的组织，从事大规模购买和统一买卖	经营电子电器产品的独立商联盟
零售商合作组织	有若干个零售商组成，他们成立一个中心采购组织，并且联合进行促销活动	
特许经营组织	指特许人（一家制造商、批发商或服务组织）和被特许经营人（在特许经营系统中，购买拥有或者经营其中一个或几个单元的独立的生意人）之间的一种契约性联合。特许经营组织通常是以某种独一无二的产品、服务或者经营方式，或者一个商标，或者一项专利，或者特许人的声誉为基础。快餐、音像商店等其他几十个产品和服务业主要使用特许经营这一方式	
商业联合大公司	有几种不同的零售业务和形式联合组成的所有权集中的松散型公司组织，组织内各零售商的分销和管理职能实行若干程度的一体化	美国的F.W.华尔兹公司

三、电子电器产品几种终端销售形式的利弊

几种终端销售形式的利弊及应对，如表6.4所示。

表6.4 几种终端销售形式的利弊及应对

类 型	利 弊	应 对 方 法
专业商店	电子电器产品规格齐全，但电子电器产品类别受限制	增加电子电器产品种类，扩大经营范围
百货商店	电子电器产品种类齐全，但电子电器产品规格受到限制	增加电子电器产品规格，更新电子电器产品，加速电子电器产品换代
超级市场	电子电器产品价格低，但电子电器产品规格和种类不如专业商店	增加电子电器产品规格，更新电子电器产品，加速电子电器产品换代
直接营销	信息畅通，费用低廉，但管理有待提高	建立和加强管理机制，提高服务质量
购物服务	电子电器产品种类较齐全，价格相对较低，但电子电器产品的范围有待扩大	沟通信息，建立大范围的成员网络
零售商合作组织	电子电器产品种类齐全，经营范围广，但要加强组织内部的合作关系	强化组织管理，扩大经营范围

项目五　电子电器产品的实体分配

【学习目标】

1. 学习了解电子电器产品实体分配的含义及其应考虑的因素。

2. 学会正确分析电子电器产品实体分配各因素的特点及其适用范围，从而制定正确的实体分配方案。

3. 能正确确定最佳存货量。

【学时安排】 1学时

【知识模块结构图】

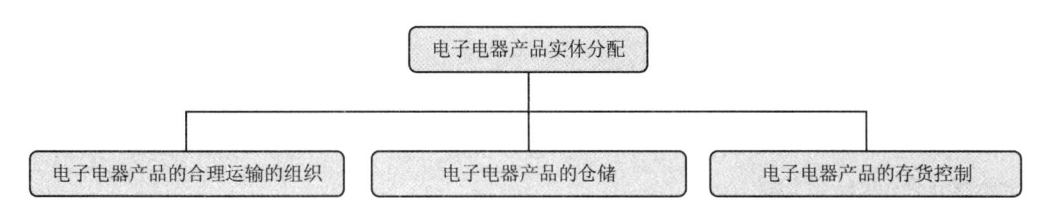

```
                        电子电器产品实体分配
                               │
        ┌──────────────────────┼──────────────────────┐
电子电器产品的合理运输的组织    电子电器产品的仓储    电子电器产品的存货控制
```

【营销案例导入】

一个企业的资金总是有限的，在一定的资金数额下，如何分配呢？放到哪个环节的多少会有什么影响呢？要解决这个问题企业应该怎么办呢？

【基础理论知识介绍】

电子电器产品的分销是否成功，不仅受分销渠道的制约，很大程度上还受生产者实体分配能力和决策的制约。

什么是实体分配呢？它是指通过计划、执行和控制，将原材料和制成品向用户转移，以满足他们的需要的过程。对实体分配的理解，存在广义和狭义之分。广义的实体分配是包括原材料向企业的转移、半成品在企业内部的流转和制成品向用户的转移。而狭义的实体分配仅指制成品从生产者向消费者的转移。狭义的实体分配是营销学所要研究的发生在分销渠道内的电子电器产品的实体转移。

> 你知道吗？实体分配决策时要考虑哪两个重要问题呢？
>
> 其一是实体分配的总成本，它是企业管理者关心的一个问题，在生产企业销售额中占有较大的比例，实体分配决策的不协调，会导致较高的成本，影响企业的利润水平。因此，企业应从库存、运输、仓储、店铺设置等方面进行实体决策，以有效地降低成本。
>
> 其二是实体分配能有效地促进消费者购买。企业可以通过改善实体分配活动，提高服务质量，在消费者需要的时间和地点及时、足量地提供电子电器产品，以满足消费者的需求，并吸引新的消费者。

一、电子电器产品的合理运输的组织

运输是影响消费者满意程度的又一次实体分配决策，因为运输的好坏决定了是否能准时送货，直接影响到电子电器产品的价格和电子电器产品在抵达运送地时的损耗情况。

小贴士：① 运输决策主要包含两个方面的内容，即选择运输方式和选择运输路线。② 运输决策有五种主要的运输方式可以选择，分别是铁路、水路、公路、管道和航空运输。

1．企业需要针对不同电子电器产品对运输的不同要求，采用合适的运输方式

（1）铁路运输成本低廉，适用于长距离、大批量、单位价值较低的笨重电子电器产品的运输。随着新的运输方式的发展，铁路运输在运输中所占的份额正在缩小，但它依然是重要的运输工具，发挥着不可替代的作用。

（2）水路运输是最慢的运输工具，受气候的影响很大，但其运输成本很低。水路运输一般适用于体积较大、价值较低、不易损坏的电子电器产品。很多电子电器产品是利用各种船舶在内河和近海水域运输的。

（3）公路运输的特点是灵活、迅速、适应面广。他们能够直接送货上门，不需要倒装，减少了装卸的次数和产品的损耗，适用于中、小批量电子电器产品近距离的运输。公路运输费用较高，但因能提供快速的服务，所以很多时候较铁路有较强的竞争力。

（4）航空运输在运输业中的比重很小，但作为一种先进的运输工具，其重要性正日益显现。航空运输比铁路、公路运输的成本要高很多，但是对于那些要求到货速度甚于成本、需求时间紧迫的电子电器产品而言，航空运输是理想的运输方式。一般来说，航空运输的优点适用于高价值、小体积、精密电子电器产品的运输。航空运输的优点是迅速可靠，能为用户提供良好的服务。

2．企业往往从三个方面考虑运输路线的选择

一是把货物运送到顾客处所需的时间尽可能短；二是尽量减少总的运输距离；三是保证重要的用户得到良好的运输服务。具体确定运输路线时，企业常常运用线性规划等数学方法。

二、电子电器产品的仓储

仓储决策包括确定仓储场所的数量、选择仓储地点和仓储类型。

（1）企业必须首先确定储存场所的期望数量。储存场所越多，企业就能更迅速地将电子电器产品送到消费者手中。但是，仓储场所的设立费用和管理费用会随着其数量的增加而增加。储存场所的数量的确定必须兼顾企业要达到的服务水平和能承担的分销成本。

（2）仓储地点的决策要考虑顾客的地理位置、交通的便利程度、每位顾客订单的多少和供货的频率。例如，有的企业将仓库设在工厂附近，有的设在顾客集中的地方，有的则分散在全国各地。

（3）企业在仓储类型上可以有多种选择。如企业可以选择使用自有仓库或是租用仓库。自有仓库便于企业的控制，但牵制了企业的资本的使用，而租用仓库则更加灵活，有较大的选择余地。企业还可以选择使用储备仓库或是中转仓库。储备仓库的电子电器产品储存时间为中期到长期，而中转仓库从各个工厂收到存货后会尽快发送出去储存时间为短期。在仓库形态上，企业可以选择老式的多层建筑的仓库，也可以选择新式的自动化仓库。老式仓库效率缓慢，而新式仓库借助计算机管理和自动化设备提高了效率，降低了成本。

三、电子电器产品的存货控制

存货水平是影响消费者满意度的另一项实体分配决策。为了保证消费者的需求和足量、准时地供货,企业应该维持较高的存货水平。但大量的存货会增加储存成本,占用流动资金,加大市场风险,最终影响企业的经济效益。

企业在进行存货控制时,要分析高存货带来的销售量和利润的上升是否能抵补高存货形成的成本,从而在服务水平和存货水平之间寻求平衡存货量。存货控制包括何时进货和进多少货两个问题。

进多少货的问题即确定订货量的问题。

> **小贴士**:何时进货的问题要考虑"订货点"的问题。
> 企业的存货水平随销售的进行而不断下降,当降到一定数量时,就需要重新订货,这个需要重新订货的存货量就是"订货点"。订货点是企业事先制定的,订货点的确定和办理订货手续的繁简、运输时间的长短、使用频率的高低、发生意外情况概率的大小、所要求服务的多少等因素有关。订货点不能定得太高,否则存货过量会增加费用;当然也不能定得太低,否则企业面临产品脱销的危险。最终的订货点是在权衡风险和成本之后才确定下来的。

订货量大,订货次数就少,企业用于订单处理的成本就低些。而订货量少,订货次数就多,企业用于存货的仓储保管费用就少些,这些保管费包括仓储费用、占用的资金成本、保险费用、产品折旧和报废形成的成本等。因此,企业在进行订货量决策时,必须权衡两种成本的支出,确定最佳订货量,使总成本达到最小。因为,随着订货量的上升,分摊到每一电子电器产品的单位订单处理成本会随之下降,而单位存货保管成本会随订货量的上升而增加。当订货数量使两种成本支出的总和存在一个最小值,即最佳订货量,如图 6.10 所示。

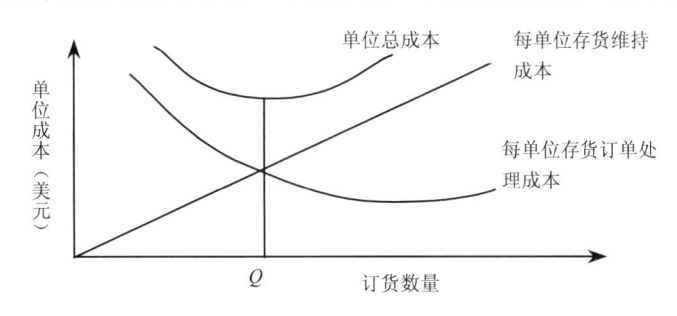

图 6.10 最佳订货量的决定

最佳订货量可以通过观察以往不同的订货量水平发生的订单处理成本和保管费用之和的情况来确定,也可以通过公式计算得到。计算公式为:

$$Q = \sqrt{\frac{2RC}{PI}}$$

式中　　R——年需要量;
　　　　C——每次订货费用;

P——单位成本；

I——存储费用率。

因此，确定产品的订货量要充分考虑到年需要量、单位订货费用和成本及储存费用率等问题。

习题六

1．简述如何合理运用电器产品分销渠道的功能，制定正确的渠道策略。
2．简述如何正确分析分销渠道的类型，合理运用其关系。
3．分析电器产品各种终端销售形式的利弊，及如何运用各种不同的终端销售形式，扬长避短，应对营销市场。
4．影响电子电器产品分销渠道选择策略的因素有哪些？简述电子电器产品分销渠道的策略类型。
5．简述电器产品实体分配各因素的特点及其适用范围，及如何制定正确的实体分配方案。
6．如何确定最佳存货量？

实训六

了解市场，举一、二例分销渠道的策略类型，并试分析其应该如何合理运用不同的渠道策略为企业带来竞争优势。

模块七
电子电器产品市场营销策略之四：促销策略

在本模块的学习中，我们将一起来学习了解电子电器产品分销渠道的概念、功能、类型、分销渠道的策略类型、分销渠道的方式等相关知识；能正确分析并合理运用不同的渠道策略为企业带来竞争优势；学会合理分析并正确运用各种不同分销渠道方式及各种终端销售形式，扬长避短，应对营销市场的变化；学会正确分析电器产品实体分配各因素的特点及其适用范围；从而制定正确的实体分配方案。

项目一 人员销售

【学习目标】

1. 学习了解在电子电器产品营销中人员销售的特点及管理。
2. 学会合理接受各种方式的培训。
3. 能掌握并正确运用常用的销售技巧。

【学时安排】 1学时

【知识模块结构图】

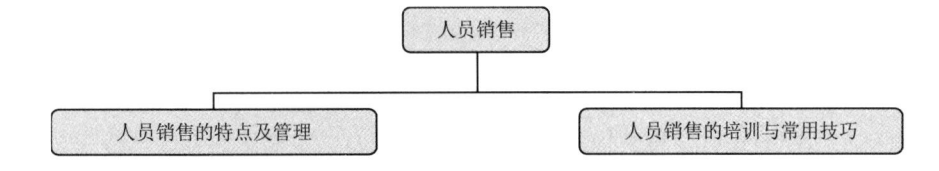

```
              人员销售
            /         \
人员销售的特点及管理   人员销售的培训与常用技巧
```

【营销案例导入】

从1978年荒滩创业，以一家羽绒制品起步的小厂到如今的世界微波炉霸主，广东格兰仕集团留给人们太多的惊叹，"格兰仕现象"、"格兰仕奇迹"等字眼频繁见诸各大媒体，同时也被业内专家和经济学者称道。2007年6月格兰仕启动的"Elite实习生计划"又一次吸引了媒体的眼球和各大高校的关注。记者以此为切入点，寻找格兰仕成功的钥匙之一：人才战略。

格兰仕总裁梁庆德先生对记者说，格兰仕拥有"德才兼备"的人才观。格兰仕用人的原则是：能者上，平者让，庸者下。有高度事业心、责任感、使命感、认同感，与企业荣辱与共、同舟共济的人才是格兰仕的中流砥柱。品德低、能力低的人将被淘汰，品德高、能力低的人将接受磨炼,品德低、能力高的人将接受严控和改造,而品德能力双高也就是德才兼备的人才能得到重用。其中启用了得力的人员从事销售,也是打开市场的一个重要原因。

【基础理论知识介绍】

人员销售是企业通过推销人员直接向顾客进行推销,说服顾客购买的一种促销方式。这种方式尽管是最古老的,然而在现代市场上,它仍然发挥着重大作用,是现代企业开拓市场的一个重要手段。为什么人员销售在现代企业和市场中仍具有如此重要的地位呢?这与其特点、管理有关。

一、人员销售的特点及管理

1. 人员销售的特点

(1) 人员销售工作弹性大。能充分发挥人的主观能动性。人员销售是直接把商品"推"给顾客,在与顾客面对面的交谈中,可以观察到对方的情绪、态度和特点,随时调整自己的推销技巧,还可多次与顾客接触。

(2) 人员销售信息双向沟通。便于了解顾客的需求和动机,并及时将这些信息反馈给企业。由于电子电器商品科技含量较多,因此,推销员在与顾客的直接接触中,一方面可以向顾客介绍宣传本企业的产品以及其他有关情况,另一方面又可以听取顾客的意见和要求,这样,就使双方的信息得以沟通。推销员把这些意见和要求及时反馈给企业,企业以此为根据对产品加以改进和提高,从而使产品更加符合消费者的需要。

(3) 人员销售能直接提供咨询和其他技术服务。顾客在购买商品中有什么疑问,销售员可以马上解答,有的商品需要提供安装或操作使用服务,销售员可及时解答,有利于顾客放心地购买。

(4) 人员销售易于与顾客联络感情,建立友谊,从而使潜在顾客转化为现实顾客。销售员多次接触顾客,容易增进与对方的友谊。一回生,二回熟,三回成为好朋友。优秀的销售员往往与许多顾客建立了深厚的感情,而这些顾客也就成了他的长期买主。

(5) 人员销售与广告相比,其针对性强,无效劳动少。广告所面对的群众范围广泛,其中有些根本不可能成为企业的顾客。而销售人员总是带有一定的倾向性访问顾客,目标明确,往往可以直达目标,因而,无效劳动较少。

2. 人员销售管理

电子电器产品市场人员销售的管理主要从提高销售人员的素质入手。当好一名销售员并非易事,需要有较高的思想素质、文化素质、业务素质和身体素质。

(1) 思想素质。销售人员应具有良好的道德品质和正确的销售观念。文明经商,作风正派,不弄虚作假,以劣充优;不招摇撞骗,坑害顾客,不见利忘义,唯利是图,真心实意地为顾客服务,严格执行国家的政策、法规,给顾客以可靠感。同时,还要有吃苦耐劳、百问不厌的精神和坚韧不拔的毅力。

(2) 文化素质。销售人员应具备一定的文化水平,工业发达国家的销售员一般都受过高等教育和专门训练,我国目前销售人员的文化素质普遍较低。这是不容忽视的,应尽快加以培训提高,没有文化做基础,销售水平就不可能有较大的提高。

作为一名合格的销售员,应具有一定的经济学、管理学、心理学、公共关系学等方面的基础知识，在此基础上，还要有较深的市场营销学、推销学、电子电器专业基础知识，并能有效地运用这些知识。

（3）业务素质。销售人员不仅要知识面广，而且要具有丰富的业务技能和销售经验，能够排除种种推销障碍，成功地说服顾客采取实际购买行为。对销售员的业务要求如下。

第一，熟悉业务，掌握企业、商品、顾客和市场等方面的情况。企业情况包括企业的历史，现状及发展战略，企业在同行中所处的地位，企业生产经营的产品及其定价、渠道、销售方式、服务项目等；商品情况包括商品的功能、用途、用法、维修、式样、规格、包装，电子电器产品的耗电量等；顾客情况包括顾客的购买心理与购买行为、购买习惯、购买决策权、购买条件、购买方式和购买时间等；市场情况包括市场竞争状况、现实买主情况、潜在买主及潜在销售量等。

第二，熟悉行情，善于捕捉各种有关的市场信息。销售人员应当思维敏捷，善于捕捉各种有关的市场信息并能及时从中分辨出有价值的市场信息，并加以有效利用。市场信息来源十分广泛，销售人员必须是这方面的有心人，时时留心，处处注意，不断向企业提供具有新价值的市场信息。

第三，善于察言观色，具有较强的应变力。销售人员几乎每天要与顾客打交道，所接触的众多顾客在性格爱好等方面均有差异，销售人员应能针对这些差异分别采取不同的销售策略。

第四，善于言辞，具有较好的表达能力。销售人员要说服顾客采取购买行为并非易事，必须有一定的语言艺术。否则，不仅难以说服顾客购买，还会使顾客产生反感。常言道："会说的说笑了，不会说的说跑了"。优秀的销售员应当善于言辞，具有较强的表达力。

（4）身体素质。销售工作是一项十分艰苦的工作，经常出差在外，四处奔波，没有一个强壮身体是不行的。为此，要求销售员必须经常锻炼身体，以饱满的热情和旺盛的精力来完成好本职工作。

二、人员销售的培训与常用技巧

人员销售的培训：销售培训是要花钱的，但销售中的培训具有重大意义。培训费用是对销售人员的一种投资。其具体目标应该包括如下。

1. 销售员要了解企业并明了本企业各方面的情况

大多数企业把培训计划的第一部分安排为介绍企业历史和经营目标、组织结构设置和权限情况、主要的负责人员、企业财务状况和措施以及主要的产品和销售量。

2. 销售员要通晓本企业的产品情况

培训人员应向销售员介绍产品制造过程以及各种用途，说明本企业产品的功能及使用方法。

3. 销售员要深入了解本企业各类顾客和竞争对手的特点

销售员要了解各种类型的顾客和竞争购物动机、购买习惯。要了解本企业和竞争对手的策略和政策。

4. 销售员要知道如何做有效的推销展示

销售员要接受推销术的基本原理。此外，企业还应专为每种产品概括出推销要点，提供推销说明。

5. 销售员要懂得实地销售的工作程序和责任

销售员要懂得怎样在现有客户和潜在客户间分配时间，合理支配费用，如何拟定报告，拟定有效推销路线。

> **知识链接：** 　　　　　　　　　人员销售常用技巧
>
> （1）刺激反应法。主要是销售员通过"劝讲"来刺激顾客的反应。其做法是，销售员在不了解顾客需要的情况下，事先准备好几套介绍方法。在询问时，销售员先介绍（刺激），看顾客的反应。通过运用一系列刺激方法来引起顾客的购买行为，这一方法主要是用于顾客没有明确的购买目标或对各种品牌举棋不定时。
>
> （2）销售公式法。主要是销售员通过"劝讲"引起顾客的交谈兴趣。即设想顾客在实际购买前要经历注意→兴趣→想买→决定买这几个阶段，并用一种"公式化的谈话"来吸引顾客逐一越过这些阶段而成交。其做法是，销售员事先已基本了解顾客某些方面的需要，在访问中销售员先多讲，讲到"点子"上时就会引起顾客的交谈，以至在相互交谈中促成交易。
>
> （3）需要满足法。主要是销售员通过"劝讲"引出顾客的需要，而后说明怎样满足。其做法是，销售员先要设法引起顾客的需要，然后说明所推销的商品如何能满足这些需要。这是一种创造性推销，要求销售员具有较高的推销技巧，甚至使顾客感到销售员成了他（她）的参谋。

上述3种销售技巧，各有所长，必须灵活加以选用。当销售只是简单地接受定单时，宜于刺激反应法；当大多数顾客有类似需求和要求时，不论是招揽定货还是接受定单，销售公式法都可适用；而在对付顾客有不同需求时，需要满足法更显重要。

项目二　广告促销

【学习目标】

1. 学习了解在电子电器产品营销中广告促销的特点及决策。
2. 了解广告效果评价的内容。
3. 学会对广告促销效果进行评价的方法。

【学时安排】　2学时

【知识模块结构图】

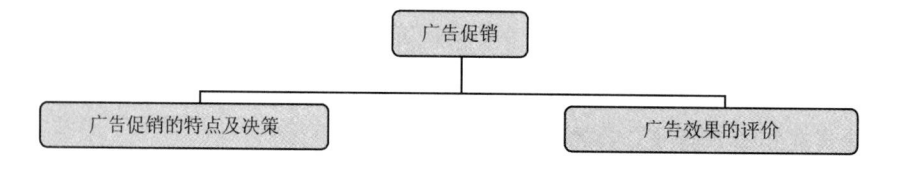

```
            广告促销
           /        \
  广告促销的特点及决策    广告效果的评价
```

【营销案例导入】

广告无疑是一种商品上市的绝佳传播方式。当下，酒好也怕巷子深的买方市场下，广告成为新的文化思潮，商品广告越来越通过娱乐项目，通过更具情感介入、紧扣流行元素的传播符号，成为切入市场的快捷键。但广告运用得不好就会"成也萧何，败也萧何"。那些忽悠人的广告最终给企业带来的是营销败笔。2007年很多地方的广告都在强烈宣传"永不断电的手机"、"世界还有光，你的手机就不断电"的光能手机，而在一系列现实情况曝光下，光能手机却从概念营销沦为"忽悠伎俩"。使得夸张广告产生消极影响，急功近利糟蹋了好创意。

【基础理论知识介绍】

一、广告促销的特点及决策

企业从事广告促销活动，总的要求是既要符合国家的政策和法规，又要吸引和刺激消费者购买商品。

1. 广告促销的特点

1）真实性

真实是广告促销的生命，失去真实，广告促销就失去生命力。广告促销的真实性要求广告对商品的介绍必须符合实际，要诚实地说明商品的本来面目，向消费者提供经得起检验的信息，从而真正起到扩大销售、促进生产、指导消费的作用。真实，才能使商品和企业在广大消费者心目中树立良好的形象，企业才能享有较大的市场占有率。那种弄虚作假的广告，尽管有可能骗人于一时，但最终必然会失信于大众，败坏企业和商品的声誉，严重者还会受到法律惩罚。

2）思想性

任何广告都应注重思想性，注重社会效果，强调广告的思想性并不是要把广告变为促销宣传的工具，而是要求广告促销的内容健康、积极向上，不能为了刺激需求，扩大销售而宣传低级、庸俗甚至腐朽的东西。企业在广告促销中，既要讲经济效益，更要讲社会效益，把思想性寓于广告促销的内容之中。

3）科学性

广告促销是一门科学，广告的制作和宣传都要讲求科学性。广告的科学性是建立在真实性和思想性基础上的。它要求广告必须符合科学发展的要求，设计合理、制作精细、工艺优良、技术先进、节省材料、文字规范，能概括描述商品的基本特征，并以最少的费用取得最大的效果。

4）艺术性

广告促销不仅是一门科学，还是一门艺术。广告的艺术要求借助于文学、美术、音乐、戏剧、曲艺等人们喜闻乐见的艺术形式表现出来，充分给人以美的享受。从而吸引和感染消费者，讲究广告的艺术性，必须在广告策划上推陈出新，富有创造性，独具匠心，不落俗套。例如，电视广告是画面、音响、广告旁白的有机组合。威力洗衣机广告成功地体现了这种结合：整个画面行如流水，朴实自然，在优美舒缓的乐曲中，伴随着女儿的回忆和思念，道出了广告主题"威力洗衣机，献给母亲的爱"。这则广告曾经唤起人们多少美好的愿望，给人以美的享受，同时也宣传了产品，激发了人们对产品的购买欲望。

2．广告促销的决策

做任何一件事情，要想获得预期的成功，首先就要把与这件事情相关的情况调查清楚，才有可能做出正确的分析判断。电子电器产品广告促销的决策也是如此。

1）做好广告促销活动之前的调查

企业在开展广告促销活动之前，必须清楚了解广告商品目前在市场上销售情况怎样，也就是供求关系怎样。了解清楚这一点，对于是否投入大量资金开展广告促销活动具有很大参考价值：广告商品在同类竞争商品中，有没有与众不同，独无一二的功效或优势，并且这种功效或优势又是消费者最需要的；如果广告商品价格太高，或包装太差，或质量明显低劣，或销售网点分布不合理，或存在其他严重的销售障碍，即使广告做得再好，也难以推动销售；有足够的、大量的、源源不断的货源，才值得花大价钱去做广告宣传，否则得不偿失，企业广告宣传的力度，也像产品生命周期规律一样，成周期性的变化，是在企业广告促销决策之前应首要考虑的问题。

2）对广告公司进行调查与选择

企业开展广告促销活动要选择一家最合适的广告公司，全部代理自己的广告宣传和促销活动。广告公司的类型分为综合性和专业性两种类型。综合性广告公司规模较大，能为客户提供广告调查、策划、创作等全方位服务，并有较大的工作场地和完备的设备，专业人员素质水平较高。专业性广告公司只为客户代理某一类广告，获知经营广告活动的某一部分，在某一类广告上或广告活动的某一个局部上具有自己突出的优势，但工作场地小，设备简陋。选择哪一类广告公司也是决策前要考虑的。

3）企业在聘用广告公司后，双方合作，还需要对市场上相关情况进行调查

这是采取正确、有效的广告促销措施的前提和基础。它包括3个内容：（1）对广告商品的目标消费者进行调查；如有可能购买广告商品的目标消费者是哪种类型的人，目前最大的销售障碍是什么；（2）对广告商品本身最能打动消费者购买的优点进行调查；（3）对竞争产品进行调查，如竞争产品的质量、价格、包装、销售网络、采用什么促销手段等。

> **你知道吗？** 很多广告公司每月都向一些媒介公司订购竞争品牌的广告情报。广州白羊广告公司每年订购广告情况的费用都在10万元以上。再如奇声电子，一向都非常重视搜集竞争对手的情报，对竞争对手的一举一动了如指掌。海尔几乎每个产品事业部都设有专门搜集同行竞争对手情况的机构。

4）对媒介的选择是企业开展广告促销活动中最需要的一环

如果是报纸、杂志应了解它的发行量；如果是电视、广播，则要了解它所覆盖地区观众或听众的总人数，以及收视率或收听率。

二、广告效果的评价

企业花钱做广告，最关心的是广告后的效果问题：有多少目标消费者收看或收听到它的广告；有多少人由此产生兴趣并购买它的产品；自己付出的广告投资是否值得；如何在广告发布之前、发布当中、发布之后及时地测定其效果，调整广告活动中存在的问题和缺陷。因此，广告效果的评价已经成为广告促销活动中一项重要的内容。

1. 广告效果评价的内容

广告效果评价可分为广告的信息沟通效果的评价和广告促销产品的评价。

1）广告的信息沟通效果的评价

广告的信息沟通效果的评价包括在一段特定的时间内，广告覆盖地区接触到广告一次以上的目标消费者总人数的比例，接触广告的次数和他们对广告相信的程度。对广告信息沟通效果的评定，能客观的判断广告作品和广告媒体的效力大小。因此构成了广告效果评价的主体。

2）广告促销产品的评价

广告促销产品的评价是评价广告发布一段时间后，广告商品增加了多少销售额。广告与销售额之间的关系是比较复杂的，一方面可能是广告活动本身确实存在缺陷或问题，使广告达不到促销目的；另一方面可能是广告之外的客观因素制约了销售量的增长。因此可以说，广告促销产品的效果好，其信息沟通效果一定好；而广告的信息沟通效果好，不一定促销产品的效果好。

2. 广告效果评价的方法

1）广告效果的事先评价

广告效果的事先评价，就是在广告作品发布之前，请消费者代表，或请专家和有经验的营销人员，或通过某种技术设备和技术手段，评价、预测广告发布后可能产生的实际效果。具体评价方法如下。

（1）专家意见综合法。如把两个广告作品或广告活动方案放在一起比较优劣，将挑出来的优秀作品或方案再次进行比较，直至选出最佳方案。

（2）消费者评定法。例如，一个电视广告作品，可把这个电视广告的声音和字幕去掉，请消费者看图像，看消费者仅仅凭看图像能否正确领悟广告的主题和创意，如果不能，就要对图像进行修改，一直到消费者只通过看图像，就能准确理解广告主题和创意为止。

（3）仪器评价法。例如，通过测定受试者的生理反应：心跳、血压、瞳孔的扩大、出汗等来评价广告引人注意的程度。

2）广告效果的事中评价

广告效果的事中评价，是指在广告发布过程中进行各种跟踪、调查，以测定广告的效果。当发现广告内容本身、选择的广告媒体、广告发布的时间、广告发布的频率、广告媒体的组合发生较大偏差时，及时地对问题进行修改和调整，以减少经济损失，使广告达到预期目的。如广告发布后，调查人员直接到销售现场去观察广告商品销售的情况，同时询问购买了广告商品的消费者：你是怎样知道这一产品的？是广告吸引你来买的吗？还可询问售货员，广告发布前后商品的销售有什么变化等。

3）广告效果的事后评价

广告效果的事后评价，就是在整个广告活动结束后对广告效果加以评估。

这是根据既定的广告目标来测定广告效果，因此，测定的内容视广告而定。例如，某公司做过两次广告，每次广告后，调查广告效果。如果第一次广告和第二次使用的广告内容，或广告媒体，或发布广告的时间和频率，比第一次有效得多，可就此为依据，进行必要的调整。

项目三　公共关系促销

【学习目标】

1. 学习电子电器产品营销中公关促销的特点。
2. 了解电子电器产品营销中公关促销的要求及主要形式。
3. 能正确运用各种不同方式的公关手段进行促销的方法。

【学时安排】　1学时

【知识模块结构图】

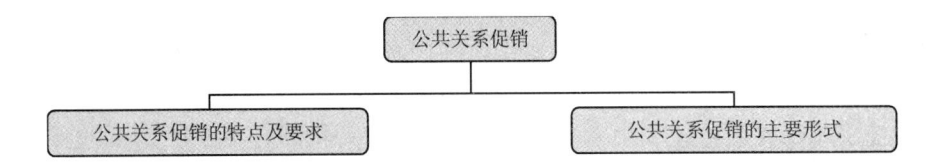

```
                    公共关系促销
                   ┌─────┴─────┐
          公共关系促销的特点及要求   公共关系促销的主要形式
```

【营销案例导入】

靓影20系列是康佳电视"精品工程"的主推机型。靓影20系列通过采用公关促销的切入方式进入市场，并扭转人们对国产品牌画质认知不佳的形象，成为促销的思考原点。企业经过思考确定了以下策略方向：充分挖掘20系列的产品优势；充分利用舆论关注国产平板品牌技术的大社会背景；充分借助媒介资源，大力宣传采用的是国产技术，且此国产技术可与国外先进技术媲美，使事件传播效果"事半功倍"。

【基础理论知识介绍】

从市场营销角度讲，公共关系促销是企业为了树立自身的良好形象、扩大声誉而对社会公众开展的一系列活动。它是一种间接的促销方式，它直接目的是赢得顾客，扩大销售。

一、公共关系促销的特点及要求

1. 公共关系促销的特点

1）明确公共关系促销是一种公众关系的促销

公共关系是社会组织与其内外公众的关系，它不是私人之间的交往关系，而是一种群体间的社会关系。公共关系人员在开展工作时，必须以组织和公众的共同利益为出发点，而不能以个人利益去干扰甚至损害公众利益。

> **讨论**：假如你是商场的公关人员,当遇到销售人员与顾客发生纠纷时,你该怎样做呢? 你是站在销售人员一边去指责顾客呢,还是应当通过自己个人的言行,协调商店与消费者公众的关系,维护商店整体的形象呢?

2）公共关系促销是一种传播活动

公共关系促销的工作是通过信息交流,调节好主体与客体,也就是组织与公众的关系。传播是公共关系工作的主要形式和手段,也是公共关系促销工作的基本内容。如果超出这个范围,运用传播以外的手段,如政治手段、法律手段、经济手段等来调节组织与其相关公众的关系,那就不属于公共关系促销工作的任务了。

我们可以借助于一定的新闻媒介进行大众传播,也可以求助于社会公益活动进行人际传播、群体传播,还可以通过演讲、社交礼仪活动等进行亲身传播。其目的都在于使公众更好地了解组织,扩大组织的知名度。

3）公共关系促销是一种管理职能

它是一项专业性很强的管理工作。它有一套系统的工作程序,有完善的调查研究计划,有双向的信息沟通渠道,同各类公众保持密切联系和良好关系。因而公共关系工作人员常被吸收参与组织的决策活动,向决策者提供咨询服务等。从这点说,公共关系促销又是一种管理职能。

4）公共关系促销是一种长期行为

社会组织要想树立可靠的信誉和美好的形象,绝不是一朝一夕之功,而必须要经过有计划的、长期不懈的努力。必须经过平时点点滴滴的扎实工作。那种急功近利、临渴掘井的短期行为,是公共关系促销工作之大忌。

2. 公共关系促销的要求

一方面,公共关系的促销目标要为组织的总体目标服务,另一方面,公共关系促销的目标应尽可能具体化、数量化。

> **相关链接**：美国通用汽车公司在确定自己的组织目标中,就包含着保证顾客满意、建立企业良好形象的具体措施。
> ① 给予出售的汽车以12个月的保修服务;
> ② 扩充服务人员并提高其级别和报酬;
> ③ 严格控制汽车出厂质量,保证质量检查程序的可靠性;
> ④ 推行"全国通用经销信用卡计划",给消费者提供大量信贷服务。
> 这些内容既是组织在近期一个阶段的目标,同时也是公共关系促销工作的目标。这些措施的实施对于提高通用汽车公司的知名度起到了良好的作用,从而保证了公共关系目标和该组织的整个决策目标的实现。

二、公共关系促销的主要形式

传播是连接公共关系主体和客体、也称组织和公众的桥梁。公共关系活动的过程,同时也是社会组织与公众之间进行信息传播和交流的方式，公共关系工作从本质上说就是信息传播、信息交流的活动。因此，传播既是公共关系促销方式的手段，又是公共关系促销方式的过程。

传播是指人与人之间信息的传递与分享，是人们制作、传递、储存信息的过程。自人类诞生以来，就产生了传播行为，传播是人类社会赖以生存和发展的基础。

可以说，人们的交往就是一种传播，脑中的自我对话也是一种传播，如果说语言、声音、音乐是有声的传播，那么，手势、文字、绘画、服饰就是无声的传播，传播随时随地都存在着。

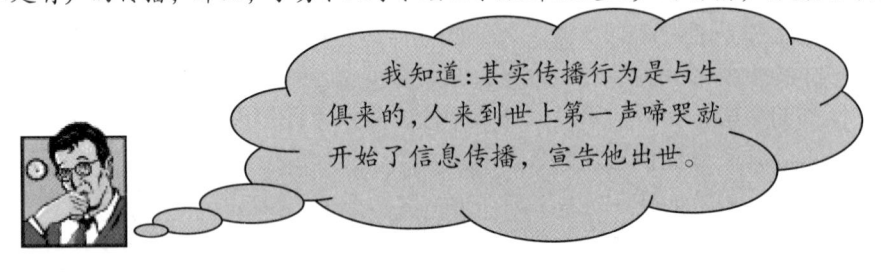

> 我知道：其实传播行为是与生俱来的，人来到世上第一声啼哭就开始了信息传播，宣告他出世。

1．人际传播

人际传播又叫人际沟通。它是指个人与个人信息沟通。它包括面对面的传播和非面对面传播两种情况，后者如写信、打电话等。虽然人际传播是个人与个人的信息交流、信息沟通，但是在公共关系工作中，公共关系人员利用人际传播的方式并不意味着是一种纯私人性的交往，而是作为一个社会角色和组织的代表来从事人际传播活动的。

人际传播具有的3个主要特点：

1）随机性

人际传播通常是面对面的信息交流和沟通，传播者可以及时得到反馈，了解信息发出后在对方引起的反应；可以根据这种反馈的信息来检查自己的传播行为，了解传播效果，以便及时调整自己的传播行为。因此，人际传播对于传播者来说，具有较大的随机性，便于随机应变。

2）灵活性

人际传播无论在时间还是在地点的选择上，都具有较大的灵活性。茶余饭后、旅游之中都可以利用进行人际传播；而休息室、火车上、家里，也都可以作为人际传播的场所。有时，在比较随便的场所反而更有利于双方的倾心交谈。这些都显示了人际传播的灵活性。

3）针对性

人际传播有较强的针对性。传播者必须考虑到接受者的个性特点、心理特征、经验范围等多方面的情况，并在这一基础上开展工作，这样才能获得较为理想的效果。同时，人际传播又利于传播内容的深化，便于对一些问题做深入讨论和交换意见。但是人际传播也有其局限性。它传播范围小，因而影响面也就比较小，但又是公共关系促销的主要形式之一。

2．群体传播

群体传播是通过一定的组织形式进行的传播活动。群体传播的形式有3种：

1）小组传播

小组传播是指在6～10人之间进行的信息交流活动。如小组座谈会、小组总结会等。小组传播中切忌强行压制，应更多地运用民主的方法。

2）公共传播

它一般是指一个人对多数人的传播。如讲课、开会、演讲等。这种传播通常是一方发出信息，另一方接受信息。这种传播形式传播信息的速度快，范围广，一次演讲会听众可达成百上千人。因此，它能迅速、及时地使组织信息传播到一定的社会公众之中，并收到较好的传播效果。

3）组织传播

它是组织所控制的媒介与公众进行的信息传播活动。组织传播面对的是群体或组织。它与公共传播的区别是，它主要运用组织自控的媒介，如组织内部刊物、黑板报、有线广播、闭路电视等进行信息传播。此外，组织传播还可以通过展览、店庆、文体活动等公共关系专题活动来进行。

3．大众传播

大众传播是职业传播者通过现代传播媒介，如报纸、杂志、广播、电视、网络，向社会大众提供信息的传播方式。与其他几种传播形式相比，大众传播具有几种特点：

1）广泛性

人际传播、群体传播总要受到一定时间和空间的限制，接受传播的人数有限，传播的信息量也有限。大众传播借助于现代科学技术的力量，大大突破了时间和空间的限制，它的传播范围遍及一个地区、国家直至国际上众多的个人和组织；传播的信息涉及政治、经济、军事、文化、生活方式、思维方式、行为方式等，无所不包。

2）间接性

人际传播和群体传播，基本上是面对面的传播，信息传递较为直接，较少受到干扰，较少失真，并能及时得到反馈。大众传播接受者多而分散，传播者与接受者互相不熟悉，距离遥远，联系和反馈较为困难、缓慢，难免出现信息干扰和失真现象。

3）专业性

大众传播是一个拥有现代化制作技术和载体的机构。如报社、电台、电视台等，其工作人员以传播活动为职业，并具有明确细致的分工。

4）权威性

大众传播赋予所传播的信息以某种特殊的重要意义。社会上每天发生的事很多，但能通过大众传播媒介报道出来的只是很少一部分。因此，一条信息被报道出来这个事实本身就表明这条信息是很重要的；另一方面，人们对人际传播、群体传播中的某些信息，如非亲眼所见就难免持怀疑态度，但如果此信息经大众传播媒介报道就能起到证实事件真实性的作用，使人们坚信不疑。

项目四　销售推广

【学习目标】

1. 学习电子电器产品营销中销售推广的特点。
2. 了解电子电器产品营销中销售推广的内容及主要形式。

3. 能正确运用各种不同的销售推广方式进行促销。

【学时安排】 1学时

【知识模块结构图】

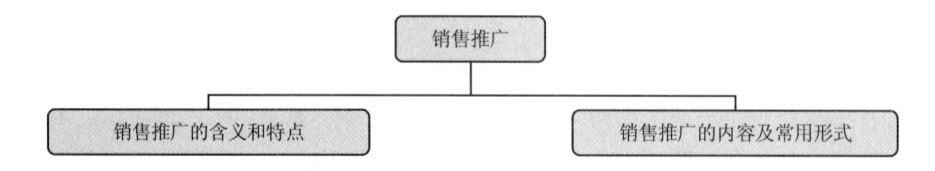

```
           销售推广
          /        \
销售推广的含义和特点   销售推广的内容及常用形式
```

【营销案例导入】

销售推广只是企业促销商品或服务的四种途径之一。这四种途径是：人员推销、广告促销、公共关系促销及销售推广。在实际运用中，广告促销和销售推广更多地用来促销老百姓购买的生活资料商品。人员推销和公共关系促销更多地用来做促销企业、政府机关、事业单位购买的商品和服务。

【基础理论知识介绍】

一、销售推广的含义和特点

销售推广是指企业在特定的目标市场上为迅速起到刺激需求的作用而采取的促销措施。销售推广是电子电器产品市场促销策略的重要组成部分。对在短时间内争取顾客、扩大购买，具有特殊的作用。与其他促销形式比较，销售推广具有其独特的特点，主要表现在以下几个方面：

（1）见效快。销售推广的措施一经推广和使用，能立即扩大销售，当然这些措施必须以正确和可行为前提，否则只会收到不良效果。因此，选用销售推广的措施必须考虑顾客心理、产品特点以及外界环境等情况后才能做出决定。正确的销售推广措施能够迅速唤起广大顾客的注意，具有较强的吸引力或诱惑力，在短时间内收到良好的效果。

（2）变化快。采用销售推广的措施收效快但变化也快。消费者对某种措施的兴趣时间往往比较短暂，一旦兴趣过去，这种措施也就失去效用。这就要求企业不断变更销售推广措施，做到花样不断翻新，如抽奖、赠送礼品、分期付款、现场演示等不同手段不断刺激消费者的口味，以促使其产生新的兴趣和需求。

（3）易逆反。销售推广的措施都具有一定的特殊性，针对性、刺激性较强。运用得当，能迅速产生积极效果；如果运用不当，也会产生消极作用，使买者感到卖者在急于兜售，从而引起对产品质量、价格等方面的怀疑，一旦引起这种猜疑，消费者就会产生逆反心理。销售推广措施就会产生副作用。因此，企业应运用销售推广手段尽力避免这种心理现象出现，注意选择切实可行的措施，并灵活多变的加以应用。

二、销售推广的内容及常用形式

1. 销售推广的内容

为了充分发挥销售推广的积极作用，避免出现消极现象，企业在开展销售推广活动中，应先确定好销售推广的内容，然后加以实施。销售推广内容包括以下几方面：

1）销售推广的对象与目标

首先要明确谁是销售推广的对象，是中间商还是消费者，是男性消费者还是女性消费者等。对象确定下来后进一步就要明确目标，是稳定老顾主还是发展新用户，是鼓励继续购买还是争取试用等。

2）销售推广的措施

在确定销售推广内容时，还要合理确定选择什么样的销售推广措施。由于销售推广的各种措施特点不同，因而要将不同措施进行比较后选择最适当的措施。一般说来，在一次销售推广活动中，选择的措施不宜太多，以便增强针对性。

3）销售推广的规模与时间

确定销售推广的规模，应与目标顾客结合起来考虑，如目标顾客面广，可把规模扩大些；同时还应尽可能选择效率高而费用省的销售推广方法，以收到事半功倍的效果。销售推广的时间一般不宜太长，以免出现逆反心理，从而失去吸引力。但也不可能太短，以防一些能够争取的潜在顾客失去机会，造成遗憾。此外，销售推广内容中，还应包括参加者的条件、费用、预算以及其他有关问题等内容。

2．销售推广的常用形式

销售推广的形式很多，可根据不同的对象分为三大类：第一类是面对消费者的，有赠品、奖券、代金券、现场表演等；第二类是面对中间商的，有购货折扣、合作广告、推销奖金、经销竞赛等；第三类是面对推销员的，有奖金、接力推销等。

相关链接：销售推广的具体办法有如下。

① 赠送样品、纪念品、试销品等。可以挨户赠送，也可以在商店和闹市区散发，还可以公开广告赠送。这种方法有利于推销新产品，打开销路，但推广费用较高。

② 有奖销售。即企业销售某种商品时设立若干奖励，并印有奖券，规定购买数量。顾客达到购买数量后，可获得奖券。这种推广方法利用了人们的侥幸心理，对购买者刺激性较大，有利于在较大的范围内迅速促成购买行为。

③ 展览和展销。即通过举办展览会、展销会进行现场表演、示范操作，招揽顾客。这种方法销售集中，说服力较强。

④ 廉价包装。即在商品包装或招贴上注明，廉价包装比一般包装减价若干。这种廉价包装可以是一件商品独立包装，也可以是几件商品的混合包装。这种方法对于刺激短期销路非常有效。

⑤ 商品陈列。即在橱窗或货柜前集中陈列商品，突出特色，吸引顾客的注意力。

⑥ 折价购货券。即由销售者向购买者赠送或散发折价购货券，持券者可凭此享受价格优惠的待遇。企业通常规定折价购货券的有效期、购货地点和折扣商品的品种。

⑦ 推销竞赛。即企业确定推销奖励的办法，刺激、鼓励中间商及企业推销人员努力推销商品，展开竞赛，成绩优良者给予奖励。

⑧ 表演销售。即由生产者在销售现场表演操作方法，使顾客了解产品的构造及工艺流程，产生信任感，激发其购买的兴趣和欲望。

习题七

1. 简述电子电器产品营销员销售的特点、管理及培训。
2. 简述在电子电器产品人员销售营销中常用的销售技巧。
3. 简述在电子电器产品营销中广告促销的特点、决策及对广告促销效果进行评价的方法。
4. 简述电子电器产品营销中公关促销的特点、要求及主要形式。
5. 简述电子电器产品营销中销售推广的特点、内容及主要形式。

实训七

1. 通过市场调查，试分析你所调查的商场销售人员运用了哪些技巧，效果如何。
2. 试举几例运用公关促销的实例，并对其效果逐一分析。
3. 假如你是一名电子电器销售企业的销售人员，你打算运用哪种推广方式进行促销，为什么运用这种方式？

模块八
电子电器产品新颖的经营理念与方式

在加入 WTO 以后，电子电器产品营销必须有新的经营理念与方式。除去传统的理念与方式以外，还应适应市场建立绿色营销、数据库营销、网络营销、定制营销等理念与方式。

项目一 绿色营销

【学习目标】

1. 学习了解电子电器产品绿色化的几个方面以及绿色营销的概念。
2. 初步学会合理运用电子电器产品绿色营销的竞争手段，争取在竞争中立于不败之地。
3. 在绿色营销中要树立环保意识，树立法律意识。

【学时安排】 1 学时

【知识模块结构图】

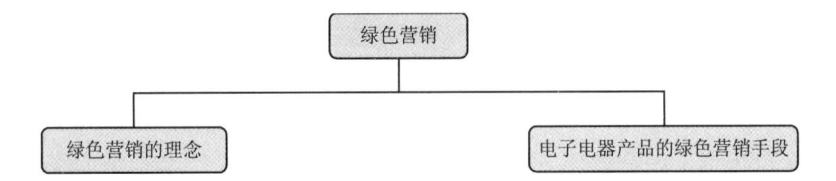

```
                    绿色营销
                   /        \
          绿色营销的理念    电子电器产品的绿色营销手段
```

【营销案例导入】

世界各国有识之士对现实环境状态展开了大量的研究、探讨与呼吁。1972 年在斯德哥尔摩召开的联合国人类环境会议上，以"人类只有一个地球"为主题首次向全世界敲响了环境保护的警钟。1987 年，联合国世界环境与发展委员会发表了《我们共同的未来》一文，提出"可持续发展"的战略思想，即"在满足当今社会需要时，不能损害后代满足他们需要的能力"。1992 年联合国环境与发展大会发表了《关于环境与发展的里约宣言》，确定了以环保为中心的《21 世纪议程》。绿色化思潮与可持续发展理论已逐渐渗透到人们的思想意识中。从研究领域走向社会，成为社会共识，从民间呼吁走向政府，引起政府关注。

【基础理论知识介绍】

一、绿色营销的理念

在电子电器产品市场的激烈竞争中，企业之间以各种招数不断争抢市场份额的时候，一种以保护环境,满足人们对生态需求的营销竞争应运而生,这就是绿色营销。

社会的进步和经济的发展同时也带来了一种恶果——环境污染。人类正在一手创造巨大的物质财富,改善自身生存条件;一手又破坏了自然平衡,从而危及自身生存。环境污染、生态失衡对人类的危胁,使人们越来越认识到人类不能以牺牲生态环境,损害人类健康,贻祸后代来满足自己当前的需求。

协调环境与消费的关系,要从"黑色"或"白色"走向"绿色",保护我们的地球,人类的家园。处理好生态平衡与经济增长的关系,使人类与自然和睦相处,还地球以本色,给子孙留下一片生存的净土,以环保为主题的绿色化消费观念就日益为人们所接受了。

1. 绿色化

绿色化是借用植物生长旺盛期的色彩来比喻事物的生机与活力。绿色化代表了地球的安全,生态的平衡,环境的和谐。绿色兴旺为人类赖以生存的地球带来繁荣与朝气;绿色的消亡,意味着人类的灾难与毁灭。绿色化已成为人类超越自我,善待自然的唯一选择,绿色化已成为一种社会发展的必然趋势,形成以地球的安全、生态的平衡、资源的节约、人类的健康为基本潮流,以经济与环境协调发展为基本方向,具有时代性、前瞻性、开创性。在产品的营销中,也必须要以绿色化为主流,否则将违背潮流,产品将被淘汰。

2. 产品绿色化

产品绿色化是指产品产生、运动整个过程的绿色化。产品绿色化,包括产品生产环境的绿色化,生产过程的绿色化,使用过程的绿色化。产品绿色化的理念是使用安全,对人类健康与生态环境不构成危害,节约资源。

1) 生产环境绿色化

生产环境绿色化指产品绿色化生产的环境无污染,只有清除生产环境的污染,才能提供清洁安全的原材料,这是绿色化生产的源头保障。在电子电器产品生产中,只有保证土地、水源、大气、粉尘等条件的无污染,才能谈及产品的绿色化生产。

2) 生产过程绿色化

生产过程绿色化指产品在设计、生产、运输、销售的每一个环节都全面绿色化,减少、消除生产过程中的废水、废气、废物及噪声污染。不但要生产出健康、符合卫生环保标准的产品,还要创造清洁、干净的周边环境。尤其是要最大限度地节约原料与能源,维护资源与生态的平衡。这是由地球资源的有限性决定的。

3) 使用过程绿色化

使用过程绿色化指产品在使用中和使用后,不会造成环境污染,尤其是产品废弃后的回收处理要做到简便易行,而且不污染环境。

绿色化的浪潮在发达国家、发展中国家、欠发达国家等地强烈地冲击着经济与社会生活各个方面,改变着人们生产与生活方式。

在人们的密切关注下,加强环境保护,推动绿色化发展已成为衡量政治家政绩与成就的重要标志,成为营造良好的政府形象的重要手段。各国政府也都把增加环保投入,加大污染治理作为政府部门的重要任务,这些对推动全球绿色化起到了积极的作用。

> **相关链接**：为保证绿色化深入开展，各国政府陆续出台了相应的法律条文，给绿色化以法律保障。我国也于1979年颁布了《环境保护法》，为合理利用自然资源，防治环境污染和生态破坏，实现可持续发展奠定了法律基础。并相继颁布了《全国生态环境建设规划》，将生态环境建设作为将我国现代化建设事业全面推向21世纪的重大战略部署，向世界作出诸如分阶段取消采用氟里昂作为制冷剂的产品生产，在不长时期内全部生产绿色产品等的承诺。

社会的舆论，政府的干预，法律的保障逐渐使绿色化主导了生产领域。在这种内在意识的觉醒与外在环境的压力下，使全球工业化生产开始自觉不自觉地向绿色化方向转轨，绿色产品的开发生产出现热潮。在产品经营上绿色营销也就悄然而至，而且越来越将绿色化作为品牌推向市场。品牌本身就是市场中的佼佼者，而绿色品牌则更是市场中的宠爱新秀。品牌绿色化标志着市场竞争的巅峰地位，成为新世纪企业追求的最高境界，也成为企业通向未来市场，扩大销售，争取消费者的必经之路。绿色营销在21世纪的市场中成为竞争核心。谁从事绿色营销，谁就能把握市场主动权；谁从事绿色营销，谁就能争取到消费者，扩大市场占有份额，开创企业的新天地。

绿色营销就是遵从环境保护法律，从可持续发展出发，以不污染环境，不损害健康，不浪费资源为产品特点，争取消费者的营销策略。

二、电子电器产品的绿色营销手段

1. 电子产品绿色程度已成为企业竞争力的首要因素

电子电器产品的问世导致了人们生活方式的变革。自社会进入绿色产品竞争时代，随着竞争在20世纪表现为从产品竞争走向品牌竞争，进入21世纪则表现为从绿色产品竞争走向绿色品牌竞争。品牌成为21世纪的商战利器，而其关键又在于品牌的绿色化程度。绿色消费已成为新世纪的生活基调。保护自然，回归自然成为消费时尚。产品的价值顺序日益从品质、服务转变为健康、环保、品质、服务等。消费者对电子电器产品的需求都要从生态保护、资源节约出发。而对环境产生破坏的电子电器产品将受到消费者的排斥和抵制，电子产品绿色程度已成为企业竞争力的首要因素。在社会进入绿色产品竞争时代，随着时间的推移与境界的提升，将走向绿色品牌竞争，完成竞争发展的高级形态的重复与螺旋式上升过程。

2. 在绿色营销中要展开对竞争对手的分析研究。

把握同行业竞争品牌的绿色进程。发挥自身电子电器产品的优势，寻找绿色市场空当，实行"人无我有，人有我优。人优我全"的营销战术操作。

电子电器产品营销就应顺应这种潮流，在绿色营销上下工夫。如制冷类的产品推出"无氟"绿色产品；视听类的产品推出低辐射、低视力伤害、低听力伤害的绿色产品；洗浴类的产品推出低耗能、低噪声、低污染的绿色产品；电子类产品推出低磁场、低回收污染的绿色产品等。只有抓住消费者的需求，通过细密的市场跟踪与调查，按消费行为与特点的变化进行超前性研究，把握市场需求新特点，遵从消费者意愿，加大产品的绿色含量，对绿色消费展开层次分析与发展预测，确定绿色产品推出的时间，使绿色电子电器产品既能适时适应市场需求，又能代表和引导消费潮流，让更多消费者青睐绿色电子电器产品。

相关链接："海尔"绿色冰箱与健康空调，赢得冰箱、空调市场的广泛认可；"海信"绿色环保电视开中国彩电绿色先河，以低辐射、低视力伤害、低回收污染的绿色技术，扩大了在电视机市场上的销售量；"小鸭"洗衣机、热水器在产品耗能、污染度不断降低，以健康为主题的绿色开发和生产营销下，使其在众多洗衣机、热水器产品的市场上占据了一席之地。

3. 在电子电器产品绿色营销中，要注重外在形象的塑造

电子电器产品在绿色营销中不只要注重产品的内在品质绿色化，还必须要注重其外在形象的绿色化。

（1）确立电子电器产品绿色化理念，以环保为己任，以奉献清洁产品为宗旨，形成产品鲜明的绿色文化。

"小鸭"洗衣机、热水器——"健康小鸭送给人们健康"；

"海信"电视——"绿色环保安全健康是全人类共同的期盼"；

"海尔"无氟冰箱——"世界多一个海尔，地球多一份安全"。

（2）在品牌标志与产品装潢上富有绿色寓意，传达产品的绿色内涵。

（3）做好品牌绿色化宣传，提高品牌绿色化宣传，以绿色打动人，吸引人。如："海尔"空调突出了健康清洁的特点，对市场产生了较强的震动；"海信"电视以降低辐射、保护视力、便于回收三大优点为绿色环保电视的宣传，曾在平淡的彩电市场上刮起"海信"绿色旋风。

（4）积极争取绿色标志。绿色标志又称环境或生态标志，是产品绿色品质与环保能量的表征符号。国际标准化组织（ISO）于 1996 年颁布了 ISO14000 产品环保质量认证标准，成为品牌国际化流通的"绿色通行证"。

你知道吗？ 我国也已制定了"中国环境标志产品"认证制度。电子电器产品在 21 世纪进入 WTO 后，必须积极争取绿色标志，要取得中国环境标志，取得出口国环境标志，还必须争取取得国际通行的"绿卡"——ISO14000 认证。在营销中突出绿色标志的宣传，取信于消费者，才能更好地占领市场，走向世界。

【项目小结】

通过本项目的学习，同学们学习了解了电子电器产品绿色化的几个方面以及绿色营销的概念；初步学会合理运用电子电器产品绿色营销的竞争手段，争取在竞争中立于不败之地；在绿色营销中要树立环保意识，树立法律意识。

【课外活动建议】

请同学利用上网查询和进行调研等方式了解电子电器产品绿色营销的相关知识。

项目二　数据库营销

【学习目标】

1. 学习了解电子电器产品数据库营销的概念、内容。

2. 学会分析电子电器产品数据库营销的优势，从而制定正确的营销策略。
3. 能合理运用电子电器产品数据库营销的基本手段，并合理运用其功能。

【学时安排】　1 学时

【知识模块结构图】

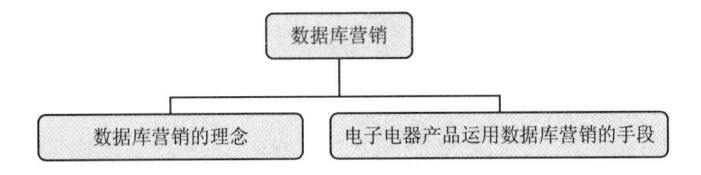

```
                        数据库营销
                ┌───────────┴───────────┐
         数据库营销的理念        电子电器产品运用数据库营销的手段
```

【营销案例导入】

在美国摩托罗拉公司几乎所有的重要文件上，都在醒目位置标着"我们的基本目标——使顾客完全满意"。这是摩托罗拉从 1928 年以来不断沉淀下来的独特企业文化的核心，为企业带来了丰厚的回报。"顾客满意"与其忠诚的维持密不可分。若能够使消费者具有一定标准以上的满意程度，他们就会成为品牌的忠诚维护者。为了解消费者的满意程度，就要运用数据库来了解现有消费者的满意度及忠诚度。数据库中不仅拥有消费者的个人资料，也包括了消费者对品牌忠诚度的定期的调查资料。通过对这些资料的分析、整理，可以了解到目前产品在消费者心中的地位，以及有多少消费者能够在众多同类产品激烈竞争的环境下，更多地接受本企业的产品。

【基础理论知识介绍】

随着时代的进步，科学技术的发展，数据库技术和市场营销有机结合后形成数据库营销。

一、数据库营销的理念

数据库营销是指企业通过搜集和积累消费者的大量信息，经过处理后预测消费者有多大可能去购买某种产品和利用这些信息给产品以精确定位，有针对性地制作营销信息，以达到说服消费者购买产品的目的。

数据库的建立与对信息的分析，可帮助企业准确了解用户信息，确定目标消费群，使营销工作有针对性，提高营销效率。对数据库的建立与分析最终是为了解市场，以进行有效的营销活动。

1. 数据库营销诞生并发展的原因

（1）由于当今消费者追求时尚化、风格化、个性化，而企业根据消费者的需求，对市场进行细分，细分的结果使某种产品市场规模减小，传统的广告促销已不能适应这种市场状况，就迫使企业寻求更经济更有效的促销方式，而这关键就是找准目标消费群，使得建立消费者数据库应运而生。

（2）由于社会专业化分工，大市场、大流通形成，企业规模日益扩大，产品辐射能力大大增强，形成了全球市场。大市场、大众传媒及批发商的涌现拉开了消费者与企业之间的距离，企业了解消费者的购买习惯和购买行为越加困难。这样就会导致生产与消费脱节。为解决这个问题，计算机和数据库技术的发展为企业缩小与消费者之间的距离提供了机会。通过储存消费者情况，企业可以更好地满足消费者需要。

（3）激烈的市场竞争迫使企业必须建立起与自己的消费者群的牢固关系。而一个相距甚远的企业如何建立起传统市场上那种生意人与其消费者之间的个人关系呢？只有运用现代通信技术、计算机技术和数据库技术，才能直接介入消费者生活中去接近和了解消费者，用"自动化拥抱"方式把握消费者，与消费者建立良好的关系。

2．数据库营销含有 5 个要素

（1）对信息的有效应用。
（2）向成本最小化、效果最大化努力。
（3）使顾客终身价值的持续性提高。
（4）含有"消费者群"观念，即一个特定的消费者群对同一品牌或同一公司产品具有相同兴趣。
（5）通过双向个性化交流，实现购销双方各自利益。企业可通过双向信息交流将消费者的意见或建议或满意度输入数据库，根据反馈改进产品或保持优势，实现最优化。

3．数据库营销的优势

（1）数据库营销可使企业准确找到目标消费者群。

过去在生产观念指导下的营销，各种类型的消费者接受的是相同的、大批量生产的产品和信息。而在市场越分越细下的营销，是根据人口状况和消费者共同的心理，将消费者划分为若干类，但仍然还是较大的消费者群。利用新一代高速计算机和数据库技术可使企业能够将消费者群划分得更细，甚至将目标消费群落在最小的消费单位——消费者个人身上，达到精确定位。

> **相关链接**：到 20 世纪末美国已有 56%的企业建立数据库。85%的企业认为进入 21 世纪后，他们需要用数据库营销加强市场产品竞争力。

（2）数据库营销可通过数据库将信息汇编，帮企业判定消费者和目标消费者的消费标准，并为企业选定一个竞争力强的定位，制定营销策略，满足目标消费者的需求，以获得高利润。

（3）数据库营销可使企业在最适当的时机将最合适的产品推出，满足消费者需要，以降低成本，提高效率。

一方面数据营销者通过数据库信息资料推出产品时可减少不适当地推荐产品带来的无谓浪费，另一方面还提高了企业形象，使消费者"知道这个企业理解我，知道我喜欢什么产品，什么时候需要这种感兴趣的产品。"扩大了销售，易使消费者产生购买动机。

（4）数据库营销可帮助营销者根据最新信息和结果制定出新策略，培养消费者成为本企业产品的长期忠实用户。

现在越来越多的企业投资建立数据库，以便能够记录消费者最新反馈信息，利用企业最新成果分析出针对性强的保证稳定消费者群的计划。

（5）数据库营销为开发营销新项目并增加收益提供信息。

企业可以根据持信用卡人数据库开展新促销活动：当持卡人购买电子电器产品时，在这个企业所列的电子电器商处可不用现付。随后，企业可发出一份有关购买电子电器产品习惯的消费者个人信息问卷,回馈率一般很好。通过这种活动,消费者在家中就可以了解更多的购物信息,且享受优惠,还可将现款交易改为使用信用卡。电子电器商得到一份数据库,销售量增大,企业扩大了信用卡业务,同时也收集了大量信息。

（6）数据库营销可以发展新的服务项目并促成购买过程简单化,带来重复购买的可能。

企业根据消费者资料信息,把消费者去年的订货单寄给消费者,这样可以有效地提醒他们订货的时候到了,消费者就可以按原样购买,或选一些新的产品购买。

（7）数据库营销可以选择合适的营销媒体。

企业可根据消费者数据库确定目标,从消费者所在地区、购买习惯、购买能力、商店多少做出大体销售的估计。这是决定营销媒体分配,充分传达广告内容,使消费者产生购买行为必须要考虑的内容,在制定媒体计划阶段,有关消费者情况成为营销人员必须掌握的内容。数据库营销的着眼点是某一个人而不是众多的消费体。由此必须根据数据库提供的信息,研究应以何种频率与个人沟通才达到良好的效果。

（8）数据库营销可使竞争更加隐秘,避免公开对抗。

一般来说,企业拥有自己的忠诚消费者非常重要。通过数据库,经常同消费者保持双向沟通,可以维持和增强与消费者的感情联系,增强抵抗来自其他企业竞争的干扰能力。数据库营销不用借助大众传媒,竞争比较隐秘,容易达到预期的促销效果。

数据库营销不仅是一种实现短期的以盈利为目的的促销活动工具,它还能使企业通过建立与顾客的交流渠道和信息管理系统来实现顾客最大满意度和企业利润最大化。数据库营销可达到通过了解消费者以使产品和服务自行转移到消费者手中的目的。向已知消费者进行市场营销,应用更多的消费者信息,不断充实消费者数据库,直至形成一个丰富的私有广告媒介,实现最大化销售,这样一个效果最大化市场营销将是未来市场营销发展的趋势。

> **温馨提示**：数据库营销中应充分发挥其优势,避免由于急于获利,给数据库营销带来不良影响。如消费者不时接到强行推销的电话干扰,或由自动拨号记录信息器（ADRMP）发出的计算机控制的电话,引起消费者厌烦,拉大与企业的感情距离等问题。这类问题会引起消费者增加怀疑态度和极低的反应率。

数据库营销在我国刚开始,随着信息技术、通信技术的发展和计算机的普及应用,会有越来越多的企业采用数据库营销这一现代化的营销方式。因为在未来激烈的市场竞争中,了解消费者习惯和爱好是十分重要的。

二、电子电器产品运用数据库营销的手段

1. 消费者数据库资料构成

消费者数据库建立的是关于市场状况的综合数据源,而不只是一个消费者名单。消费者数据库的构成根据企业状况有所不同。在一些小企业,消费者数据库可能是一些消费者名单。而一些大企业,消费者数据库中的资料可能还包括一些基本的人口资料、竞争资料等。一个专门搜集消费者资料的数据库,还会包括诸如性格特征、消费形态、使用习惯,甚至年龄、性别、职业、职称、婚否、学历、子女状况等背景资料。有的还会包括消费者对本品牌的忠诚度、看法、评价等。消费者数据库要有足够的灵活性,适应营销者的需要,补充新的消费者信息,调整数据库结构。数据库的有效性关键是对数据的及时校对和修改,清除不良数据

或无效数据对数据库的影响。数据库价值的高低，完全取决于建立数据库的目的及其内容的质量和功能的高低。

消费者数据库一般以资料来源、消费者类别和资料内容"三层"构成。如图8.1所示。

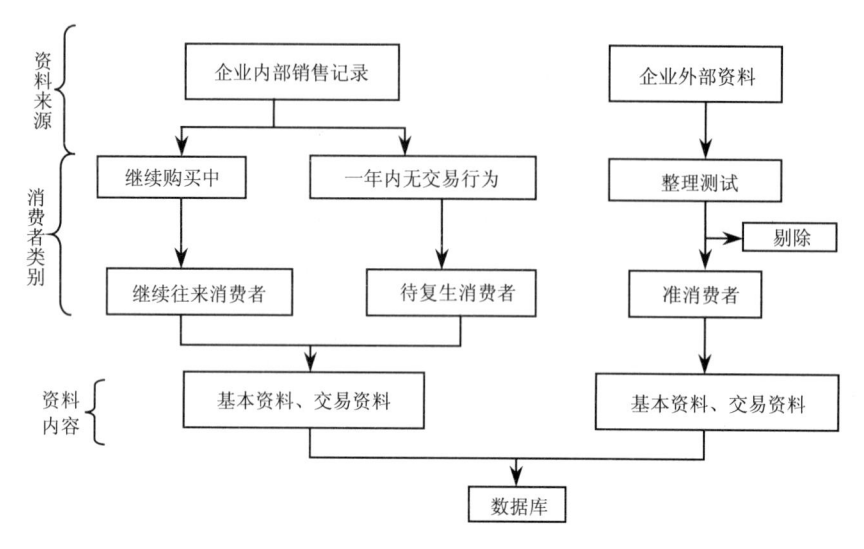

图8.1　消费者数据库构成

如在通用电气公司建立的消费者数据库中可以显示每位消费者的地址位置、心理特征、联系方式、电子电器产品购买历史等。营销人员从消费者数据库的信息可判断哪些消费者会更换洗衣机，哪些消费者生活在大家庭中，何时购买的本公司洗衣机等电子电器产品。于是营销人员据此判断谁对本公司和新式产品感兴趣，对本公司的大买主，可能给他们送上小礼物，以换取他们对公司电子电器产品的再次购买。营销活动与消费者数据库的关系如图8.2所示。

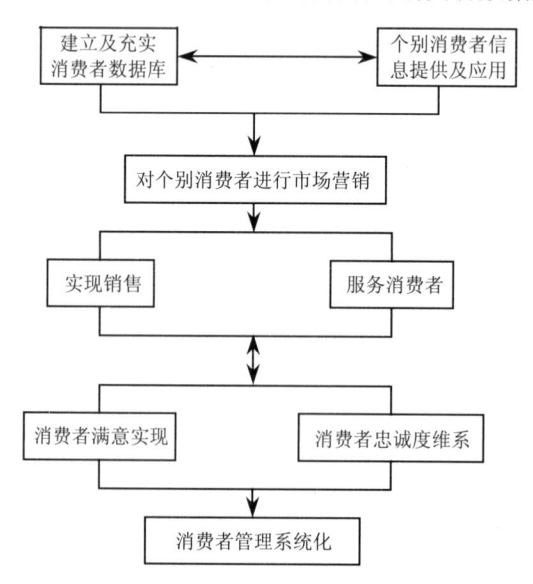

图8.2　营销活动与消费者数据库的关系

2．建立数据库的六个基本过程

（1）数据采集。数据库数据一方面通过电子电器产品市场调查消费者消费记录和促销活动的记录,另一方面利用公共记录的数据,采集消费者的有关记录。

(2)数据存储。将收集的数据,以消费者为基本单元,逐一输入电脑,建立起消费者数据库。

(3)数据处理。运用先进统计技术,利用计算机将不同的数据综合为有条理的数据库,然后在强有力的各种软件支持下,产生有关部门(如营销部门、公共关系部门等)所需要的详细数据库。

(4)寻找理想消费者。根据使用最多类消费者的共同特点,用计算机技术分析出电子电器产品的具有某些共同特点——如喜好名牌、喜好廉价等的消费者模型。以某组消费者(如喜好某品牌)作为营销工作目标(如推销某品牌电子电器产品)。

(5)使用数据。数据库数据用途多样。如根据消费记录判定消费者消费档次和品牌忠诚度;如根据消费者特性,如何制作广告对营销有效等。数据库不仅可满足信息,而且可进行数据库营销项目开发。

(6)完善数据库。建立数据库后要不断随着各种消费者信息的收集、增加和完善数据库,使数据不断得到更新,及时反映消费者需求的变化趋势,使数据库适应企业经营需要。

3. 在数据库营销下要建立潜在消费者群

> **相关链接**:潜在消费者是企业未来产品的购买者,有效地挖掘潜在消费者将有利于企业扩大营销范围,增加产品购买量,从而获得更高的企业利润。因此,挖掘潜在消费者是营销工作的重点。

(1)根据数据中的资料和信息,将消费者分成不同的类型,对不同类型的消费者采取不同的营销方法。

如按个性划分消费者类型,就可以将企业新开发出的电子电器产品向对新事物有特殊兴趣的消费者推销。因为这类型消费者对任何新事物都会产生一种迫切地想了解新产品的性能优点及与之有关的一切情况,这种有的放矢的营销往往能取得很好的效果。反之,将新开发的电子电器产品向保守、传统型的消费者推销往往难于取得预期效果。根据数据库的信息将消费者分类,再根据产品的特点确定营销目标和对象,就可以更好地挖掘潜在的消费者。

(2)营销人员应对可能的潜在的消费者进行筛选,挑选其中一部分最有可能成为现实购买者的消费者进行重点营销,舍弃购买可能性很小的消费者。

> **小案例**:同是音乐发烧友的两个消费者,往往不惜重金购入昂贵音响。当采用最新技术,音响效果有很大提高的新一代音响产品推出后,营销人员会将2人都作为营销对象。但营销人员从数据库中的最新信息知道其中一人已在上月花重金购入了一套优质音响,而另一人由于当时钱较紧而未买。根据这种情况营销人员会舍弃已购音响的消费者,转向另一消费者作重点营销。使其放弃原购买目标,而选择本企业的新产品。筛选可能的潜在消费者,挑选其中一部分最有可能成为现实购买者的消费者进行重点营销是非常重要的。最后,在数据库营销的条件下,充分抓住潜在消费者的心理,有效地利用营销技巧,将潜在的消费者转变为现实的购买者,实现营销活动的质的飞跃,从而达到成功营销的目的。

（3）留住消费者，使消费者成为企业长期忠实的用户，保证企业拥有稳定的消费者群，保住老消费者比寻求新消费者更经济、更实惠。

运用数据库营销可分析出消费者是些什么人，采取什么样的措施可以留住消费者，与消费者建立起紧密的关系，使其不转向竞争者。

利用消费者资料数据库建立消费者忠诚。首先应将收集来的大量原始数据经过加工、整理、分析转化为对自己有用的信息，并建立数据库。在建库过程中，孤立的消费者资料通常没有意义，只有将资料彼此配合使用，相互对比，才能获取全面的消费者资料；其次是对获得的消费者的资料加工处理，再运用逻辑思维能力归纳出进一步的结果。如某人对高级音响非常感兴趣，经济情况良好，几年前曾购入一套音响。运用思维能力将资料加工后，可以得出，此人可能在近期再度产生购买一套更高级的音响的需求。于是就可以给他整套的音响广告，或采取折价促销。这样通过理智的思维方式，对于感化性的资料进行加工整理，才能更好地了解消费者的需求。从而使消费者获得满意的服务，也有助于提升消费者忠诚度。

通过营销数据库，对有过一次购买记录的消费者可再次推销本企业产品，对于重复消费的消费者，可加强企业与消费者之间的关系，有效防止品牌改换。

数据库营销的一个宗旨是：个性化。通过建立强大的营销数据库，进行统计分析，确定目标消费者群，针对不同的目标消费者，实施不同的营销策略。同时还要通过及时的反馈以不断修正营销数据库，不断调整策略，真正实现企业与市场的互动。

小案例： 由数据库中的信息得知家住某个地方的消费者因企业未在此地设销售点，其购买大件电子电器产品很不方便，那么企业就应把送货上门作为主要的服务之一。通过与消费者接触获得信息输入数据库可便于企业对电子电器产品跟踪服务，处理消费者的意见，化解消费者抱怨，留住提出抱怨的消费者，还能够通过他们之口引来新的消费者，取得双倍效应。利用数据库可通过数据库中的资料制作与发送直接邮件，使逐渐盛行的 DM（即企业通过邮寄方式，把企业信息传送给个人，以促使消费者邮购产品）的方式，在数据库的推波助澜下，数据库营销成了当今世界上的"直接营销"和"无店铺营销"的有力营销工具。

【项目小结】

通过本项目的学习，同学们学习了解了电子电器产品数据库营销的概念、内容；初步学会分析电子电器产品数据库营销的优势和方法，能合理运用电子电器产品数据库营销的基本手段，并合理运用其功能。

【课外活动建议】

请同学 3~5 人结成小组，共同完成消费者数据库的建立。

项目三　网络营销

【学习目标】

1. 学习了解电子电器产品网络营销的概念，了解网络营销和运作的环境 Internet，在市场营销中的功能。

2. 学会分析和比较网络营销比传统营销具有的优势。

3. 初步掌握电子电器产品运用网络营销的做法。

【学时安排】 1学时

【知识模块结构图】

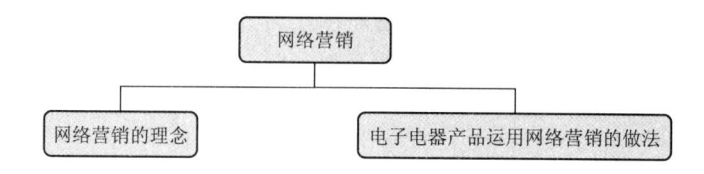

```
           网络营销
           /      \
    网络营销的理念   电子电器产品运用网络营销的做法
```

【营销案例导入】

美国市场调研公司BDA在2008年3月发布的数据显示，目前中国已经拥有了2.2亿互联网用户，成为全球第一"互联网"大国。整合营销传播之父唐·舒尔兹认为："无论在美国还是在中国，在线营销的崛起都是一个不争的事实。"

在数字化时代，电子商务为消费者带来了种种便利，对人类经济和社会的发展产生了深刻的影响。网络营销作为电子商务的重要组成部分，作为电子商务的基础，网络营销代表了21世纪市场营销的大趋势，正成为网络经济中最热门、最活跃的活动之一。网络营销的范围涵盖了运用计算机网络进行的一切经营活动，为企业掌握市场需求、开拓全球市场、参与国际竞争、减少中间环节、降低营销成本等提供了现代化的信息手段。仅以美国Internet公司为例，自1998年7月开通营销网络，目前网络订单每天高达1000万美元，每月有3亿美元营业额，比由其他渠道销售电脑的利润要高30%。

【基础理论知识介绍】

一、网络营销的理念

小张新婚，想买一台液晶电视。到商店一看五花八门，挑花了眼，无所适从。最后干脆上了一个网上商城，在家中仔细比较功能、价格后，就直接下了订单。现在小张这样的网民越来越多，为了适应这种性质的消费潮流，家电制造商和经销商开通自己的网上商城，同时家电厂商还加大了与海豹网、品牌家电网等第三方网络平台的合作，积极开发网上直销能力。使市场营销进入一个新的阶段。

1. 市场营销的三个发展阶段

网络营销是利用计算机网络、现代通信技术与数字交互式多媒体技术来实现的现代营销方式。包括Internet、未来的信息高速公路、数字电视网、电子货币交付方式等。运作过程包括网上的信息收集、商业宣传、电子交易、网上客户服务等。

现代市场营销经历了20世纪60年代至80年代计算机信息处理阶段和80年代中期至今的网络信息传输阶段，尤其是20世纪80年代中期以来，网络及通信技术得以长足发展，随着全国信息高速公路的建设，全球网络化的时代开始，网络化的计算机技术成为新兴的"知识经济"的基础。这一时期计算机信息处理广泛用于市场环境分析、营销情报检索、物流流程管理和对市场营销各要素的计算机辅助决策,使传统市场营销步入计算机辅助市场营销。由于现代科学技术,尤其是计算机技术及其网络、通信和多媒体技术的应用与发展,市场营销的效率和效能得以大幅度提高,为网络营销奠定了技术基础。

在市场经济的今天,卖方市场正向买方市场过渡,个性化消费正在也必将再度成为消费的主流;现代社会不确定性的增加和人类追求心理稳定与平衡的欲望使消费主动性提高;以追求消费过程中的方便和享受正在成为时尚等消费观念的变革形成了网络营销产生的社会基础。由于市场竞争的日益激烈,网络营销利用计算机网络为营销环境,可以节省店面资金,减少库存资金占用,降低商品供应链上的费用,缩短运作周期,并且经营规模不受限制,有利于扩大市场和经营规模,从根本上能增强企业的竞争优势,就为网络营销的产生提供了现实基础。

网络营销的特色主要在于其扩散的广度、更新的速度、内容的深度,以及可实现供求双方的在线相互交流等,这不是一般媒体所能比拟的。网络营销覆盖全球,没有地域和时间的限制,随时传递企业的形象、经营和产品等信息。而网络营销多路传送,适时快捷的功能,可将产品的最新信息提供给众多的消费者同时阅览或查询。正因为如此,中国互联网协会网络营销工作委员会在2008年初公布的《2007年中国IT行业互联网品牌营销状况调查》和《中国家电行业互联网品牌营销状况调查》都显示超过60%的IT家电企业使用CN域名,例如海尔集团注册了50多个相关CN域名,国内最大的家电零售连锁企业国美电器集团在2002年就注册了相应的CN域名作为企业网站的主域名,并在户外标牌中广泛应用。

2. 网络营销和运作的环境Internet在市场营销中的功能

1)推广企业的形象和经营理念的功能

企业在激烈的市场竞争中,越来越注意强化产品的品牌和形象。企业将精心设计的企业或产品的网页,通过Internet把企业的形象与经营理念及时传播给消费者,使消费者对于企业的基本状况、近期规划、发展远景、产品情况、技术与服务等有了更直接、生动的了解。拉近了企业与消费者之间的距离,有助于相互建立信赖的关系。

2)产品的推广与信息发布功能

网络营销的核心就是推销产品。通过Internet可使产品推销过程更生动,将产品的规格型号、销售信息、产品的外形、功能、使用方法等以图文并茂的形式展示出来,甚至增加动感。使产品推销由于知识性、趣味性和真实性更加生动具体。有助于吸引消费者,激发他们的购买欲望,产生购买动机。

3)与消费者进行在线交易功能

由于使用Internet,可以通过网络收集订单,根据订单,完成产品设计、物料调配、人员调动、生产制造,实现在线交易。

4)通过网络收集信息功能

通过Internet可收集诸如时事、政治、经济、技术、消费者需求、同类产品信息等各方面信息,将其反馈回企业,以研究开发新产品。如通过网页上在线填写的一些调查表格,可获取消费者信息及反馈意见。还可根据这些信息和反馈分析出不同的消费习性群体,为以后的生产、销售做好准备。

5）提供多元化的消费者服务功能

网络服务如同虚拟的销售人员，通过令消费者产生好感的网页界面和丰富的数据库，同时提供多人、多层次的数据咨询、意见交流、业务技术培训及售后服务等，使消费者可获得自己所需的内容，享受多元化的服务。

传统营销与网络营销的基本特征比较，见表 8.1。

表 8.1 传统营销与网络营销的基本特征比较

	传 统 营 销	网 络 营 销
环　境	基于农业经济和工业经济，注重于物流形成及流程的各个环节	基于以 Internet 为基础的信息经济的环境，较以传统营销活动各方之间地理上的距离，被网络上的电子空间距离取代之。各方相隔的"时差"几乎不复存在
界　面	面对面，或在电信手段辅助下的面对面	商业主页，Web 是 Internet 的信息资源平台，24 小时全天候向网上消费者开放
地　点	取决于营销双方或多方向的物理距离	虚拟电子空间中的 WWW 成为市场营销的新途径，分布于世界各地的客户和消费者的电脑成为购物场所
产　品	目标市场确定慢，产品定位批量大，产品生命周期长，新产品开发风险较大	可以是任何种类的产品或服务项目，最适合网络营销的产品是流通性高的产品
价　格	涉及企业定价、市场结构、需求弹性、成本结构、竞争状况、有关政策、反应速度快慢、竞争力影响	所受因素与传统营销基本相同，但通过 Web 销售时，可将价格调整到比传统营销更具竞争力的位置上
销　售	物流过程：在适当的时间、地点、以适当的价格供应购买方，销售采用依赖库存和中间环节（分销商）迂回模式	销售存在"距离"和"时差"上的优势，实现零库存，直接销售模式（甚至无分销商）的高效动作
促　销	运用广告、促销宣传、人员推销和口头传播等手段，控制企业在市场上的形象，本质取决于人本身	运用电子公关、动态广告、虚拟现实等各种广告形式。网络营销的运行，与促销活动和电子媒体等各种媒体共同运行可发挥最大的整体效益
决　策	主要依赖于人工决策，综合营销环境对企业产品的组织、市场定价、销售渠道、物流管理、促销手段及广告管理等进行决策	同传统营销一样进行综合决策，但以企业内部网连接 Internet 构成的信息系统综合环境，将各种决策条件和资源有效地集成，为在线决策提供了有力支持，使决策项目更多，内容更丰富，响应速度更快

3．网络营销比传统营销具有的优势

1）硬性化生产与柔性化生产的结合

硬性化生产与柔性化生产的结合，使消费者既能继续享受到低成本生产的好处，同时又能充分实现个性消费。将产生的标准部分与定制部分结合，成为符合消费者——"上帝"需要的产品。这种一对一的营销使得消费者真正成为上帝。

2）公平、公正、公开的经营特色

网络营销中公平、公正、公开的经营特色，体现在销售和服务的价格、质量等方面，将市场的主动权转到了消费者手中，消费者真正成了市场交易活动中的主角。这种公平、公正、公开体现了——消费者当家做主。

3）网络营销使购物的过程方便快捷

网络营销简化了购物环节，节省了消费者的时间和精力，将购买过程中的麻烦减少到最

小。对消费者来说，网上购物不再是一种沉重的负担，甚至有时是一种休闲、一种娱乐和一种享受。这种便利快捷让客户充分享受购物乐趣。当企业将传统经营形式中的销售服务和技术支持搬到网上，借助 Internet 充分展示产品服务和技术支持信息，及时准确地收集消费者的反馈，并做出回应给消费者以最大的便利时，可以为消费者提供准确高效的服务营销。

4）Internet 虚拟化的特征最直接的影响是使上网企业的规模变得无关紧要

通过开放的 Internet 虚拟空间，上网企业不用租赁铺面，只付上网服务费，网站的自动应答系统节省了经营费用，接到订单或收款后，直接从供应商处发货，降低了库存和装运费用。企业可以尽可能低的成本获取或发布尽量多的信息，这样就可以利用网络虚拟化特征，降低营销成本。

> **相关链接**：网络营销引起的市场性质的变化体现在，市场的多样化、个性化和时空变化；市场细分的彻底化；商品流通和交易方式的改变。网络营销引起营销方式的变化，体现在将传统营销方式中"为大众服务"演变为"为个人服务"。
> 网络营销引起消费行为的变化，体现在消费者直接参与生产和商业流通循环；满足了消费者的行为、需求和愿望的变化；消费选择范围的扩大化和消费行为的理性化。

二、电子电器产品运用网络营销的做法

电子电器产品要进入一个商机无限的全球大市场，就必须进入 Internet。企业进入能提供无限商机的 Internet，Internet 就会为企业提供一个向世界展示形象的舞台，大大缩短了企业开拓新市场以及产品投放市场的时间，增加了企业直接与客商和消费者的交流频度。因此，利用 Internet 开展网络营销，已成为电子电器产品新的经营之道。企业上网找市场，不上网就会被淘汰，这已是营销人员的共识。

> **小案例**：深圳未来电子科技公司把大量产品信息送上网后，成效显著。在 1999 年一年仅花费了 500 美元费用，就收到 25 个国家和地区的 200 万美元订单，发货 60 多批，还帮其他企业联系订货 100 多万美元。广东顺德"威力电器实业有限公司"的产品信息上网后的第二天，就收到了海外客商要求订购应急灯的反馈信息，以后又连续收到美国、澳大利亚、加拿大等国的订货信息。

1. 电子电器产品要进行网络营销，要有自己的网站，并注册自己的域名

域名是一种网上主机地址的助记符号，为了便于别人认识自己。一个已注册的域名，其他机构就不能再注册相同域名了，所以，域名在 Internet 上是唯一的。从这个角度讲，域名有了与商标、企业识别物类似的意义。因此，域名地址又被人称为"网络商标"。实际上域名已是公司形象的一部分。

企业在 Internet 上注册域名，设立网址后，就可以被全球所有的 Internet 用户随时访问，随时查询，建立广泛的商业联系。域名在商业竞争中不只是一个网络地址，而且涉及到重要的商业新机会。正因为如此，网络上时常发生抢注域名，重金购买域名，用法律手段保护自己的域名权。如国外的 SUN 微电子公司、Apple 公司等都利用法律手段极力保护自己的商标权和域名权。国内亚都、海尔、海信、春兰等一大批生产电子电器产品企业的域名，经过多

方努力才将被抢注的 Internet 域名的原注册注销。

> **小贴士**：安排域名的通常做法是，一般著名公司借助原有的知名度，以企业名称为域名，如海信集团 hisense.com.cn；一般某一行业佼佼者，以产品名称或品牌作为域名，如海尔集团 haier.com；对产品多样化、生产规模大的公司，其某种产品有了非常独特的个性，并拥有了相对较大规模市场忠诚度时，必须有个别域名，为某些品牌独立注册域名，以培养、尊重和强化消费者的消费忠诚度。一旦企业生产的某一品牌产品出现信誉危机时，不会妨碍其他产品的信誉度。

2. 一个企业的网站要取得成功，还要科学地规划网页

一个企业的网站要取得成功，还要科学地规划网页，使网页反映的电子电器产品信息准确，要有高度概括性和强烈吸引力的标题。将突出推销的电子电器产品放在醒目的位置上，让浏览者容易捕捉到，同时辅以精美的设计刺激浏览者，诱发其点击链接点。在网页设计中文字与图形的布局要突出重点，应让浏览者在有限的时间里尽快找到自己所需要的信息。

> **温馨提示**：网页中的菜单似网上商店的"导购员"，设计菜单时可采取网页中的在线目录，以图片方式为客户或消费者展现一系列的电子电器产品目录，如冰箱、洗衣机等。该目录可以电子电器产品的种类进行排列，以方便客户选购。设计中要按菜单加超文本链接方式设计连接结构，以尽可能快地满足用户浏览查询的要求，方便用户操作，以达到留住客户的最终目的。

3. 网络营销技术先行，强化电子商务的技术布局

有名的美国经销商百思买早在 2000 年度就推出了网上购物网，此后不断强化在线营销，优化其全球供应系统。它不是如国美、苏宁等家电销售巨头那样仅开设一些简单的网页，机械地罗列产品的商情与信息，而是围绕实体店面，强化电子商务的技术布局。通过 2001 年把它的网址直接链接到 IM-logistics 的库存系统上，让客户获得即时报价等有效信息，不仅解决了库存，也降低了物流系统风险；在 2003 年，它收购了美国一家专门为电脑产品提供支持服务的公司（Geek Squad），借助该公司，获得了售前与售后技术服务团队，消除了购买疑虑，这对不太习惯网上交易的本土客户更具有增值意识。而 2007 年 3 月的一起并购，更是直接透露了它锻造在线业务的雄心。它斥资 9700 万美元收购了一家成立于 12 年前的在美国境内拥有超过 4 万个客户的宽带服务提供商——Speakeasy。百思买执行副总裁 Darren Blackman 表示 Speakeasy 强化了百思买服务于中小企业和专业用户的技术力量，能够让他们获得一站式技术服务，并进一步促使公司从提供单一产品向提供整体方案过渡。目前百思买官方网站 BestBuy.com 已成为美国著名的电子商务企业网络。2008 年初百思买中国区前任主席表示，在门店较少的情况下，公司会考虑借助在线营销力量拓展在中国的业务。

网络营销可充分利用自己的网站发布企业的各种电子电器产品信息以及广告。对网络营销的对象研究，分析网络消费者群体特征，分析消费者的消费行为，还可利用网络开展各项服务，研究竞争对手，开展网上支付等。

总之，网络营销代表了 21 世纪市场营销的大趋势，正成为网络经济中最热门、最活跃

的活动之一，也是各国争先发展，各个产业部门最关注的领域。在更新换代、日新月异的电子电器产品营销中，网络营销无疑是一个有力的手段。

【项目小结】

通过本项目的学习，同学们学习了解了电子电器产品网络营销的概念，网络营销和运作的环境 Internet，网络营销在市场营销中的功能；初步学会分析和比较网络营销比传统营销具有的优势；掌握电子电器产品运用网络营销的做法。

【课外活动建议】

请同学 3～5 人结成小组，建立一个自己的网站，进行模拟营销活动。

项目四　定制营销

【学习目标】

1. 学习了解电子电器产品定制营销的概念。
2. 初步掌握电器产品运用定制营销的做法。

【学时安排】　1 学时

【知识模块结构图】

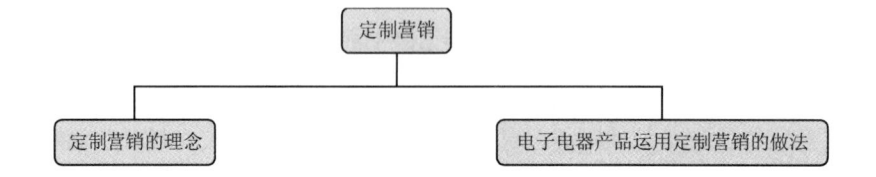

```
                    定制营销
                   /        \
          定制营销的理念    电子电器产品运用定制营销的做法
```

【营销案例导入】

从营销方式上看，网络营销并不只是交易的电子化或网络化，而是将传统营销方式中的"为大众服务"演变为"为个人服务"。这种发展使得传统营销方式发生了根本性的变革，它将最终使大众市场退出，而逐步体现市场的个性化，最终实现按消费者的需求来组织生产和销售，即"定制营销"。在定制营销的方式下，海尔喊出"我的冰箱我设计"的口号，按消费者的需求定做不同型号的冰箱。海尔人甚至说："如果用户提出要三角形的冰箱，你能不能提供？"这就是消费者的个性化需求，如果能够满足，你的优势就体现出来了。2000 年 6 月 12 日，哈尔滨一居民在海尔网上订购了一台 BCD-130E 型小小统帅冰箱，要求"左开门"，而且要在 7 天内交货。此型号的冰箱此前只生产过"右开门"，为了满足用户的特殊要求，冰箱事业部立刻组织设计生产，如期把合格产品送到用户手中。青岛一位用户是艺术家，住房面积较小，这位用户很想买台冰箱，但又觉得放在艺术味很浓的家中有些不伦不类，就自己设计了一款外观看来非常艺术化的冰箱，海尔一个星期内就将货送到他家。

【基础理论知识介绍】

一、定制营销的理念

定制营销是一种个性化集中营销，即企业按消费者对产品或服务的特定要求，为之设计、生产并提供产品或服务的营销方式。其实定制营销是对过去经营方式的一种重复，但不是简单的、完全的重复，而是进步了的重复。

在农业经济时代，小手工业者普遍采用的产品经营方式，就是定制营销。那时，消费者在生产者的店铺里直接查看产品，并向生产者提出自己的特定需求，要求生产者按自己的需要生产出自己满意的产品。消费者与生产者双方经过讨价还价，达成一致意见后，生产者为消费者定制产品。在这种营销方式下，每件产品都是专门为一个消费者定做的。从这个意义上说，一对一的定制营销是一种古老的营销方式。时至今日，服装店为每位消费者量体裁衣，仍是延续这种营销方式。

进入工业社会以后，由于定制营销与机器工业生产体系中通过资源、批量生产来追求规模、成本经济效益的要求是冲突的。批量生产、标准化生产、制式生产的最大好处是可以大量生产产品，同时大幅度降低成本。因此，在工业社会中定制营销方式就被淘汰，而普遍实行目标市场营销。目标市场营销是一种大规模无差异营销，它不是专为某个消费者设计和生产产品，而是按某个消费者群体的要求设计、生产产品的。这个消费者群体的大小，以企业生产批量能否满足市场"盈利"的要求为最低界限。因为目标市场营销在基本满足消费者需求的时候，又能兼顾生产经济性的要求。所以，目标市场营销成为工业社会中最佳的营销方式。但目标市场营销无法充分满足消费者的特定需要。

随着计算机及网络的产生与发展，市场进入多样化和复杂性日增的时期。计算机化的生产使产品更具多样化的特点，能够满足不同消费者的特殊需求，使那种机器大工业以最低成本向市场提供产品的营销与能充分满足消费者需求的定制营销相互结合，就形成了一种高级的、进步的营销方式——定制营销。这实质上是网络时代的定制营销的含义，也是网络营销的魅力所在。

二、电子电器产品运用定制营销的做法

电子电器产品的定制营销，绝不同于古老的营销方式，因为它不是手工劳动产品，而是由机器工业生产体系批量生产，追求规模、成本经济效益决定的生产。但也绝不同于目标市场营销，因为在市场经济中"无形的手"指挥下，必须要将产品的个性化、多样化放在首位，创造消费，创造市场。

电子电器产品的定制营销，是针对不同的市场开发产品，以满足不同消费者群体的需要。如在国际上有黑色家电、白色家电之分。黑色家电是满足人们的娱乐需求；白色家电是满足人们的家庭生活需求。在不同国家和地区对黑白家电需求不一。在日本，黑色家电占优势，白色家电在欧、美、亚占优势。电子电器产品就要根据不同营销地区生产不同型号、功能、形状、颜色的产品。西方国家的冰箱作为食品储藏用品，一般在厨房里，而我国很多家庭不仅把其作为储藏用品，还将其作为一种装饰品放在客厅。这对于冰箱的外在质量就要求更高，外形、色泽各方面都要求更讲究。一般来说，中国家庭的房间面积较小，就需开发组合式冰箱，可以上下左右摆放，搬动方便，还应采用双压机、双电源，可根据需要开启一组或其中一个冰箱，使其更具明显的节能效果。在国际市场上，电子电器产品还要根据不同国家的文

化和生活习惯，设计、推销不同的产品。如在中东市场上，电子电器产品颜色应为白色和金黄色，因为这两种颜色为阿拉伯人喜爱，认为象征着纯洁与富贵。

在电子电器产品营销中，要善于主动发现消费者潜在的需求。在机器大工业生产中，消费者不会再向手工作坊时代那样，直接向生产者、营销者提出自己的需求。企业就要主动去调查、了解，甚至通过日常生活中遇到的困难、消费者的抱怨，敏感地发现消费者对电子电器产品的特殊需求。现代的电子电器产品的定制营销仍然是来自于消费者，如海尔暖被机的问世，就源于一位居住在青岛市海边的消费者的生活困难。每年秋天起，潮湿寒冷的海风，使其 70 多岁的老母亲的关节炎发作，痛苦地熬过每个冬天。这位消费者遍访名医，也未治好其母的病。海尔人闻听此事，就成了海尔产品开发的一课题。仅 3 个月，多功能暖被机问世，除具有加温除湿功能外，还具有干衣、干被、杀菌、滤清空气等功能，特别适合北方一些寒冷潮湿地区的消费者需求。据此，海尔又开发出美容加湿器、浴室宝空气清新机，各种暖风机等系列小家电，满足了不同环境、不同层次的消费者需求。在 1996 年，一位四川农民投诉海尔洗衣机排水管经常被堵。维修人员发现原因是这位消费者用洗衣机洗红薯时，泥土多，造成堵塞。维修人员为其加粗了排水管，解决堵塞问题。海尔人并未到此为止，而是经过市场调查发现这位消费者生活在红薯之乡，为将卖不出的红薯加工成薯条，先要将红薯洗净，为了省力，就用洗衣机洗红薯的泥土。再一了解，在四川农村，很多农户都是在冬天用洗衣机洗红薯，夏天用来洗衣服。于是海尔人马上开发被有些人员认为太土的"大地瓜洗衣机"，生产出价格低廉具有一般双桶洗衣机的全部功能，还可以洗地瓜、水果，甚至蛤蜊的"大地瓜洗衣机"，首次生产了一万台投放农村，立刻被一抢而空。这种定制营销，就是满足每个人，每个时期的不同需求，突出的是设计的人性化，即以生产者为主体，以消费者为主体，以生活者为主体。

面对个人消费者，海尔同他们共同设计、制造完全个人化的家电。面对商家海尔推出"商家设计，海尔制造"的营销模式。在全国十城市巡回举办 B to B 商品定制会上，海尔用电脑投影的形式对冰箱、空调、洗衣机、彩电等九大门类家电的基本产品进行推广和演示，由商家在现场根据所在市场消费习惯和地域特点的需求来设计产品。仅冰箱在采用什么制冷方式，储物抽屉是否透明，门把手的形状等皆可提出设计和要求，海尔根据商家的意见组织制造生产。这是一种全新的营销模式——定制营销。目前，海尔冰箱有一半以上是按全国各大商场的要求专门定制的。

善于预测未来的阿尔文·托夫勒说：未来的生产不是大批量的，而是为每一个用户服务，即所谓"生产单个产品"的模式。在市场经济条件下，定制营销是摧毁过去的产品开发体制，变"向顾客推销产品"为"顾客需要什么，我们就开发什么，生产什么"，进而发展到"顾客还说不清需要什么，我们已经送上产品，让他获得意外的惊喜"。

【项目小结】

通过本项目的学习，学习了解了电子电器产品定制营销的概念以及初步掌握电器产品运用定制营销的做法。

【课外活动建议】

请讨论：什么是定制营销理念？现代的定制营销是如何进行的？

习题八

1. 电子电器产品新颖的经营理念和方式有哪几种？
2. 什么是绿色营销理念？为什么会形成绿色营销理念？
3. 试举几例电子电器产品进行绿色营销的方式。
4. 数据库营销之所以诞生并发展的原因是什么？
5. 消费者数据库如何构成？
6. 网络营销和运作的环境 Internet 在市场营销中具有哪几个功能？
7. 网络营销的基本特征是什么？
8. 什么是定制营销理念？现代的定制营销是如何进行的？
9. 试举电子电器产品是如何运用新颖的经营理念进行营销的几个例子。

实训八

1. 虽然在 2007 年的中国 PC（个人电脑）市场相对于笔记本电脑销量的迅猛增长，台式电脑的增速已放缓很多，但从行业需求量来看，用户关注的是商用台式机如何同行业特点相结合。如：网吧行业对物理安全比较注重；教育行业则对可管理性、部署的高效性有特别要求。因此，商用台式机行业细分就成为一种趋势，这促进了"面向细分行业定制"业务的发展。试对这种现象进行分析。

2. 试分析海尔太阳能为什么在进入 2008 年后宣布正式启动"绿色能源战略"，并提出要力争在 3 年内成为国内最大的太阳能热水器企业，5 年内成为国内最大的可再生能源企业，10 年内成为世界最大的可再生能源解决方案供应商。

3. 为什么腾讯公司执行副总裁认为，对企业营销来说，当人们的生活和沟通从单一的信息，被动接受向 Web 2.0 转移以后，就意味着营销体验已经改变，企业要改变，更具消费者生活方式的改变，寻找更有效的行销战略的改变。

模块九 电子电器产品的经营战略

在本模块的学习中,我们将一起来学习了解电子电器产品分销渠道的概念、功能、类型。在本模块的学习中,我们将一起来学习了解营销战略的含义,结合海尔公司的成功经验理解电子电器产品的发展战略;理解电子电器产品竞争的四层含义;了解海尔公司是怎样制定竞争战略和全球营销战略的。

项目一 电子电器产品的发展战略

【学习目标】

1. 学习了解营销战略的含义。
2. 结合海尔公司的成功经验理解电子电器产品的发展战略。
3. 培养忧患意识和长远发展的战略思想。

【学时安排】 2学时

【知识模块结构图】

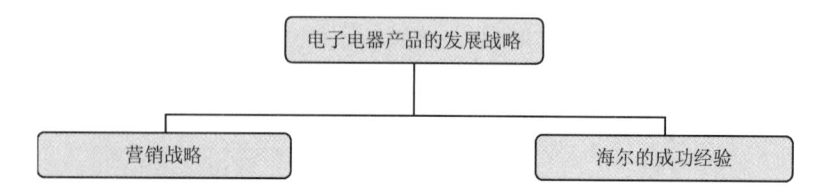

```
         电子电器产品的发展战略
            /            \
         营销战略      海尔的成功经验
```

【营销案例导入】

电子电器产品的经营既要考虑当前市场的经营,也要考虑长远的经营战略,才能在激烈的市场竞争中立于不败之地。世界科技革命浪潮推动着电子电器产品这一技术含量较高的新兴产业迅猛发展。在电子电器产品市场上群雄并起,特别是加入WTO后,国际市场上的电子电器产品会大举进军中国这个庞大的电子电器产品市场,这就迫使电子电器产品的生产经营者审时度势地制定出相应的发展战略。

【基础理论知识介绍】

一、营销战略

战略一词本是军事用语,演变到今日,战略指关系到重大的、关系事物全局的、涉及时间相对较长的，同时又决定或严重影响事物发展前途和命运的重大谋划，成为人们对待事物和决定自己行为的前提和关键。

战略进入企业经济领域最早见于 1965 年美国安绍夫的《企业战略论》一书。首次提出企业战略的概念，这就是企业为求得生存和发展，根据其所处的内外环境而制定的长远计划和选定的奋斗目标。

战略是实现长期目标的方法。对于现代公司而言，营销战略往往是其公司战略的核心内容。所谓营销战略，就是业务单位意欲在目标市场上用以达成它的各种营销目标的广泛的原则。营销战略的内容主要由三部分构成，包括目标市场战略，营销组合战略，以及营销费用预算。而从营销管理过程的角度来看，营销战略同样可以区分为三个阶段，即营销战略计划，营销战略执行和营销战略控制，如图 9.1 所示。其中，营销战略控制一般有年度计划控制、利润控制和战略控制三种类型。

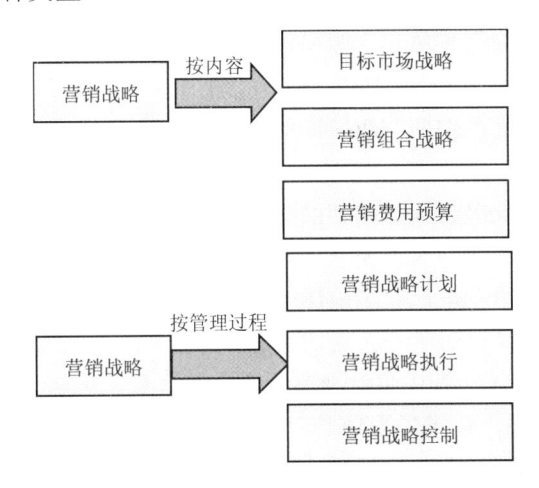

图 9.1　营销战略分类

二、海尔的成功经验

电子电器产品要想赢得消费者，占领市场，扩大销售，其发展战略的基点需同其他产品一样，首先在于"令消费者满意"。令消费者满意首要的又是高质量，高质量则是名牌产品的核心。海尔电器是享誉海内外的知名产品，而其起点可以说是在 1985 年海尔人用铁锤砸烂了 76 台不合格冰箱的壮举。

海尔集团是由 1984 年的已到山穷水尽的青岛日用电器厂，在经过大量市场调查分析后，做出彻底退出原生产洗衣机产品的决定，转而与原西德利勃海尔公司合作，生产当时中国乃至亚洲尚无生产的四星级电冰箱后成立的。在激烈的市场竞争中，海尔人十分清楚，转产电冰箱，搞好了，可以崭新的面目出现在市场上，赢得消费者，搞不好，用先进的设备生产不出高质量的产品仍会重蹈覆辙，所以采取了"慎于首战，首战必胜"的战略。这个战略就是要在市场上创出"名牌冰箱"。

所谓名牌应是在同类产品中最优秀的，具有导向性的，起引导消费作用的产品。

海尔人在"要么不干，要干就要争第一"的追求卓越的观念下，在 1985 年，张瑞敏让事故责任人当着全厂职工的面，用大锤将突击检查出的 76 台库存不合格的冰箱全部砸毁，而不是作为当时市场上将产品按二等品、三等品或等外品处理。正是严格的立厂之道砸碎了职工陈旧的质量意识，促使员工努力提高自身素质，昔日砸冰箱的大锤为海尔走向世界立了大功。

在20世纪80年代中期到90年代初，中国市场面临短缺经济，由"卖方"左右市场，当时只要是电子电器产品，即使是次品都有人抢购。一般家电厂家见此赚钱的好机会，拼命进口散件，组装后上市，根本没有占领市场的发展战略，没有质量、品种、效益等意识，一味地盲目上产量捞取眼前利益。而海尔却在员工中普及"有缺陷的产品（哪怕是外观上的一道划痕）也等于废品"的观念。这是因为海尔人预见到，企业所处的经营环境迟早要发生转变，短缺经济时代的生产和销售观念注定要被淘汰。正是这种创立名牌的发展战略，使海尔能够在1988年电冰箱国优评比中，以总分第一的成绩击败全国100多家冰箱厂摘取了第一的金牌。并且在北京展销现场，与日本冰箱及其他几个牌号的国产冰箱当场打擂台赛，结果海尔冰箱各项指标遥遥领先，把其他产品比了下去，一时间，消费者对海尔冰箱形成抢购之势。在此后6年内，海尔冰箱又先后10次在国际招标中中标，且于1990年获得中国家电唯一驰名商标的荣誉。直到今日，海尔冰箱仍为中国名牌冰箱，引导冰箱消费的潮流。

从市场的行为来看，当产品进入成熟期阶段，消费者往往是认牌购货，并引导他人购买。在电子电器市场上犹为如此。但随着成熟期的到来，市场日渐饱和。此时的市场需求更倾向于名牌。但任何一种名牌若卖到了"滥市"，再推陈出新显然不行。这就需要在电子电器产品的发展战略中要树立否定自己、创造顾客的思想。

否定自己、创造顾客，就是要遵循"否定之否定"的哲学原理。在市场否定自己之前否定自己，推陈出新。因为电子电器产品市场始终处于日新月异的不断变化之中，任何电子电器产品所创造出的成果都是暂时的和相对的。电子电器产品的开发研制原则应是"生产一代，研制一代，构思一代"。这在企业中将此形象地比喻为"手里拿着一个，眼睛看着一个，心里想着一个"，即把握住市场，以市场为导向，始终保持产品在市场上的领先地位。

再以海尔公司为例，海尔公司根据市场调研发现，每年的6~8月份，本应是消费者最需要洗衣机的季节，但却是洗衣机市场销售最淡的季节。其原因是当时市场上推出的都是大容量（如5千克）的洗衣机，对于洗换衣服频次高但量少的人们来说，使用5公斤的洗衣机不合适，既费水又费电，还费时。海尔公司经过上百次技术论证和"咨询问卷"调查，确立了开发"即时洗"小型洗衣机。在1996年10月，海尔公司向市场推出了中国第一台"即时洗"的洗衣机，取名为"小小神童"。"小小神童"一上市就带起了新的消费狂潮，它受到了夏季家庭、单身家庭、有新生儿的家庭、大学生宿舍以及星级宾馆的欢迎。当时，在市场上出现了少见的排队抢购现象，在北京的一家三星级宾馆一次就预订了4 258台，让客人出门在外也可以像在家一样，随时洗衣服。在这种强劲的销售势头下，海尔人并没有止步，而是时刻注意倾听市场的声音，有人说，"小小神童"好是好，可惜没有甩干功能。于是他们迅即推出带甩干功能的新型号，一下子又形成了一个新的市场卖点。此后不断有新一代的"小小神童"问世。无论是"喷淋手"、"全瀑布"，还有能奏音乐、具有透明视窗的第九代"小小神童"等，每一代都与市场需求密切相关。

现在海尔公司已拥有58大门类，9 200个规格品种的产品。无霜、无氟、节能冰箱，豪华型、普及型、经济型、模糊型各类洗衣机，变频、一拖多空调等。对海内外、东西方、南北地带、大小家庭都做了人们意想不到体贴而又实惠的设计。由于针对很多不同的市场进行开发，到20世纪末，海尔公司已拥有各项专利1 800多项，是中国申请专利最多的企业。1998年海尔公司平均每个工作日开发一个新产品，并申报两项专利。1998年海尔公司实现销售收入 162 亿元，新产品贡献率达 70%，达到发达国家的水平。其原因就如美国企业管理中的一句名言——"企业第一位的不是创造利润，而是创造顾客。"海尔人的发展战略之一就是创造市场，其实就是创造顾客，进而创造市场。

项目二　电子电器产品的竞争战略

【学习目标】

1. 理解电子电器产品竞争的四层含义。
2. 了解海尔公司是怎样制定竞争战略的。
3. 培养竞争意识和创新意识。

【学时安排】　2 学时

【知识模块结构图】

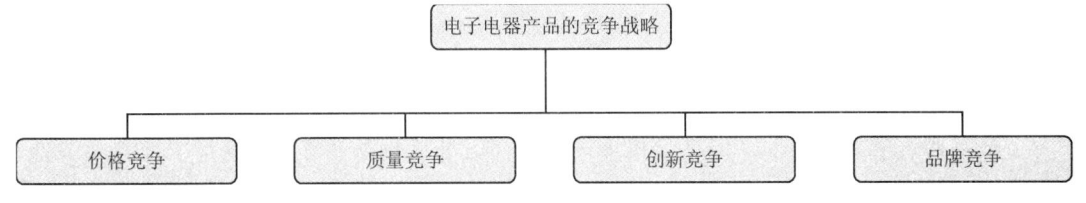

```
         电子电器产品的竞争战略
    ┌─────────┬─────────┬─────────┐
  价格竞争   质量竞争   创新竞争   品牌竞争
```

【营销案例导入】

在海尔公司参与国际市场竞争时有这样一件事。海尔冰箱第一次出口德国险象环生，海关和商品检验局都不相信中国产品能适合德国的消费要求，德国人甚至说：日本冰箱都不让进，何况中国货！言外之意，日本货质量比中国好都达不到德国的要求，中国货就更不行了，况且海尔冰箱标价还不低。虽然德国代理商想先试销 8 000 台，但德国的海关和商检局认为质量差都不批。最后海尔公司的代表让德国检验官揭下海尔商标，与几十台将各种特征去掉的德国生产的冰箱混在一起，让检验官去认哪台是海尔冰箱，哪台是德国产冰箱。几位检验官都认不出来，再用仪器检测后挑出 3 台他们认为制冷、除霜和噪声三项指标最好的冰箱，最后一确认，都是海尔公司生产的。于是海尔公司打开了德国市场的大门。请想一下，其原因是什么？在当时一些企业小批量生产电子电器产品质量还可以，可批量一大就出现质量下滑；送出参加检测的样品还可以，一批量检测就过不了关。要进入国际市场，特别是进入发达国家，要经常遇到批量检测，一次不过关就被整体否定。留下的坏印象很难抹掉。正因为如此，海尔公司提出，海尔公司的产品必须要追求尽善尽美，差一点都不行。

【基础理论知识介绍】

随着市场经济的发展和对外开放的扩大，电子电器产品的竞争进入了白热化阶段，不仅要面临来自国内同行业产品的竞争，而且要面对国际产品的竞争。在巨大的市场和强有力的竞争压力下，这就迫切地需要企业制定竞争战略，以应对机遇和挑战。

电子电器产品的竞争可划分为四个层次：价格竞争、质量竞争、创新竞争、品牌竞争。

一、价格竞争

这一层次的竞争是较为低级的，其特征表现为价格因素主导市场。以价格为主导的竞争目标锁定在价格上，只能适应经济发展的一定时期而不具长期性。在20世纪90年代，电子电器产品多次发生价格大战，这是因为当规模效应和成本控制不再是竞争参数的时候，价格战似乎就成为了家电厂商竞争不可或缺的手段。在正当的价格竞争中，价格拼杀是靠牺牲利润为代价的低级竞争，是一种涸泽而渔的行为，是一种没有后续力量的竞争。不正当的价格竞争是一种企业为垄断而进行的不法行为。

> **小看板**：价格竞争驱使各家电厂家通过降低价格来保住市场份额。例如，在2000年8月，中国微波炉第一品牌格兰仕宣布将高档微波炉系列全部降至1 000元人民币以内，并宣称今后格兰仕再高级的微波炉也不会超过千元。这意味着中国微波炉市场已进入微利时代，也意味着格兰仕设置了行业进入的价格壁垒。1 000元的高档微波炉，是当时中国市场残酷竞争的一个风向标，在消费者心中刻下了一条重重的的价格参考线。

二、质量竞争

质量竞争的特征表现为市场的主导因素是产品的高质量、高品位。这个层次的竞争是由整个社会的生产、生活方式的发展变化所决定的。由于社会物质的丰富，人们的生活水平的提高，使消费者的购买取向从以要求价廉为主转而以要求物美和高质量为主。高质量产品只要物有所值，即使价格较高也不会影响消费者的购物选择。

在20世纪80年代电子电器产品供不应求时，海尔公司坚持把住质量关，甚至当时一些商业公司恳求海尔公司将残次品给他们，说就这样的产品也比其他厂家产品好时，海尔人也不为其所动，坚持残次品一律不准出厂，他们指出："质量问题不要'亡羊补牢'，而要'未雨绸缪'"。坚持高质量的结果是在20世纪90年代电子电器产品供过于求，各厂家纷纷用降价促销、保证市场份额时，海尔公司不为所动，坚持不降价。当时海尔公司对冰箱的各项技术指标的制定均高于国家标准，其中主要的七项指标实测值均优于国际发达国家水平，尤其对外观和噪声的要求特别严格。如冰箱外观，国家标准要求是1.5m以内看不出划痕，而海尔公司则要求在0.5m内不得看出划痕；国家规定噪声为52dB，而海尔公司则控制为50dB。质量的过硬使电子电器市场打价格战时，海尔电器不用降价，就可在彩色电视机、冰箱等销售中，仍然行情看好。不降价的结果更使人们认识到海尔电器的质量，增强了消费者对海尔产品的信任度，提高了海尔的品牌知名度，为其参与市场竞争创造了良性循环的条件。

海尔公司在国际竞争中为自己制定的指标是："要在国际市场竞争中取胜，第一是质量，第二是质量，第三是质量。"除了冰箱，海尔在空调、洗衣机及厨房用具上都是后起之秀，在市场占有率上都名列前茅。海尔公司出口数量大幅增长，产品被越来越多国家的消费者认同，靠的什么？靠的就是产品质量。

三、创新竞争

创新竞争这一层次的特征在于技术含量成为竞争的主导因素。这就是说电子电器产品仅靠价格低、质量好还不够，还要有新意。要将新设计、新性能、新品质、新技术融入产品之中。技术创新是竞争的核心。靠创新把握市场的主动权，引导市场新潮流，保持竞争的强有力的生命力。

创新概念在引入经济发展理论后,熊彼特认为创新包含以下五种情况。

(1) 采用一种新产品——也就是消费者还不熟悉的产品,或一种产品的一种新特性。

(2) 采用一种新的生产方法,也就是在有关的制造部门中尚未通过经检验确定的方法,这种方法不需要建立在新的科学发现基础之上,可以存在于商业上处理一种产品的新的方式之中。

(3) 开辟一个新的市场,也就是有关国家的某一制造部门以前不曾进入的市场,不管这个市场以前是否存在过。

(4) 采取或控制原材料或半制品的一种新的供应来源,不论这种来源是已经存在的,还是第一次创造的。

(5) 实现任何一种工业的新的组织,比如造成一种垄断地位(如通过"托拉斯化")或打破一种垄断地位。

熊彼特的创新是一种技术创新,通过知识或技能的重新组合,造就为社会所用的产品、工艺和服务。另外,开辟新市场,实现新的组织的管理创新,也是创新。

在 21 世纪,人类经济正由"短缺"走向"剩余",使需求的创造以前所未有的速度被提上日程。当前,需求的创造越来越依靠科学技术发展,新需求对增长的贡献周期越来越缩短,这两个特征日益凸显。在创造需求的意义上,技术创新具有举足轻重的地位。这是因为技术创新会形成新的更好的产品,这种产品会引发人们的新需求;技术创新会降低产品成本,致使产品价格下降,而产品价格的下降则会引发更多的需求;技术创新会提高产品的质量,质量的提高又引来消费者新的需求。技术创新这三大功能奠定了在竞争中取胜的基础。

在全球经济一体化的压力和中国加入 WTO 的挑战下,企业与消费者之间的距离在空间上更远而时间上更近。对于一个企业,提高科技竞争力是当务之急。市场竞争的激烈性和紧迫性决定了在竞争中必须以比对手更快的速度去创新。经济的奥运会与体育的奥运会一样,速度会使竞争格局发生本质变化,成绩往往是在对手没有准备好的情况下实现的。

> **想一想**:亚科尔讲过这样一段话,"世上没有一成不变之物,我喜欢猎野兔,不断地运动和变更构成了这种狩猎活动的全部内容,你看准了野兔,举枪瞄准,但它却在移动。为了打中它,你也必须移动你的枪"。这一段话的意思是什么呢?

有的企业习惯于"守株待兔",用一成不变的产品去应对市场,当产品失去竞争力时,不说自己产品有问题,而是讲市场出了问题。有的企业却不是"守株待兔",而是在引"野兔"出现后一击而中。

创新的第一要求就是和市场结合,这不仅意味着适应市场,更重要的是"创造市场",即不局限于在现有的市场中争取份额,而且要以自己的优势"重做一块蛋糕"。

被《财富》杂志誉为亚洲最大的电脑制造商的联想公司,在电脑的营销中采取的是通过建构一个高科技产品的营销网络,通过这个网络吸引国外名牌上门主动合资,最后联想获得实力开发自有品牌产品的竞争战略。所以联想先代理 PC,然后做自己的 PC,代理惠普的打印机,然后又做自己的打印机。熟悉市场后,联想公司根据中国国情设计出更符合中国消费者需要的产品。TCL 集团彩电的营销竞争战略是先销售,再研发,后生产。TCL 的彩电质量与日本索尼、松下相比差不多,但 TCL 的彩电之所以销售量比他们多,除较优的性能价格比之外，重要的是 TCL 有一个销售网络，能够把销售终端渗透到最基层，甚至到农村的乡镇。

海尔公司的市场营销网络是海尔公司的世界版图。正是靠了遍布全球的营销网络，海尔的电器产品才走出国门，进入国际市场。

在电子电器产品营销中要想竞争取胜，必须要积极开发市场，海尔公司、联想公司、TCL 公司等企业，最大的竞争力就是创造市场，以市场网络为王，在市场中争取到更大的份额。

创造市场不局限于只在现有市场中争份额，还要以自己的优势去创造新的市场，引导消费来领先市场，这也是竞争战略之一。

创造新的市场是使电子电器产品要有个性，不断保持创新的活力。亚洲第 1 台四星级电冰箱，中国第 1 代豪华型大冷冻电冰箱，中国第 1 代全封闭的抽屉式冷冻电冰箱，中国第 1 台组合式电冰箱，中国第 1 台宽气候带电冰箱，中国第 1 代保湿无霜电冰箱，中国第 1 台全无氟电冰箱、"小超人"变频一拖二空调、超薄型洗衣机、上开门洗衣机、暖被机、电熨斗等，这些具有鲜明个性的海尔产品，每一个新产品都创造了一个新的市场、一浪新的消费高潮和一个新的消费群体，使海尔公司在电子电器产品上独领风骚。

孙子所言"不战而屈人之兵，善之善者也"。海尔人认为市场竞争的最高境界就是"不竞争"，当别人没想到时，抢先一步想到并以最快速度开发出来，推进市场销售，使海尔公司走在市场前面，也就在竞争中拔得了头筹。

四、品牌竞争

品牌竞争是更高的竞争层次，这一层次的特征是以产品的精华，囊括了产品的价格、质量、技术等所有的优势，凝结成响亮的牌号，并借此打入市场，影响并左右市场的消费。在这一层次竞争中，品牌是市场竞争的决定性因素。由于品牌不仅拥有有形资产，还拥有无形资产；不仅具有创造平均利润的功能，还具有创造超额利润的功能，使品牌具有战胜竞争对手的能力。

> **小看板**：在电子电器产品的市场上，"海尔"、"长虹"、"春兰"、"联想"、"海信"、"康佳"等一批中国品牌的脱颖而出，打破了原由国外品牌威霸市场的局面，其品牌价值上升，市场份额不断拓展。由于品牌的聚合力，"海信"1997 年总资产达 33.3 亿元，比 1993 年增加了 5.26 倍。3 年间"海信"以不足 2 亿元的对外投资，控制了 25 亿元的资产。"海信"获得了长足的发展。"海尔"销售规模从 1996 年的 62 个亿到 1997 年迅速发展达到 108 个亿，增长 74%。

在品牌竞争中，"长虹"、"海尔"、"海信"、"春兰"、"康佳"等电子电器产品的竞争，分割了市场。品牌是在市场竞争中产生的，又参与市场竞争。以市场为导向，围绕不断变化的消费者心理与市场需求，根据企业特点制定品牌竞争战略，不断增强品牌竞争力，就可以以较高的市场占有率，较高的知名度、美誉度确立起电子电器产品的市场地位。

在电子电器产品市场上，品牌有很强的激发功能，品牌所激发的消费者购买欲望受到品牌所创造的商品形象的制约。品牌所代表的产品质量信誉可靠，则带给消费者的购买欲望就强烈，特别是驰名品牌。消费者投入的不仅是信任，而且还有"迷信"。消费者往往一看到这种品牌就会产生兴趣及购买欲望。这就是"品牌偏好"与"名牌效应"。因此，提高品牌在市场上的可信度和知名度，是促进电子电器产品市场竞争的重要途径。

要提高品牌在市场的可信度和知名度,就必须将电子电器产品的品质与服务进行完美的结合。国内外很多电子电器产品之所以能够获得很高的品牌美誉度,就在于其提供的产品和服务的高品质和高质量。只有消费者能够从产品或服务上得到有形和无形利益的时候,品牌才成为深入人心,从潜意识里持续左右消费者的购买行为,消费者才会自觉购买,也才会对品牌忠诚,即使会为此支付较高的价格,也心甘情愿。当品质和服务融为一体时,才能真正做到"以用户为本",品牌的价值也才能体现得更为真切。

项目三　电子电器产品全球营销战略

【学习目标】

1. 结合海尔公司的成功经验理解电子电器产品的全球营销战略。
2. 培养竞争意识和国际化发展的思想。

【学时安排】　1 学时

【知识模块结构图】

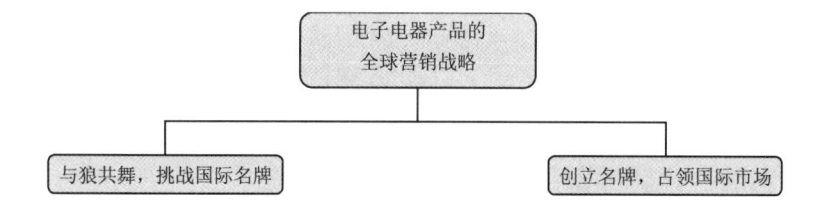

【营销案例导入】

1996 年一家报纸刊发了投资中国的伊莱克斯公司的总裁专程到北京市一居民家庭进行"家电访问"的消息。伊莱克斯公司——世界最大的家电商之一的总裁利福·约翰逊先生亲临市民家庭考察,仔细观看了这家使用的海尔冰箱的结构、容量,并详细询问了一些细节,甚至连主人多长时间购买一次储存食品的细节都不放过,约翰逊先生临走时留下一句"当你们的家用电器需要更新换代时,将一定会选用伊莱克斯的产品"。

那么利福·约翰逊访问的目的是什么?

他是为了生产方便中国人使用的家电产品吗?恐怕其主要的目的还是更好地进入中国市场,这是他们的全球战略。不过从中我们也可以悟出,要想搞好电子电器产品的营销,打入国际市场,首先要尽快成为"全球名牌,结合地缘"的产品。

【基础理论知识介绍】

在改革开放 20 年后,进入中国的外国公司就已多达 34 万家,世界 500 强的企业中已有 300 多家与中国企业同台共舞。中国加入 WTO 后,已有更多的外国企业涌入中国市场。面对全球化汹涌之势,中国电子电器产品何去何从就成为一个严峻的战略问题。

电子电器产品要保持领先地位,就要迈出跨国经营的步子。在全球营销中就要采取应对战略措施。

一、与狼共舞，挑战国际名牌

1994年后，中国复关未成，外国电子电器产品大举入侵，一些国内知名品牌如"万宝"、"扬子"、"雪花"、"香雪海"等品牌的电冰箱，"孔雀"牌电视机等都在合资合作中卖掉品牌，由外商控股。2001年11月，中国加入WTO成功，国产电子电器产品与外国名牌的市场竞争更加严峻，不是"被狼吃掉"，就是"与狼共舞"。特别是当曾有口皆碑的中国名牌已成为昨日黄花，而登堂入室的洋名牌，则地地道道用中国人的双手，中国产的原料，在中国地盘上制造，将国际名牌与中国低廉成本相结合，形成更加残酷的竞争。

面对关税壁垒消失，国际市场一体化，电子电器产品的全球发展战略必须从时间和空间两个方面寻求突破点。一是抢时间，二是抢空间。抢时间即以最短的时间全面达到国际先进水平；抢空间即以最大限度拓展国内与国际市场的生存空间。

电子电器产品的出口若仅为创汇是不够的，如果没有高质量，只能在低价位徘徊，甚至碰到外商的"索赔"。在计划经济体制下，可在国家补贴下出口产品，但加入WTO后则必须靠企业自己。从全球经济一体化的经历可以得出：没有名牌就要受欺负。在电子电器产品营销的全球战略中，出口定位必须是为创国际名牌而出口。在国际贸易中，销售第一位的是销售信誉，第二位才是销售产品。这是为什么呢？

如果将销售产品放在第一位，仅以创汇为导向，企业可能会挣到一些外汇，但不能占领市场，走低价倾销之路，利润微薄，企业还易受到国外的反倾销诉讼影响。在电子电器产品营销中不乏这样的事例。20世纪90年代出口到美国的电风扇，由于中国电风扇厂家竞相杀价，恶性竞争，致使美国告了中国三次，并提出反倾销索赔要求。货卖得便宜还要赔款，得不偿失。

二、创立名牌，占领国际市场

在关税壁垒已经消失，国家也不再给补贴，原来的贸易保护已不存在的形势下，电子电器产品生存发展最好的办法是加快速度创名牌，通过国际名牌占领市场。在创名牌占领市场的竞争中，既要积极防御又要主动进攻。积极防御即通过创名牌，在国内市场上增加销售额，使得国外品牌在国内市场让利销售，并迫使国外品牌让出市场。1997年5月2日，《经济日报》公布的《国产品牌市场竞争力状况调查》结果显示，冰箱、洗衣机、抽油烟机、热水器等国产品牌市场占有率均在80%以上。调查还显示，冰箱、洗衣机等电子电器产品市场，是当前国产品牌与国外品牌激烈竞争的领域。其中未来3年购买意向为国产品牌的份额又高于1996年的实际购买份额，总的是上升趋势。空调在未来3年的购买意向中，国产品牌份额上升为78%。其结果使国外产品逐年降低价格，使消费者得到实惠，也避免了国外品牌利用垄断方式掠夺超额利润。

主动进攻，就是要向国际市场进军。有了名牌可以采取先打开发达国家的市场，再进入发展中国家市场的策略。这是因为一旦在现已成熟的电子电器产品市场中，与诸如GE、松下、飞利浦等国际品牌竞争过，就一定能占领发展中国家市场。先攻强后打弱，战胜了强者，弱者也就乘势而胜。就如在国内市场上先占领北京、上海、广州等市场，有了一定的名牌效应，再占领其他中小城市市场就易如反掌了。

日本索尼公司打入国际市场的道路就是在一个新电子电器产品上市时，总是先打入顶尖级的美国市场，产生影响后，再到日本和其他国家销售。最难的市场攻下来了，一般的市场也就容易打进了。

这种"逆向思维"的全球战略，海尔人在跨国运营方略中充分体现出来。海尔电器要以开展星级服务成为中国家电第一品牌，再以市场份额的不断扩大和产品的不断创新为基点，创建世界名牌。海尔公司的电子电器产品很多，但并不是全线推进。而是先用竞争力最强的电子电器产品叩开市场大门之后，其他产品再陆续跟进。其结果是总的交易成本较低。如在美国，先用符合美国规定的全无氟、超节能、大冷冻等技术标准、款式和功能符合美国人的审美情趣和生活习惯的冰箱打进美国市场，当美国人知道海尔是做冰箱的时候，再打进洗衣机，这时就不再需要大肆宣传，美国消费者就已经能认识海尔洗衣机了。而在欧盟市场上，因为欧洲人过去不太用空调，当空调市场刚起步，无论什么品牌欧洲人都陌生。于是海尔公司先用空调打先锋，随后冰箱、洗衣机跟着往里冲。一下子，海尔电子电器产品在欧盟市场占据了一席之地。在海尔把电子电器产品刚刚打进那些认为中国货不好，质量差，价格低的发达国家时，海尔偏将价格标得不比洋货低。慢慢有人购买了，使用者就感觉到海尔产品确实货真价实。如在意大利，1台海尔空调能卖到1600多美元，折合人民币1.34万元。这有质量优良的原因，也有服务优良的原因。消费者买海尔空调，海尔经销商至少要上门服务三次。第一次查看空调安装位置；第二次根据查看结果用电脑设计几个方案，供消费者选择；第三次是安装空调。海尔公司靠质量优，服务一流，技术指标过硬等差异化方式逐渐开拓了市场。一位德国经销商这样说："海尔公司进入德国恐怕挡不住了，因为它的质量征服了我们，可我们的好奇心使我们犯了错误，我们不相信一个中国造的商品敢标出与西方品牌毫不逊色的价格，一旦进入检测程序，我们没有理由拒绝了，因为它确实不错"。海尔公司靠具有国际先进水平的质量攻取了美国、日本等发达国家和欧盟市场。由于西方国家的商业网络中不仅有发达国家，也有不发达国家，海尔公司借助其商业网络乘势攻占了其他国家或地区的市场。

目前海尔公司产品已出口到世界上102个国家和地区，其中60%以上在欧美地区销售。海尔在法国、意大利、西班牙等国都有独家代理商。与德玛斯（欧洲）公司在德国科隆建立了欧洲物流中心。仅过半年，中心就在德国、荷兰、瑞士、比利时、卢森堡、奥地利及东欧和整个独联体市场建立了分销网络。仅莫斯科和圣彼得堡就各有一个年销量1万台空调的市场。

海尔公司闯入国际市场，也就保住了国内市场。海尔公司凭借电子电器产品的品牌和实力，与日本三菱重工合资生产的空调，在国内销售全用"海尔"商标。海尔公司与三菱成立的合资公司，商标用的是"海尔"，控股的也是海尔公司。这在三菱跨国经营史上是少见的，海尔公司的全球战略终于取得了与跨国公司平起平坐的国际地位。

小贴士：1997年3月美国大型月刊《电器》刊出的《中国电器工业园》一文中这样写，"在全球电器工业中有几个巨头，在大型家用电器产品中有伊莱克斯、惠而浦、通用电气、松下等。商品器具部分包括康柏、IBM和惠普等。电子消费品的巨头是索尼、三洋和大宇。有些人会惊奇地发现有必要在上述名单上再增加一个，那就是总部设在中国青岛的海尔公司。这是一家多方位、多产品的公司，从一间工厂成长为对全球大型家电产品和空调产品有巨大影响的不断发展的公司。海尔公司及其不断扩展的电器工业园表明独立的中国原设备制造商崛起于世界电器工业的日子已经到来"。

【单元小结】

本模块讲解了营销战略的含义，并结合海尔公司的成功经验介绍了电子电器产品的发展战略；阐述了电子电器产品竞争的四层含义，结合海尔公司的成功经验说明海尔公司是怎样制定竞争战略和全球营销战略的。

【课外活动建议】

海尔公司在 2004 年的广告词有："世界品牌实验室经过长达半年对全球 1000 个知名品牌的调查分析，最终推出《世界最具影响力的 100 个品牌》。专家认为：世界级企业的杠杆是在全世界范围内的市场占有率达到 10%以上，世界级品牌是在世界级企业的基础上，在全世界用户中的认知度达到 10%以上"；"世界最具影响力的 100 品牌排行榜中中国海尔唯一入选"；"世界级流通、世界级制造、世界级品牌"；"海尔向祖国奉献世界名牌"。请用本模块所学内容分析海尔公司电子电器产品的营销战略。

课后练兵

一、填空题

1. 企业战略是指企业为求得（　　　　）和（　　　　），根据其所处的（　　　　）而制定的长远计划和选定的奋斗目标。

2. 电子电器产品的竞争可划分为（　　　）竞争、（　　　）竞争、（　　　）竞争和（　　　）竞争四个层次。

3. 几个竞争的特征表现为以产品的（　　　）主导市场，家电各厂家通过（　　　）来保住市场份额。

4. 创新竞争的特征表现为以产品的（　　　）主导市场，家电各厂家通过（　　　）把握市场竞争的主动权，引导市场新潮流。

5. 在电子电器产品市场上，品牌有很强的（　　　）功能，品牌所激发的消费者购买欲望受到品牌所创造的（　　　）的制约。

二、思考题

1. 电子电器产品要把握市场应如何制定发展战略？
2. 电子电器产品的竞争经历了哪几个层次？分别是如何进行的？
3. 你从海尔在国际竞争中为自己制定的方针中受到何种启示？
4. 面对国际市场一体化的竞争环境，电子电器产品的全球发展战略应如何制定？

模块十 市场营销机会分析及市场需求调研

在本模块的学习中，我们将一起学习了解如何确定市场营销的调查方案；了解对市场营销机会的分析；理解对客流量与消费者购买行为的调查方法；了解对客流量与消费者购买行为调查的意义；掌握市场需求调查的方法与步骤；学会设计市场调查问卷。

项目一 市场营销的调查方案和机会分析

【学习目标】

1. 了解如何确定市场营销的调查方案。
2. 了解对市场营销机会的分析。
3. 培养实事求是的工作作风。

【学时安排】 2学时

【知识模块结构图】

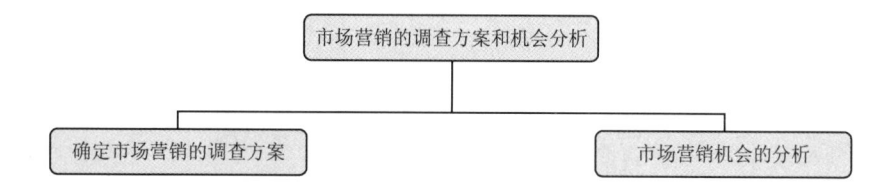

```
           市场营销的调查方案和机会分析
                    │
         ┌──────────┴──────────┐
   确定市场营销的调查方案      市场营销机会的分析
```

【营销案例导入】

海信公司清楚地认识到：市场经济的本质是一场经济选举，顾客是选民，他们的钞票是选票。为了争取他们的选票，就必须了解他们的实际要求、发展需求、创造需求、满足需求。要准确及时地了解他们的需求，就必须对市场需求进行调研，对市场营销机会进行分析，才能提出正确的管理决策。海信公司强调"调查千时，胸有成竹，集体决策，齐心协力"。

为了有效地指导市场营销，海信公司高度重视市场分析。1998年春，海信公司开始对济南市的城区和农村的彩色电视机市场进行调查。自1998年2月24日至3月27日，在济南市8个大商场对商场顾客即潜在顾客进行了随机问卷式调查，得到有效问卷594张。对关于城区市场需求调查及据此的市场营销分析得出了大量有用的数据。如从调查问卷中了解到济南市的彩色电视机消费者中年龄段在新婚年龄段（21~30 岁）占 36.55%，在更新换代年龄段（31~50 岁）占 43.58%。两个年龄段共占 80.13%，文化程度主要是在高中和大学程度，分别占 36.63%和 51.11%。收入水平在低收入的家庭占 18.47%，中等收入的家庭占 49.15%，中低收入的家庭共占 67.62%。

【基础理论知识介绍】

一、确定市场营销的调查方案

> **小看板**：通常跨国大公司习惯性地进行大规模的市场调研，而中国有些企业则更多地倾向于拍脑子做决定。"发财的点子明明摆在面前，问什么还要投入大量时间和金钱做调研？"概括起来说，大部分中国企业的决策都具备"五拍主义"特点，①拍脑袋：就这么办——决策；②拍胸部：没问题——保证；③拍大腿：完了——后悔；④拍桌子：这不是我一个人的原因，是大家一起决策的——推卸责任；⑤拍屁股：走人。

有效地管理信息是成功决策的前提。进行市场需求调研，对所获得的信息进行营销机会分析，就可以降低不确定性，不确定性越低，风险越小，决策越好。市场需求调研是营销负责人获取信息的重要来源之一。

市场需求调研是向营销人员提供决策信息的系统过程。市场需求调研可以提供有助于识别和解决营销问题的有用信息，以进行深入分析，有助于制定营销决策。

市场需求调研通常有从内部取得和外部取得两种途径。从内部取得，包括从企业现有资料或企业人员收集的资料；从外部取得，包括从社会公众或消费者调查而来的资料。

内部和外部信息来源常常是互补的。一般来说，日本管理者倾向于自己搜集而不是依赖营销调研专家，多数信息是"软数据"，即购买和使用企业产品的消费者和中间商及竞争者对企业的印象。而欧洲和美国的管理者更喜欢依赖营销调研专家，以获得各种消费者问卷调查和综合追踪资料服务机构得到的数量化的"硬数据"。现在，这两种信息获取方式越来越趋于一致。无论哪种调查都需先要确定调查方案和设计调查问卷。

> 你知道怎样做市场调查吗？哦，很简单，那需要两步，首先要确定样本量，即调查对象的数量；其次，确定抽样的方法。

市场需求调查按调查对象的数量多少，可以分为全面调查和抽样调查。全面调查是对调查对象中每一个个体都进行调查。这种方法耗时长，费用高，不适合一般企业，只可在调查对象较少的情况下采用。一般企业采用抽样调查方法。抽样调查是从调查对象全体中抽取若干个样本进行调查，并用调查结果来推断调查对象全体的一种做法。一般来说，抽样越多，调查的结果越准确，但抽样越多，人、财、物的耗费也越多。样本以多少为好，这要以保证调查结果的误差不超过允许的范围为前提。在确定样本数量时，可参考表 10-1 所示的数据。

利用表 10.1，基本确定样本数量。如：在进行电子电器产品需求情况调查时，要求调查结果误差不超过 5%，可信度为 95%，由表 10.1 可知只需抽取 384 名样本即可。若调查结果表明有 70%的调查对象有某一需求，则消费者中实际有此需求的应在 65%~75%之间，这种调查结果的可信度为 95%。误差的可能性不大于 5%。

表 10.1 确定样本数量表

允许误差	可信度（把握程度）	
	95%	99%
1%	9 600	16 589
2%	2 400	4 147
3%	1 067	1 849
4%	600	1 037
5%	384	663
6%	267	461
7%	196	339

实际操作中确定了样本数量后，还需解决如何抽取样本。抽样方法一般分为：随机抽样和非随机抽样。

随机抽样即按随机原则抽取样本，排除人们有意识的选择，调查对象总体中每一个体被抽取的机会均等。抽取时，可采用简单随机抽样、等距抽样、分层随机抽样和分群随机抽样等方法。简单随机抽样是从总体中随机抽取若干个体为样本，抽样者不做任何有目的的选择，而用纯粹偶然的方法抽取样本。等距抽样是从总体中每隔若干个个体选取一个样本的抽样方法。分层随机抽样是先将调查的总体根据调查目的按其特性分层（分组），然后在每一层（每一组）中，随机抽取部分个体为样本。分群随机抽样是先将调查总体分为若干群体，再从各群体中随机整群的抽取样本，即抽取的样本不是一个，而是一群，然后再在抽中的整群内进行逐一调查。

非随机抽样是按调查目的和要求，根据一定标准来选择抽取样本。常用任意抽样、判断抽样、配额抽样等方法。任意抽样的样本选择完全根据调查人员的方便与否来确定。如在街道上、市场里随意访问来往的行人或顾客。判断抽样要根据调查人员的判断决定选取的样本。如某企业调查各零售商销售其电子电器产品情况，企业负责人根据个人判断选定一些具有代表性的零售商为调查对象。配额抽样是将调查对象按规定的控制特性分层，然后为每一调查人员按规定的控制特性分配一定的样本数目进行调查。

根据以上的决定就可以确定出市场营销调查的最终方案。

二、市场营销机会的分析

机会往往是由于识别出新型消费者，发现消费者未满足的需要或创造出满足消费者需求的新方法和新手段而产生的，机会分析注重发现对组织有利可图的市场。机会评估通常有定性和定量分析两个不同阶段。定性分析阶段注重于将经营机会的吸引力与未覆盖的市场缝隙的潜力相匹配。吸引力取决于竞争对手的活动，购买者的要求，市场需求和供给能力，社会、政治、经济和技术的驱动力组织能力等。将以上各项因素及其对消费者的类型、消费者的需要和满足需要的手段影响紧密联系起来进行分析。可参考机会评估矩阵：吸引力指标，如表10.2 所示。

表 10.2　机会评估矩阵：吸引力指标

市场细分标准	竞争活动	消费者要求	需求/供给	政治、技术和社会、经济力量	组织的能力
消费者类型	争夺这个用户群的企业有多少？是哪些	什么因素影响购买意愿和能力	不同类型的消费者其有效需求的水平是否相同？供应来源充足的重要性多大	不同的消费者对于这些因素的敏感程度如何	能否通过营销组合变量接近消费者？能够向这些消费者供货吗
消费者需要	哪些企业满足哪些消费者的需要	是否存在未满足的消费者需要？这些需要是什么	消费者需要是长期的吗？可以通过获取资源来满足消费者需要吗	消费者需要对这些因素的敏感程度如何	可以满足消费者的哪些需要
满足消费者需要的手段	采用什么策略满足消费者需要	满足消费者需要的技术是否变化	用来满足消费者需要的手段在多大程度上受供应来源的影响？对满足消费者需要的手段的需求是否变化	满足消费者需要的手段对这些因素的敏感程度如何	是否拥有满足消费者需要所需的人、财、技术和营销专长

定量分析阶段需要得出对市场销售潜力的估计和销售预测，同时还要对评估市场机会的盈利所必需的财务、人力资源、市场营销和生产资源做出预算，以便做出准确的回答，而费用比较少。不足的是问卷回收率低，也不适宜于调研较复杂的问题。

项目二　市场专题调查

【学习目标】

1. 理解对客流量与消费者购买行为的调查方法。
2. 了解对客流量与消费者购买行为调查的意义。
3. 能根据调查结果做出正确的分析。

【学时安排】　1 学时

【知识模块结构图】

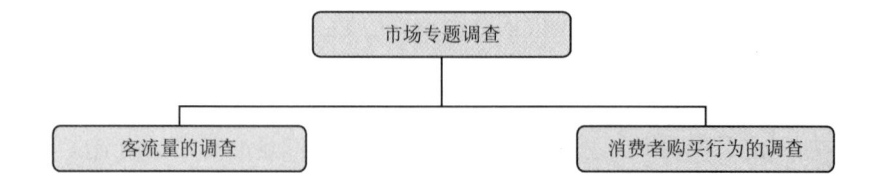

```
           市场专题调查
           ／        ＼
   客流量的调查    消费者购买行为的调查
```

【营销案例导入】

美国人本主义心理学家亚伯拉罕·马斯洛认为，人的需要是以层次的形式出现的，按其重要程度的大小，由低级需要逐渐向上发展到高级需要，依次为生理需要、安全需要、社交需要、尊重需要和自我实现需要五个层次；只有低层次需要被满足后，较高层次的需要才会出现并得到满足。在 20 年前，中国居民购买汽车可能是为了满足自我实现需要等高层次的需要，15年前人们购买汽车可能是为了尊重需要，10年前人们购买汽车的动机可能是为了满足社交需要，而最近几年，大部分人购买汽车则是为了满足"代步"这一基本生活需求。

【基础理论知识介绍】

一、客流量的调查

对专门从事营销电子电器产品的销售企业，进行客流量调查是十分必要的。通过客流量的多少，可以分析出营销企业的产品最大需求量和本企业现有市场占有率及推销潜力。为预测企业商品推销的潜在数量，必须在顾客光顾本企业的数量等方面进行分析。可以从下面的六个需求状态的变化来把握市场发展趋势。

（1）负需求：负需求是指顾客很少光顾本企业，购买本企业营销的产品。原因有，商品不对路，地理位置不佳，商店环境差，服务不到位，宣传力度不够等。这时营销人员要通过调查采取相应措施扭转需求，使负需求变成正需求，将潜在的顾客吸引到本企业来。

（2）无需求：无需求指顾客基本上不光顾本企业，其原因基本上与负需求相同，这时也需要采取应对措施，将无需求变成有需求。

（3）潜在需求：潜在需求指顾客光顾本企业，在心理上对某种产品有购买欲望，但不付诸实际的购买行为。这时企业应将有潜在需求的顾客转变为有现实需求的顾客。

（4）衰退需求：衰退需求是指顾客光临本企业的数量呈减少或下降的趋势。这时企业的任务是如何将衰退的需求重新恢复起来。

（5）波动需求：波动需求是指顾客对某种产品的需求不规则，随着时间与季节的变化，顾客光临本企业的人数波动性很大。这时企业需要调节需求，使供求大体保持平衡，以保持稳定的客流量。

（6）饱和需求：饱和需求是指顾客对本企业的产品的当前需求在数量上和时间上同预期的需求已达到一致，顾客盈门。这时企业的任何工作都是设法维护现有的销售水平，防止出现客流量下降的趋势。

在客流量调查中，通常采用的方法是统计法。也就是在一定时期内统计光临本企业的顾客的人数。统计时可用人力和电子装置。这种方法，花费人力、财力较多。其优点是统计较准确，有助于企业分析顾客流量在不同时间的分布，缺点是客流量大不一定就是销量大。现在很多企业都通过各种方法将"客流量"大转变为"客留量"大。以延长顾客停留在本企业的时间，将潜在的购买者转变为现实的购买者。

消费者是企业推销活动的中心。企业营销决策、营销策略的研究和制定以及营销技巧的运用都要围绕消费者这个中心进行。因此，企业要综合地调查消费者的购买行为。

二、消费者购买行为的调查

> **小贴士**：行为科学认为，人们的行为是由动机决定的，而动机又是由需要引起的。任何消费者行为都受人为的需要所支配，而人类的需要最终可以从生理、心理、社会等方面找到终极的源头。正是需要的共性决定了行为的共性，由此使我们对消费者行为规律的探索成为可能。

对消费者及其购买行为的调查主要有消费者类别、消费者购买特征、消费者购买动机、消费者购买行为模式。

（1）消费者类别：企业商品的购买者可以分为集团消费者和个人消费者两大类。前者包括工业企业、批发企业、零售企业、机关团体等，后者包括不同民族、性别、年龄、职业、文化程度的消费者个人，他们的购买动机和行为各有不同的特点。

（2）消费者购买特征：集团购买者和个人购买者具有很大的差异，营销决策及策略应根据其特征而确定。

（3）消费者购买动机：购买动机是诱发人们采取某种购买行为的直接原因。消费者的购买动机是多种多样的。集团购买动机主要来源于企业盈利的目的，降低成本的目的和在竞争中求得社会生存的目的。个人购买动机主要来源于求实、求廉、求名、求新、求美以及好胜等心理动机。

（4）消费者购买行为模式：主要是要调查了解消费者在何时购买、如何购买和由谁购买等问题。

项目三　市场需求调查的方法与步骤

【学习目标】

1. 掌握市场需求调查的方法与步骤。
2. 学会市场调查问卷的设计。
3. 能运用所学知识做简单的市场需求调查。

【学时安排】　1 学时

【知识模块结构图】

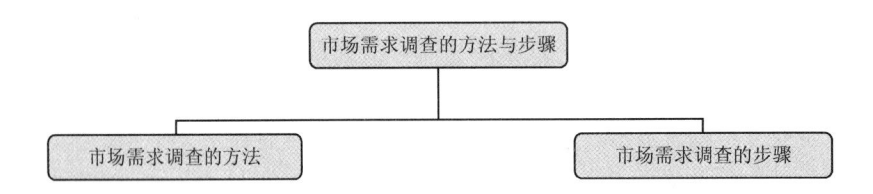

```
            市场需求调查的方法与步骤
                    │
        ┌───────────┴───────────┐
   市场需求调查的方法      市场需求调查的步骤
```

【基础理论知识介绍】

一、市场需求调查的方法

市场需求调查的常用方法有：访问法、观察法、实验法、日记法、专家评估法、设立联络点调查和通过委托专业调查公司等方法。

访问法包括个人访谈、电话访问和邮寄问卷访问等。观察法是通过调查人员或使用仪器在现场观察调查对象行为的方法。实验法是通过实地进行所需要调查内容的实际实验，以测定效果。如某种电子电器产品在市场里不同时间段宣传产品，同时在市场中销售此种电子电器产品，以不同时间的销售量来测定不同时间段的宣传效果如何。日记法是调查人员选定一些家庭，为每个抽样户发放一本日记本，供他们记录企业产品使用的有关情况，并付给抽样户一定的报酬。专家评估法是请有经验的专家根据自己的经验和专门知识，对某一问题作出评估，得出结论。设立联络点调查是选定一些居民家庭，或用户单位，或消费者个人，定期联系，收集调查材料。委托专业调查公司调查可保证公平、客观，调查结果比较准确可靠，同时代价较低。

在市场需求调研时常用的方法是问卷调查，即请选取的一部分被调查研究者填写问卷要求的内容，在规定的时间内完成，由调研人员按时回收，进行整理汇总，以取得市场需求信息的方法。调查问卷设计方法一般有多项选择法、二项选择法、自由回答法、顺位法、比较法五种。

1．多项选择法

要求被调查者在事先拟定的若干答案中任选一个或几个。

例：您家的冰箱是什么牌的？请在□中打"√"。

① 雪花 □　　　② 阿里斯顿 □　　　③ 海尔 □

④ 容声 □　　　⑤ 美菱 □　　　⑥ 进口的 □

这种方法优点是由于供选择的答案较多，答案较真实；缺点是选择分散，不便归类。

2．二项选择法

又叫是非选择法。这种方法将多项询问简化为"是"或"否"，"有"或"无"来回答。

例：您在近期内是否想购一台电冰箱，请在□中打"√"。

打算购买　　□　　　　不打算购买□

例：您用的电热水器是××牌的吗？请在□中打"√"。

是　　　□　　　否□

这种方法优点是回答明确；缺点是可供选择答案少，不能表示程度的差别。

3．自由回答法

问卷只提出问题，不提供拟好的答案，请被调查者不受任何限制地自由回答。

例：你对××牌洗衣机有哪些改进意见？

你计划明年要添置些什么电子电器产品？

这种方法的优点是可以自由提问和回答，可能收集到预计以外的宝贵信息资料；缺点是对资料的整理、汇总比较困难。

4．顺位法

又叫序列题法。即列出若干项目，由被调查者依自己的爱好程度选定排列顺序。

例：你在购音响时对下列主要条件的选择，请在□中填上顺序号。

音质好　　□　　　　造型美观　□

价格便宜　□　　　　牌子有名　□

这种方法须注意顺位项目不易过多，要有同种性质的，有可比性。

5．比较法

是测量同类产品的各种不同牌子在被调查者心中的地位的询问方法。

例：下列四种牌子的电视机，请比较哪一种好，并在你认为好的□中打"√"。

海信　□　　　与海尔　□　　　海信　□　　　与长虹　□

长虹　□　　与海尔　□　　　TCL　□　　与海尔　□

若要测量更加深入一些，还可在两者之间添上一些有关程度的评定标准。如特别、相当、稍微、相同等。调查问卷的优点是调查空间范围大，对象广泛，被询问者有充分的时间来考虑问卷上的问题。

二、市场需求调查的步骤

1．确定调查任务

这是调查过程的起点，也是调查过程中最重要的和最困难的问题。任务明确，才能为调查确定方向，使调研活动有明确的目的。

2．选定调查方法

调查方法各有优缺点，选择正确与否，对调查结果会有很大影响，要根据调查任务和所需信息的性质进行决定。

3．选定样本

确定调查对象的同时，必须决定被调查对象，并从其总体中选取一部分有代表性的对象作为样本。选择的目的是保证样本的代表性和调查结果的准确性。

4．制定调查计划

调查计划是市场调查的行为纲领。其内容必须具体，应包括：调查目的；数据的收集和处理；调查的内容；调查的方法与技术；调查日程安排；经费估计及人员的安排等。

5．实地调查

调查人员按计划规定的时间、方法、内容进行具体实地调查，收取所需的信息。

6．整理分析资料

整理、分析资料就是把调查收集的信息进行整理与统计分析。经过严格筛选，将不真实片面的信息，去粗取精，去伪存真，以保证资料的系统完整和真实可靠。在对资料信息的分析中，要运用正确的统计分析法分析，决定取舍。通过分析信息之间的内在联系做出合乎客观情况的调查研究结论。

7．写出调查报告

这是调研结果的文字形式，是用事实材料对所调查的问题做出系统的分析说明，提出结论性的意见。调查报告力求简明扼要，所用统计数字要准确无误，分析问题要客观，并提出解决问题的意见。

【单元小结】

本模块介绍了如何确定市场营销的调查方案，并根据调查结果对市场营销机会进行分析。讲解了对客流量和消费者购买行为的调查方法与步骤，结合所学知识设计简单的市场调查问卷。

【课外活动建议】

1. 采用问卷法调查消费者对某一电子电器产品的购买行为，并写出调查报告。
2. 采用问卷法调查消费者对某一电子电器产品的需求状况，并写出调查报告。

课后练兵

一、填空题

1. 市场需求调查按调查对象的数量多少，可以分为（　　　）和（　　　）。
2. （　　　）需求指顾客光顾本企业，在心理上对某种产品有购买欲望，但不付诸购买行为。这时企业应将有（　　　）需求的顾客转变为有（　　　）需求的顾客。
3. 对消费者及其购买行为的调查主要包括：（　　　）、（　　　）、（　　　）、和（　　　）模式。

二、思考题

1. 市场营销调查方案一般如何确定？
2. 试述客流量与购买行为调查的内容。
3. 市场需求调查有哪几种方法？
4. 市场需求调查的步骤是什么？

模块十一 市场经营实务

在本模块的学习中,我们将一起来学习了解生产企业和零售企业建立终端零售网点的模式;了解企业营销渠道的分类;学会分析终端零售网点选址应考虑的因素;能结合实际选择合适的分销方式。理解商品陈列的作用和原则;学习并了解商品陈列的主要方法;学会根据不同产品的特点选择有利于销售的陈列方法。

项目一 建立终端零售网点

【学习目标】

1. 了解生产企业和零售企业建立终端零售网点的模式。
2. 培养市场竞争的意识。

【学时安排】 1学时

【知识模块结构图】

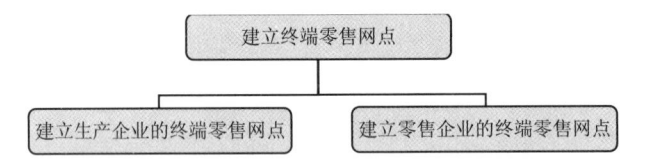

```
             建立终端零售网点
              /          \
建立生产企业的终端零售网点   建立零售企业的终端零售网点
```

在产品、价格乃至广告都无可奈何的同质化的今天,对终端零售网点的占领也就成了产生差异的竞争优势。终端是指最终用户购买产品或服务的场所。近年来中国市场的终端大战主要体现在两大领域,一为生产企业对终端的抢占;二为零售企业的业态竞争与连锁扩展。

【营销案例导入】

麦肯锡管理咨询公司北京分公司总经理潘望博强调,为增加产品的销售量,最重要的一条就是把终端即零售商控制住。可是做终端要花很多的资金,那为什么还要在这上面花费很大的代价呢?因为,如果不做终端,企业会为此付出更大的代价。试想,即使广告做的铺天盖地,产品广告天天通过各种媒体与消费者见面,但消费者在终端市场市场上却难觅其产品。人们要购某品牌的家电产品时买不到,会不会在以后遇到此品牌的家电产品时多买,将过去买不到的此品牌家电产品补回来,或将购进不久的其他品牌家电产品马上淘汰,而换用此品牌的家电产品。这种情形出现的概率要么是1，要么是0。也就是说，不做终端，企业失去的是一个不会再来的销售机会，许多销售机会如果失去就永远失去。所以要么得到，要么失去。

【基础理论知识介绍】

一、建立生产企业的终端零售网点

建立终端市场销售的最终目的，是让零售商乐意卖——知道如何卖，并乐意尽力去卖；让消费者乐意买——好买，好选，买得轻松，买得愉快。当生产企业明白这个道理后，对终端的抢夺和管理也就开始了。

模式一　建立专卖店

华帝公司建立了3 000多家专卖店，并对终端严格管理，要求促销员将新颖的炉具摆放在货架的明显位置上，并衬上专业设计的POP广告，来吸引消费者的注意力，激发他们的购买欲望。在短短的几年内，华帝公司的炉具就在全国创下销量新高。

模式二　建立分公司

TCL公司的管理人员认为营销道路是可以不计成本的，只需计较是否比竞争对手更高更快地将产品放到消费者面前，把产品卖给消费者。在这种理念下，TCL公司组建了庞大的销售队伍，在各地建立了自己的分公司，配人、配车、配仓库，深入到城乡的每一个角落，抢占各个终端，使每一个经销家电产品的商店都有TCL公司的产品，达到消费者只要购买家电产品，就会优先选择TCL公司产品的目的。

模式三　创建小区独家代理制

"商务通"的终端创建采用小区独家代理制，市场区域密，管理严格，并且他们重视对促销员进行严格的培训和管理，不断淘汰不合格的代理商，迅速取得了辉煌的销售业绩。产品自1999年投入市场后，半年时间就在全国县级市场铺开，销售网点多达3 000多个。

模式四　事业部+工贸公司+办事处+中间商

海尔公司是多重性质的道路模式。其主要结构是"大区事业部→省级工贸公司→地市级办事处→批发商→零售商"。

对终端的占领，扩大终端零售市场，是生产企业取得竞争优势的必然选择。只有扩大了销售，才能发展生产，扩大生产规模。

二、建立零售企业的终端零售网点

在营销大战中，谁拥有市场，谁就拥有消费者；谁拥有消费者，谁就能在营销大战中取得胜利。正是如此，零售业就有了百货商店、连锁超市、大型仓储商店、连锁专营店、便利店等多种形式。零售企业开始大肆扩张，这本身就是一种对终端的抢占。

【营销案例导入】

"三张"家电圈地运动

中国家电的分销商中，比较有名气的是南京的苏宁电器股份有限公司（简称苏宁公司），北京的国美电器有限公司（简称国美公司）和济南的三联集团公司（简称三联公司）。由于三家的 CEO 都姓张，所以人们将三家企业的扩张戏称为"三张"家电圈地运动。

国美公司在每个省会都开设了若干家门店，每一家新店都以低廉价格之彩色电视机、冰箱、洗衣机等家电商品吸引当地的消费者，形成当地的家电销售潮。国美公司确定的发展战略为"立足北京，发展全国性家电连锁超市"。

苏宁公司原主业为批发，但由于家电市场已由卖方市场转入买方市场，批发的利润越来越薄，家电批发的区域性限制也日益明显，难以形成全国性市场，于是他们开始大规模涉足零售业，北上东扩，与国美公司争雄。苏宁公司在北京的第一家综合电器连锁店就距离最近的一家国美分店不到 1 公里。苏宁公司东扩到上海开店，短短几年就在上海拥有了 10 家分店。苏宁公司还在全国范围内开展建立连锁店的行动，已占领全国家电销售市场的各大份额。

三联公司 2001 年 1 月 6 日在济南开设了网络点后，就拥有了家店专营、电子商务、网络点三种商业业态。在守住有 200 亿元的山东家电市场后，又稳扎稳打地开始进军全国市场。

在国内零售商抢占终端网点的同时，国际零售商也开始了在中国的全面扩张。法国的家乐福公司仅进入中国零售业四五年就在全国 14 个城市开了 28 家分店。美国沃尔玛公司仅在 2000 年的最后两个月，就在深圳、福州和汕头三个城市各开了一家新店。世界第三大零售巨头德国的麦德龙公司，还有马来西亚的百盛公司，日本的大荣公司等也在中国迅速扩张着自己的地盘。

项目二　终端零售网点的选址

【学习目标】

1. 了解企业营销渠道的分类。
2. 学会分析终端零售网点选址应考虑的因素。
3. 能结合实际选择合适的分销方式。

【学时安排】　1 学时

【知识模块结构图】

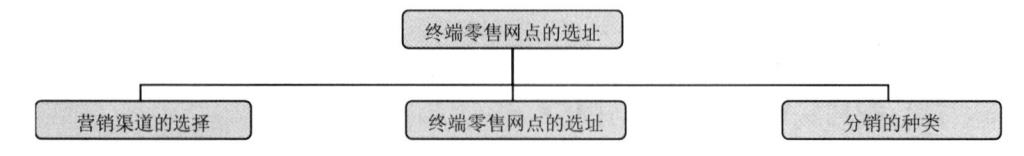

```
                    终端零售网点的选址
                           │
        ┌──────────────────┼──────────────────┐
   营销渠道的选择        终端零售网点的选址      分销的种类
```

【基础理论知识介绍】

一、营销渠道的选择

营销渠道是组织营销战略中内在的一部分，渠道将生产者和消费者连接起来。营销渠道决定目标市场的可达性。促销策略的有效性部分取决于渠道中间商的数量、地理集中度等因素。

企业在销售中有直销和分销之分。

（1）直销是企业直接与最终用户接触而不通过中间商。这种营销目标市场由易于识别，地理位置相对集中的有限的购买者构成，人员促销是企业促销的主要手段，企业具有足够的资源来满足那些通常由中间商提供的服务。

特别是当中间商无法抵达目标市场，或不具备满足目标市场要求的能力时，企业必须采用直销，给消费者以指导和服务。有些特殊产品也适合直销。如计算机主机等高技术产品，定制机器等非标准化产品和高价值产品。虽然很多因素有利于直销，但直销意味着企业要承担由分销商从事的所有职能（联系客户、储存、送货、信用安排等），承担这些职能的成本会很高。

（2）分销可使所选定的分销网点最大限度地覆盖目标市场。这意味着网点应保证在消费者愿意购买的恰当时机，按合适的价格和合适的数量，使产品抵达合适的地点。

分销网点还可满足目标市场的购买要求。被选网点还使潜在收入最大化，同时能获得足够的市场覆盖面和满足消费者要求的成本最低。

二、终销零售网点的选址

想一想：既然终端零售网点的作用重要，那么网点选址时必须要考虑到哪些因素呢？

（1）网点的选址取决于目标市场的购买要求和营销商潜在的获利能力，以及网点能否向潜在消费者提供电子电器产品信息。

① 哪些网点最有可能通过现场陈列、商店赞助广告和人员促销来促销产品？
② 哪些网点能合理存货以使消费者有多种选择？
③ 哪些位置方便买主？
④ 网点的获利能力与其营业区域的大小、管理技能和竞争环境的关联度有多大？

想一想：在选定网点地址时，如何评估选址的优缺点呢？

（2）选址地点的好与差，直接影响着企业的营销工作。对选址地点的评估也就显得重要了。

（3）由于行人和车辆的流量将影响销售，选址时需调查网点地址的交通流量怎样？要调查两方面：行人和车辆的流量。如在营业时间内，多少人经过你的分销网点？他们何时经过？这时行人是外地人居多，还是本地人居多？他们的购物计划可能是什么？有无季节性或其他可预测的市场波动？他们目前在哪里购买你的这些产品或服务？

（4）选址时还要考虑这一地区有哪些其他的店或办公室？一般选择类似于本企业业务的经营场所。对于临时或过渡地区，可向当地房地产经纪人、银行、政府有关部门、区域规划负责人了解有关情况，在这样的地区可能会有特殊的机遇和挑战，很可能经过一段时期的萎靡重新恢复繁荣。

（5）选址时还要了解停车情况，车辆是否容易进入？停车是否安全和方便？

（6）选址时还需考虑成本问题。一般情况下，租金＝面积成本＋广告费用。好的选址广告费用不会很高，而差的选址则会事倍功半。如购物中心租金相对较高，但方便的交通抵消了相应的成本。低租金，其优势也会随着不断增加的广告成本而消失殆尽。

（7）其他应考虑的问题是：选址地点是否影响企业的业务？网点的建筑物外表是否影响

企业的业务？网点或办公室的面貌是否完善企业的业务形象？网点选址是否突出企业的最大优势？网点的邻居是否正在变化？如果变化，那么如何变化？是否影响企业的业务？

三、分销的种类

网点的选址与企业在特定地域经营企业产品的分销商的数量，即密度，也有很大关系。分销按密度可分为密集分销、独家分销和选择性分销三种。

（1）密集分销意味着必须建立尽可能多的网点分销产品。

（2）独家分销通常是在某地域内仅有一家分销商经营本企业的电子电器产品，通常形式是特许经营。

（3）选择性分销介于密集分销与独家分销之间，一般是在特定地区选择几家分销商销售其产品。选择性分销结合了密集分销的市场覆盖性和独家分销的排他性的优点，目前越来越流行。还有一种称为有效分销的现象，是指有限数量的分销商占了市场潜力的很大部分。如果一家空调生产企业仅仅通过40%的店分销，就占有80%的空调市场，这就是有效分销。分销网点密度提高50%将可能使潜在销量的百分比增加到85%。

选择哪种密度的分销渠道取决于消费者的购买行为、企业对分销商的控制、分销商希望的独占市场的程度及分销商能够做出的营销努力。当购买频繁且消费者购买时注重方便性时，常选密集分销渠道。当分销网点需要人员推销时，可选用有限分销策略（包括独家分销和选择性分销），大型电子电器产品通常选用独家或选择性分销。分销密度与企业所希望的对再销售的控制力量成反比。分销密度增加，分销层次增多，企业将远离最终用户，企业对再销售的控制力显著下降。若企业认为，控制重要，则应选有用限分销。

项目三 商品陈列

【学习目标】

1. 理解商品陈列的作用和原则。
2. 学习并了解商品陈列的主要方法。
3. 学会根据不同产品的特点选择有利于销售的陈列方法。

【学时安排】 2学时

【知识模块结构图】

```
            商品陈列
           /        \
    商品陈列的方法   商品陈列的原则
```

【营销案例导入】

随着人们生活水平的日益提高，对于家电的需求也日益旺盛。但追求商品品质的生活，却需要为实现家电与家居的完美结合而花费大量时间东奔西走才行。如人们在搬新家时，往往要把整套家电纳入整体家具设计当中。为了顺应这种变化，家电超市在商品的陈列上也就有了相应的变化，推出了"一站式"服务。在商场为家电陈列而布置的数字家庭里，展台布置采取家庭式设计，犹如一个温馨的家庭，其中聚集、陈列着各种家用电器商品，从电视机、音响到空调机、冰箱都进行了巧妙的设计。每一间、每一处都做到了视觉上的和谐搭配，给人一种装点家居的灵感。为顾客展现出一个现代时尚的客厅、居室、厨房、卫生间。这种卖场与传统家电卖场相比，最大的区别是空间的设计。用商家的话说，这是"家电联姻家居"的陈列；用顾客的话说，这是"卖家电也流行整体设计"。

【基础理论知识介绍】

一、商品陈列的方法

商品陈列是以营业厅为载体，以展台、货柜、货架为依托，以消费者为对象，展示、介绍商品的营销方式。

商品陈列的作用为：美化店堂，规范环境；推荐商品，传播信息；诱导消费，促进销售；便利选购，提高效率。由此可见，商品陈列是一项不容忽视、不可替代的经常性的重要工作。

商品陈列受营业场所的建筑格局、经营商品的种类和款式及展台、柜台、货架等设施的制约，可能有多种形式，形成各自的风格。

陈列方法大体有对比法、对称法、调合法、节奏法、三角形组合法、散点型组合法、混合型组合法、店内平地陈列、张挂陈列（壁面陈列）、柜台陈列（座架陈列）、货架陈列、橱窗陈列等。

（1）对比法是将两种或多种不同色彩、规格、形状、格调各异的商品及背景图案组合起来，造成消费者感观效果上的鲜明差异和矛盾，达到突出渲染商品，烘托某种气氛的目的。这是一种最直接、最简单易行的艺术手法，给人以鲜明醒目、活泼、生动的视觉效果，使消费者形成深刻强烈的印象而引起购买欲望，达到促销的目的。对比法常用色彩、图案对比；光线强弱，明暗对比；鲜艳、素雅格调对比等。如将大屏幕彩色电视机与便携式液晶电视机摆在一起，既可突出显示大屏幕彩电的大家风范，又可显示便携式液晶电视机的小巧精美。

（2）对称法是通过将商品组成形式各异的，如梯形、三角形、金字塔形等多种形式。多层次的对称或商品陈列通过丰富多彩、有序对称的艺术美的经营氛围，给消费者以赏心悦目的感觉。这是广泛应用于商品陈列的方法之一。

（3）调合法是运用合理的组合、调动，运用商品的色块、线条、图案及相应的角度和位置，以恰当援用灯光、背景和陪衬物，缓和冲突，营造一个主题明确、摆放得体、格调适宜、气氛和谐的商品陈列环境。在商品陈列中，若所经营的电子电器产品体积大小不一，差异较大时，摆放要尽可能将小型商品置于前，大、中型商品置于后，运用近大远小的视觉差异进行商品陈列。

（4）节奏法是在商品陈列中运用声乐中的抑、扬、顿、挫的原理，尽可能做到艳淡相间、疏密得当、错落有致、有张有弛地进行商品陈列和摆放。

（5）三角形组合法由纯几何体和有机形体组成。因为三角形几何形态不受任何对象的束缚，在构思上高度的理念化、数学化的形态，用象征手法唤起人们的联想和回味，有强烈的形式感和装饰性，以鲜明的个性丰富了商品陈列。

（6）散点型组合法是通过单形的正负变化，以及衔接、联合、减缺、分离等方法，在平面构成中用单形构成有二度空间或三度空间变化的基本形体。

（7）混合型组合法就是各种线型、面型、体型、点型的综合利用。混合型组合在大小、高低、厚薄、方圆等方面，要使之得到一种新颖和谐的秩序，可以通过线、面、体的积聚和切割来获得。不同的处理，给人的感受不同。以直线为主，给人以刚劲、坚固、大方、挺拔的感觉；以曲线为主，则给人流畅、圆润、轻柔、活泼的感觉。

（8）店内平地陈列可使消费者选购商品更加自主与自由。这种陈列方法最经济、最简捷、最快速地将商品特色介绍给消费者，从而引发购买欲望。适宜于陈列大件电子电器产品。这种陈列方法是以分类陈列为主线，重要的是方便性，使消费者容易看清商品，易于选购，提高销量。

（9）张挂陈列（壁面陈列）是在道具的垂直面或斜面上进行陈列，适宜于陈列小型电子电器产品，如电热水器、抽油烟机等。

（10）柜台陈列（座架陈列）是在道具的水平面上陈列，立体感较强，能随柜台座架种类的变化而变化，陈列用具大体有各种具有水平面的座架、搁板和各种支架、人体模型等。

（11）货架陈列即柜顶陈列。在设置货架陈列时，使货架布置与整个商店在色彩上与柜台都能统一和谐。货架陈列大体有直接陈列本柜、组出售的商品；采用广告牌形式，点缀、宣传商品的性能质量、用途、品牌和生产厂家；制作各种立体道具、模型，配合一些画面、图案，再在这些道具上陈列商品等几种形式。

（12）橱窗陈列是通过商店的橱窗进行陈列。其显著特点是主题突出、新颖多样、装饰性强。是商店销售信息的窗口，能使过路人在通过商店时，诱发其购物的心愿。商品陈列为消费者提供了物质生活需要的信息，也帮助认识新产品及其新特性、新用途，丰富个人生活层次及提高知识水平。还可借陈列、展示的视觉传递，唤起消费者比较与选择商品的购买欲望。

> **小看板**：2004年初，在三星公司开展的周末"新家居"活动现场，不仅可以看到超大屏幕等离子彩色电视机，还可以领略包括液晶背投、功能冰箱、蒸气微波炉等业界领先的家电产品。其中，嵌入式设计的"艺术空调"柜机选用巴洛克家居造型，并采用隐蔽的侧进风系统及自动开闭的出风口，与家居的设计浑然一体。

二、商品陈列的原则

商品陈列中无论使用哪种方法，都应按照"整洁、美观、丰满、定位"的八字基本要求陈列。

陈列的样品要随时保洁，定期更换，对于脏、残的样品更应及时撤换，使展品、样品处于整洁、完好状态。陈列商品要努力创造美的环境，突出经营特色，以最简洁、美观的方式向消费者展示、介绍商品。商品陈列要丰富、充实，不仅花色品种、规格、款式齐全，数量充足，使消费者有挑选余地。商品陈列还要讲求系统性、连带性、习惯性、民族性等科学定位原则，便利消费者购物，有利于提高营业员的劳动效率和降低营业员的劳动强度。在商品陈列中要避免商品无序摆放、杂乱无章、货不定位。

项目四　进销存业务流程

【学习目标】

1. 掌握商品进销存业务的流程。
2. 了解经济批量和最佳储存量的影响因素。
3. 培养严谨求实、一丝不苟的工作作风。

【学时安排】 1 学时

【知识模块结构图】

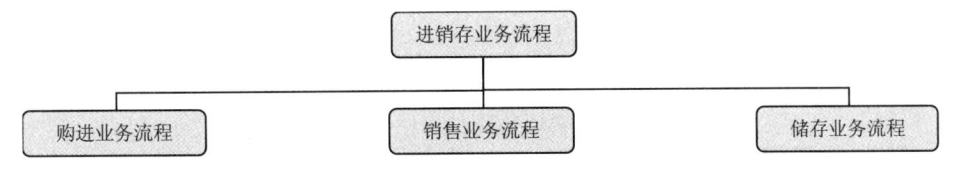

```
                    进销存业务流程
           ┌───────────┼───────────┐
      购进业务流程   销售业务流程   储存业务流程
```

【基础理论知识介绍】

一、购进业务流程

商品购进业务亦称进货业务，是指商品流通企业通过货币媒介从生产企业或其他商品流通企业取得商品的一种经济活动。

进货业务首先从拟定进货计划开始。进货计划的内容包括确定购进商品的品种、规格、花色、质量、数量、进货时间、进货单位等。拟定进货计划可按以下步骤进行：（1）搞好市场调查和预测；（2）制定小组（部）要货计划；（3）企业计划部门根据各营业组（部）进货计划的汇总，统一核定商品资金定额，做出进货计划金额。

其次，订立进货合同。商品进货合同是不同企业之间为实现一定经济利益，明确相互权利和义务的书面协议，合同一经签订，具有法律效力，双方必须认真履行，从而确保自身的经济利益。

再次，商品验收入库。将商品在入库前和入库中按规定程序和手续进行数量和质量检验。验收的主要依据是订货合同或供货单位的销售发票，验收的程序是先做好人员、设备等验收准备；再核对凭证，检验实验，做好验收记录。

最后，结算货款。验收合格商品入库后，商品流通企业财会部根据合同约定的结算方式，办理货款结算手续。

在订购时，一般可采用公式法来确定经济批量，以使订货成本和储存成本总和最低。经济批量的公式为：

$$经济批量 = \sqrt{2 \times 全年需要量 \times 每批订货成本 / 每件年储存成本}$$

二、销售业务流程

销售业务是指商品所有者通过货币媒介，向货币所有者让渡商品的经济活动。销售业务分为批发企业销售业务和零售企业销售业务。

批发企业销售业务的程序为：

（1）拟定销售计划（包括商品总值、类别和主要品种、数量三项指标）；

（2）签定销售合同（合同要保管存档，用做开票供货依据）；

（3）开销货单（按客户的要货单或合同的规定及时开单）；

（4）结算货款（按开单员送来的"销售发票"进行数量、单价、金额复核，并按双方协商的结算方式，办理结算）；

（5）交货发运（按时发货到指定货位，办好有关手续）。

零售企业销售业务的程序为：

（1）接待顾客；

（2）展示商品；

（3）介绍商品；

（4）包装商品；

（5）收款付货；

（6）送别顾客。

三、储存业务流程

储存业务是指商品的储藏和保管。购进商品是手段，销售商品是目的，储存是为购销活动服务的。对于购进的商品必须妥善保管，直至投入到市场中销售出去，以保证市场供应不中断。

商品储存业务流程为：（1）商品验收入库；（2）在库商品保管与保养；（3）商品出库。商品储存有量的界限，一般来说，超过储存量造成商品积压，低于储存量会出现商品脱销。为保证企业经营活动正常进行，必须确定最佳储存量和储存结构。

最佳储存量受到商品储存时间、商品储存数量和商品储存结构的影响，商品储存时间含影响商品储存时间的因素（季节变化；商品自身的自然属性；商品再生产周期、销售速度、交通运输条件等）和商品储存最低储存天数、最高储存天数的因素。商品储存数量含经营储备、保险储备、季节储备等因素。商品储存结构含市场需求结构等因素。

进销存业务流程如图 11.1 所示。

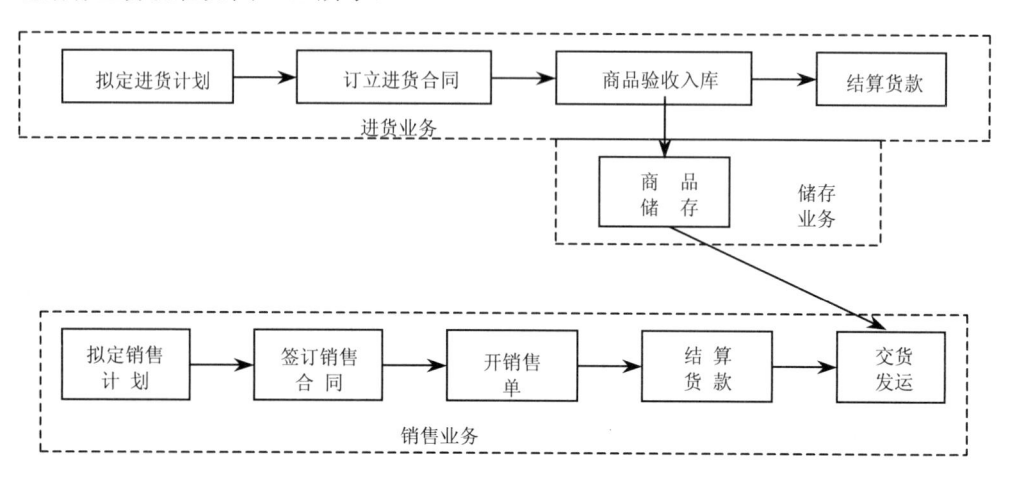

图 11.1　进销存业务流程

【单元小结】

本模块从介绍生产企业和零售企业如何建立它们的终端零售网点开始，进一步研究分析了终端网点的选址应考虑哪些因素，并选择哪一种分销方式更合适。在市场营销实务中，商品陈列既是一门艺术，又是一种促销手段。商品陈列的方法有很多种，无论使用哪种方法，都应按照"整洁、美观、丰满、定位"的原则陈列。熟悉商品流通的三个环节——购、销、存的业务流程，是做好实际工作的基础。

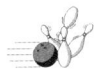

【课外活动建议】

1. 根据本地情况，选一家市场经营分销网点进行该网点的选址分析，针对该网点选址的优缺点提出自己的见解。
2. 任选某一类电子电器产品进行商品陈列的练习，并对完成的商品陈列做出评述。

课后练兵

一、填空题

1. 分销按密度可分为（　　）、（　　）和（　　）三种。
2. 商品陈列中无论使用哪种方法，都应按照"（　　）、美观、（　　）、定位"的八字基本要求陈列。
3. 进货业务的流程为：(1)（　　）；(2)（　　）；(3)（　　）；(4)（　　）。
4. 批发企业销售业务的程序为：(1)（　　）；(2)（　　）；(3)（　　）；(4)（　　）；(5)（　　）。
5. 商品储存业务流程为：(1)（　　）；(2)（　　）；(3)（　　）。

二、思考题

1. 企业对分销网点选址的要求是什么？
2. 企业在何种情况下应采用密集分销、独家分销或选择性分销？
3. 商品陈列的方法大体有哪几种？分别说明。
4. 商品陈列的基本原则是什么？
5. 简述进、销、存业务流程。

反侵权盗版声明

电子工业出版社依法对本作品享有专有出版权。任何未经权利人书面许可，复制、销售或通过信息网络传播本作品的行为；歪曲、篡改、剽窃本作品的行为，均违反《中华人民共和国著作权法》，其行为人应承担相应的民事责任和行政责任，构成犯罪的，将被依法追究刑事责任。

为了维护市场秩序，保护权利人的合法权益，我社将依法查处和打击侵权盗版的单位和个人。欢迎社会各界人士积极举报侵权盗版行为，本社将奖励举报有功人员，并保证举报人的信息不被泄露。

举报电话：（010）88254396；（010）88258888
传　　真：（010）88254397
E-mail：dbqq@phei.com.cn
通信地址：北京市万寿路173信箱
　　　　　电子工业出版社总编办公室
邮　　编：100036